現場発!
人間的な
英語の授業を
求めて

池田真澄

高文研

まえがき

　中高生に好きな教科を尋ねると、相変わらず英語のランクは低く、2006年に引き続き2015年も全教科の中で最低だったといいます（ベネッセ教育総合研究所「学習基本調査」）。本来楽しいはずの外国語学習なのに、いったいどうして英語はこんなにも好かれていないのでしょうか？もっと多くの生徒にとって、英語の授業を「わかる」「たのしい」ものにするためにはどうしたらいいのでしょうか？

　現在の英語の授業現場は、「コミュニケーション重視」「授業は英語で」などの外国語教育政策によって縛られ、文学教材軽視・文法軽視・翻訳軽視・母語を生かした授業の軽視などの傾向が広がっています。もちろんコミュニケーションも英語による授業も大切なのですが、それらが行きすぎて「わかる」「たのしい」授業の足かせになってはいないでしょうか？

　また、小学校英語の早期化・教科化、語彙の大幅増、高校英語の高度化、民間試験導入など、日本の英語教育政策は矢継ぎ早に変化しており、不安や疑問を持っている人も少なくありません。それらはどこからやってきて私たちをどこに導こうとしているのでしょうか？公教育として、本当に子どもたちの英語力をつけ、人格形成に役立つものになっているのでしょうか？日常的に英語が使われていない日本にふさわしい英語教育のあり方はどのようなものでしょうか？

　これらは大変大きなテーマですが、私もささやかながら40年以上の英語教師としての経験を持ち、高校教師を定年退職した後にはイギリスの大学院で応用言語学の研究をしてきました。これらを踏まえて、私なりにこれらの疑問に答えてみたいと思います。生徒との授業実践から得られた経験、研究会などでの実践研究、近年の第二言語習得理論の動向などの中に、その答えはかなり見出せるのではないかと考えています。

　現在私は新英語教育研究会の会員として、また教研集会の共同研究者として、素晴らしい実践をされたり、授業に悩みや疑問を持っておられる先生方と実践研究する機会を多く持っています。特に全国大会や全国教研では、多くのレポートからさまざまな教育実践や授業方法について共に学ん

でいます。また大学では、教師を目指す学生たちを指導し支援する講義や面談の中で、外国語教育について考えをまとめつつ学んでいます。日本外国語教育改善協議会（改善協）では、外国語教育政策についての豊富な情報交換や討論から多くのことを学んでいます。

　外国語も教育も「終着点」などない長い道のりですが、大切なことは、時代の流行に流される「客体」になることなく、教師として「教育を創造する主体」でありつづけることだと考えます。その「主体」となるために、小著が英語教育のあり方を考え、英語教育改革に疑問や不安を感じている教師・学生・保護者などの皆さんのご参考になればこれに勝る喜びはありません。

　第1章〜第4章までは各章ごとに理論と実践を紹介します。高校と大学の教師の経験しか持っていない私ですが、小学校・中学校の先生方とは、長い間教材や実践の研究・交流を続けてきました。小中学校の先生方の参考にもなる内容が多いと確信しています。

　本書の内容と構成は以下のようになっています。
　「第1章　一人ひとりの個性を大切に」では、教育の原点となる生徒と教師という存在やその出会いについて述べます。生徒や自分自身の個性を知り、それを尊重することが教育の基本だと思うからです。
　「第2章　コミュニケーションと文法訳読」では、1990年代から現在まで外国語教育政策の中心となっている「コミュニケーション重視」の功罪を取り上げます。そこで軽視されている文法や訳読をどう位置づけるのが良いかなどを述べます。
　「第3章　授業は英語で」は、第2章にも関係しますが、現在の中学校学習指導要領にも取り入れられています。英語と母語を現場の実態や場面に応じて使いわける Code-switching または Translanguaging について述べます。
　「第4章　日本らしい英語の授業とは」では、English as a Foreign

Language（外国語としての英語）として英語を学ぶ日本の公教育にふさわしい授業のあり方について述べます。教材・協同学習・自己表現がその中心となります。

「第5章　英語授業のこれから」では、小学校英語の早期化・教科化、中学高校での語彙の大幅増・内容の高度化、大学入試への民間試験導入など現在の英語教育政策をどう考え、どう打開していくのかについて、述べます。

「第6章　英語教師はどう成長するのか」では、教師としての研修や研究をどう行っていくべきかを考えます。もちろん成長の仕方は人それぞれですが、研修や研究会について考えるご参考になればと思います。

なお、気分転換のために「コラム　Rhymeの魅力と威力」と「コラム　おじさんのイギリス留学記」を掲載しました。

また、付録として「授業づくりのポイント」「長文を読みこなす！」「韓国との交流」も追加しました。少し異なった視点から英語教育を見ていただければ幸いです。

目　　次

まえがき ……………………………………………………………………… 2

第1章　一人ひとりの個性を大切に

理　論
1. 教師はやりがいがある ……………………………………………… 9
2. 一人ひとりの個性を大切にする …………………………………… 12
3. 生徒を知る、名前を覚える ………………………………………… 14

実　践
4. 自己紹介を工夫する ………………………………………………… 17
5. アンケートを授業に生かす ………………………………………… 20
6. 教科通信・学級通信・学年通信などを使って …………………… 26

第2章　コミュニケーションと文法訳読

理　論
1. 学習指導要領とコミュニケーション ……………………………… 31
2. コミュニケーション力とは何か？ ………………………………… 33
3. 訳読でなく、概要・要点？ ………………………………………… 35
4. 「コミュニケーション」重視の理論はどこから？ ……………… 37
5. 文法はいらない？ …………………………………………………… 39
6. ヴィゴツキーから学ぶ ……………………………………………… 41
7. 「コミュニケーション重視」は日本にふさわしいのか？ ……… 44
8. 「受験英語」の中の文法 …………………………………………… 46
9. 私の学習経験から …………………………………………………… 48
10. コミュニケーションには「話す内容」を持つことが第一 ……… 49
11. コミュニケーションの過度な重視をやめバランスのとれた英語教育を
　　…………………………………………………………………………… 50

実 践

12. 発音を教える ……………………………………………… 51
13. 発音とリズムを身につけるには歌を ……………………… 61
14. 文法をわかりやすく、楽しく ……………………………… 65
15. 新英語教育研究会の文法観 ………………………………… 67
16. 文法へのアプローチは多彩に ……………………………… 69
17. 理解して、使って、忘れろ、英文法 ……………………… 81

第3章　授業は英語で？

理 論

1. 学習指導要領と「授業は英語で」 ………………………… 85
2. 「授業は英語で」はどこから？ …………………………… 88
3. 「母語の活用」が世界の潮流に …………………………… 89
4. 現場の授業では ……………………………………………… 91

実 践

5. 英語の授業で母語の果たす役割 ── 単語の覚え方 …… 93
6. 語彙指導と「授業は英語で」 ……………………………… 102
7. 授業でどう英語と日本語を使うべきか …………………… 103
8. 「授業は英語で」と林野滋樹さん ………………………… 106
9. 授業はコミュニケーション ………………………………… 108
10. 日本の実践とSwainが紹介した実践 …………………… 110
11. サイト・トランスレーションと構文解説 ………………… 112

第4章　日本らしい英語授業とは ── 外国語と母語

理 論

1. 「英語学習のウソ、ホント」 ……………………………… 119
2. 母語・第二言語・外国語 …………………………………… 122
3. インプット仮説、アウトプット仮説、インタラクション仮説 …… 125
4. 第二言語習得論とヴィゴツキー …………………………… 130
5. EFLとESLでは何が違ってくるのか ……………………… 134

6. EFL環境の日本にふさわしい英語教育の目的とは………………138
7. 新英研の実践研究に学んで………………………………………140
8. 生徒たちにつけたい学力とは……………………………………147
9. 日本にふさわしい英語教育とは…………………………………150

【実 践】
10. 教材が授業を決める………………………………………………152
11. 歌は教材の宝石箱…………………………………………………164
12. 映画で英語を………………………………………………………172
13. 多読を学習に取り入れる…………………………………………177
14. 協同学習で高め合う授業に………………………………………185
15. 自己表現は授業を変える…………………………………………188

第5章　英語教育のこれから

1. 学習指導要領の特徴と課題………………………………………203
2. 外国語科の特徴と課題……………………………………………205
3. 小学校英語の早期化・教科化……………………………………206
   3．1　小学校英語を考える―裏付けのない外国語の導入………206
   3．2　課題を乗り越えるために……………………………………209
4. 大学入試の民間試験導入とは……………………………………211
5. グローバル教育とActive Learning………………………………215
   5．1　Global Educationから学んだこと…………………………215
   5．2　グローバル教育を授業に組み込む…………………………216
6. 機械翻訳とCreative Conversation………………………………224

第6章　英語教師はどう成長するのか

1. 終わりがない旅……………………………………………………231
2. 教師の成長と同僚性………………………………………………234
3. 教師の研修と研究会………………………………………………242
   3．1　検定試験は研修の目標となるか……………………………242
   3．2　個人の研修……………………………………………………245

3.3	海外研修	246
3.4	個人研修とグループ研修	247
3.5	研修会のあり方	248
3.6	研修ができる条件づくりを	249

付録1	授業づくりの10のポイント	256
付録2	高校生と対話する	261
付録3	韓国との交流（1）　KETGとの出会いと韓国の旅	272
付録4	韓国との交流（2）　韓国の小学校における英語教育	277

コラム	Rhymeの魅力と威力（1）	65
	Rhymeの魅力と威力（2）	116
	Rhymeの魅力と威力（3）	167
	Rhymeの魅力と威力（4）	200
	Rhymeの魅力と威力（5）	251

コラム	おじさんのイギリス留学記❶	30
	おじさんのイギリス留学記❷	83
	おじさんのイギリス留学記❸	117
	おじさんのイギリス留学記❹	201
	おじさんのイギリス留学記❺	229
	おじさんのイギリス留学記❻	252
	おじさんのイギリス留学記❼	254

主要参考・引用文献 ………………………………………… 283

あとがき ……………………………………………………… 286

第 1 章

一人ひとりの個性を大切に

(理　論)

1．教師はやりがいがある

　2008 年、私の最後の高校現場となった都立 D 高校でのことです。ある朝 3 年生の選択の授業にいくと、N さんが私のところにやってきました。「先生って、都立 A 高校で教えていたんだって？お母さんがね、先生の授業のことまだ覚えているって言ってたよ。"Seven Daffodils" っていう歌をやったんだって？先生はまだすごく若くて、髪が長かったんだってね」。そう言われて久しぶりに思い出しました。この The Brothers Four の歌は授業で何度も使わせてもらっていたのです。

▶ 実践 1 - 1

Seven Daffodils

Words and Music by: Lee Hays and Fran Moseley

I may not have a mansion, I haven't any land
Not even a paper dollar to crinkle in my hands

But I can show you morning on a thousand hills
And kiss you and give you seven daffodils

I do not have a fortune to buy you pretty things
But I can weave you moonbeams for necklaces and rings
And I can show you morning on a thousand hills
And kiss you and give you seven daffodils

Oh, seven golden daffodils all shining in the sun
To light our way to evening when our day is done
And I will give you music and a crust of bread
And a pillow of piny boughs to rest your head

A pillow of piny boughs to rest your head...

　この歌は、テンポがゆっくりしていて聞き取りやすく、ロマンティックな曲想で覚えやすく、おまけに英語もむずかしくありません。そして短い歌なのに、第4文型が7回も繰り返されるという、文法学習にうってつけの歌だったのです。当時は英文法という科目があったので、その授業で教材として取り上げたわけです。林野滋樹さんにならって「第4文型は、事柄や物を仲立ちにして、人間と人間の関係を表す文の形」だという説明（林野滋樹，1991）[1]をしていました。ラブソングですから、まさに "I" は、"moonbeams" や "morning" や "daffodils" を "you" に捧げることによって、相手との関係を作り出そうとしているわけです。
　Nさんのお母さん（教え子）は、何と30年以上もこの授業を覚えていてくれたのです。これは教師人生に何度もない、すごい出来事だと思います。地方と違って、東京では親子を2人とも教えることさえ滅

SEVEN DAFFODILS
Lee Hays / Fran Moseley
©1957 Sanga Music Inc.
The rights for Japan licensed to Sony Music Publishing (Japan) Inc.

JASRAC 出 1907133-901

多にないのですから。
　また最近聞いたのですが、別のあるクラスの40年ぶりの同窓会では、2人の男子がギターを引きながらこの歌をハーモニーもつけて見事に熱唱したそうです。その動画を見せてもらいましたが、立派に暗記・暗譜していました。男子といっても今では50代のおじさんですが、40年以上も前の授業でやった歌をそんな風に覚えていてくれるのは本当に感動しました。

　私の授業が素晴らしい授業だったと言いたいのではありません。歌詞や文法解説を「ガリ版」で刷って配り、ギターを抱えて教室に行ったのは覚えています。しかし、この授業を行ったのは私が教師になって間もないころですから、きっと若さだけが頼りの未熟な授業だったと思います。ただし、それだけ覚えていてくれた生徒がいるということは、おそらくこの歌が彼ら彼女らの興味関心とぴったりした教材であり、また、歌が好きな私もワクワクしながら行った授業だったということでしょう。
　下手なバッターでもバットを振ることさえやめなければ、「出合い頭」のヒットを打つことがあります。こういうことが、たまにあるだけでやりがいを感じてしまうのが教師というものです。ヒットはいつも打てるわけではありません。3割も打てれば強打者ですし、その強打者でさえも3打席に2打席は凡退するのです。私などは、欠場しないことだけが取り柄で、せいぜい2割台のバッター、ホームランも何年かに1本程度しか打てません。しかし、なぜたまにヒットを打てたのか、どうしたらもう少し打率が上げられるかを考えることぐらいはしてきました。
　それは第一に、生徒の個性や興味を考えて授業を創意工夫するということです。魅力的な実践をする先生に聞くと「教えている子どもたちの顔を思い浮かべて、この授業を考えました」という答えがよく返ってきます。中には、子どもたちが好きなスポーツや物語をテーマにして、自作で教材を作ってしまう素晴らしい先生もいます。おそらく、教材づくりほどワクワクする楽しい仕事は、あまりないかもしれません。そのためには、生徒をよく知らなければなりません。

第二に、教師自身が楽しいと思える授業を創意工夫することです。ほかの先生のいい実践を真似してやってみたがうまくいかなかったというケースを聞きますが、自分が「これなら楽しそう、うまくいきそうだ」というところまで自分なりの工夫をしていない場合があります。まずは教師が「(外国語で)自分はこれが面白いと思う、だからきっと生徒も面白いと感じるのでは」というものを生徒に投げかけてみるということが教育の原点になるのだと思います。

　第三に、以上の二つが重なり合ったとき、つまり、生徒の個性や興味に合っていて、しかも教師が面白いと思う教材や活動がうまく重なり合ったら、きっと楽しい授業になるはずです。そのためには、教師がいつもアンテナを張っておいて、面白いと思える教材の幅を広げ、できるだけ知識や活動の引き出しを増やしておくことが大事です。

2．一人ひとりの個性を大切にする

　長い引用で恐縮ですが、現在の学校教育の現実を考えるとき、以下の文章が素晴らしく輝いて見えるのは筆者だけでしょうか。

> 　これまでの教育では、その内容を中央できめると、それをどんなところでも、どんな児童にも一様にあてはめて行こうとした。だからどうしてもいわゆる画一的になって、教育の実際の場での創意や工夫がなされる余地がなかった。このようなことは、教育の実際にいろいろな不合理をもたらし、教育の生気をそぐようなことになった。たとえば、四月のはじめには、どこでも桜の花のことをおしえるようにきめられたために、あるところでは花はとっくに散ってしまったのに、それをおしえなくてはならないし、あるところではまだつぼみのかたい桜の木をながめながら花のことをおしえなくてはならない、といったようなことさえあった。また都会の児童も、山の中の児童も、そのまわりの状態のちがいなどにおかまいなく同じことを教えられるといった不合理なこともあった。しかもそのようなやり方は、教育の現場で

> 指導にあたる教師の立場を，機械的なものにしてしまって，自分の創意や工夫の力を失わせ，ために教育に生き生きした動きを少なくするようなことになり，時には教師の考えを，あてがわれたことを型どおりにおしえておけばよい，といった気持におとしいれ，ほんとうに生きた指導をしようとする心持を失わせるようなこともあったのである。
>
> もちろん教育に一定の目標があることは事実である。また一つの骨組みに従って行くことを要求されていることも事実である。しかしそういう目標に達するためには，その骨組みに従いながらも，その地域の社会の特性や，学校の施設の実情やさらに児童の特性に応じて，それぞれの現場でそれらの事情にぴったりした内容を考え，その方法を工夫してこそよく行くのであって，ただあてがわれた型のとおりにやるのでは，かえって目的を達するに遠くなるのである。またそういう工夫があってこそ，生きた教師の働きが求められるのであって，型のとおりにやるのなら教師は機械にすぎない。そのために熱意が失われがちになるのは当然といわなければならない。これからの教育が，ほんとうに民主的な国民を育てあげて行こうとするならば，まずこのような点から改められなくてはなるまい。2)

ご存じの方も多いでしょうが、実はこれ、1947年に公示された「学習指導要領（試案）」の序論です。第2次大戦前の国家主義的で画一的な教育政策の反省の上に立って、子どもや学級や学校の個性を認め、民主主義的な教育を進めようという宣言と言ってよいでしょう。教育の目標を達成するためには、それぞれに異なった地域社会・学校・クラス・生徒の個性に応じて、一人ひとりの教師が内容と方法を創意工夫しなければならない、と熱を込めて語っています。

この「試案」が出されてから70年以上が経過し、人権や環境問題についての教育など進歩してきた側面もありますが、あたかも「これまでの教育」のような教育が現場に広がっています。「道徳」が教科化され、「全国学力テスト」「外部検定試験」「学校スタンダード」「ゼロトレランス」などが広げられています。こうした「画一化」「数字化」「規格化」による息苦しさ

のなかで、学校に居場所がない子どもが増え、小中学校の不登校児童生徒数は、過去最多の千人あたり 13.5 人（2017 年）にも上っています。

　また教師の方も、「教科書の広域採択制」のために自分が使いたい教科書が選べない、「多展開授業」や「統一進度」のため自由な授業内容を選ぶことができない、「授業は英語で」方針など授業の方法を拘束される、「人事考課」で管理職から一面的な評価が行われやすいなどの制約が生まれています。

　子どもたちは一人ひとり違った個性を持ち、学び方も興味も違います。その子どもたちを育てるには、一つの「ものさし」ではダメです。多様な個性を持った教師が、それぞれのやり方を自由に発揮してこそ、多様な子どもたちの心に届く教育ができるのです。そのために、今こそ「試案」の精神に立ち返り、自由で生き生きした教育現場を取りもどしたいものです。子どもたち一人ひとりの個性が大事にされ、教師が授業や行事などを自由に創意工夫できる条件を整える必要があります。

3．生徒を知る、名前を覚える

　赤ちゃんに DVD を大量に聞かせると、言葉の発達がどうなるかという研究があります。アメリカの生後 6 カ月の赤ちゃんに 10 カ月間「ベイビー・アインシュタイン」などの DVD を聞かせた後、1〜4 年後に言葉の発達にどう影響したかを調査したのです。結果は、30 分以内のグループは順調に発達していったが、数時間以上も聞かせたグループは次第に発達が遅れていった、というのです（Zimmerman, Christakis & Meltzoff, 2007）[3]。

　これは、少なくとも赤ちゃんは、一方的な DVD の視聴からは言葉を学ぶことがない（むしろ長時間にわたると発達上の障害になる）ことを示しています。おそらく赤ちゃんは皮膚感覚や声やジェスチャーのやりとりを通して、言葉を発している相手が学ぶべき相手かどうかを感知しているのでしょう。言葉は単なる道具ではなく思考に深く関わりますから、これは重要な事実です。

AIは日進月歩で進化していますが、やはり人間同士のやり取りがあってこそ、学びが成り立つのでしょう。とすれば、ひょっとすると、生徒たちも自分のことを理解しないまま一方的に説明する教師の言葉からはあまり学んでいないのかもしれません。もちろん生徒は赤ちゃんとは違って、自分の意志を持って授業に臨んでいます（時にはその意志が揺らいでしまうこともあるでしょうが）から、学ぶべきものは学んでいるのでしょうが。

> 　教師生活での「失敗」を振り返ると、生徒の名前を忘れてしまったための失敗が一番多いような気がする。あるとき、女子生徒2人と話しているとき「〇〇さんと、えーと…何だっけ」と口ごもってしまったので、大変なことになった。「先生、私の名前覚えてなーい！同じクラスなのに。私のこと、キライなんでしょ！」とたたみかけられた。「あのね、えーと、そのお、〇〇さんは去年も教えてたからね、そうそう」という言い訳を思いついたのでそのときはなんとか危機を脱出した。
> 　まったく言い訳を思いつかないときは大変である。授業で少々高邁なことを教えたところで、鼻にもかけてもらえなくなる。特に人なつっこい生徒ほどこの傾向が強い。中でも授業内容よりも先生の人柄で英語を好きになったり嫌いになったりするタイプの生徒たちの名前を忘れると、その後の授業に支障をきたすことになる。
> 　とりわけ、「食べ物と愛情とどちらが重要か」という選択で、「愛情」と答えるような生徒の名前を忘れてはならない。これは The Rights Balloon Game（権利の熱気球）というアクティビティの中で、10の権利の中から重要なものを選んでいくときに、よく議論になる。この生徒たちに「どうして？食べ物がなければ死んじゃうよ」と聞くと、「愛情がなければ生きてる意味がないじゃん」と返ってくる。フーム、これも見事に人間の本質を突いているな、などと感心してはいられない。この「愛情」には当然、名前を覚えていることが前提になるからである。顔を見渡して、一人も名前を思い出せない子がいないかどうかチェックしなければならない。（後略）（『英語教育』2000年2月号）

「私のミステーク集」というユニークな特集でしたので、少し面白おかしく書きましたが、内容は実際にあったことです。生徒の名前を覚えることは、教育の基本です。教師が「自分」に対して何かを教えようとしているのか、「生徒一般」に教えようとしているのかでは耳を傾ける気持ちが変わります。とはいえ、正直に言うと、40、50代のころからか、クラス写真で予習復習するような努力をしないと覚えにくくなりました。さすがに学級担任のクラスの生徒は忘れませんし、性格とか態度とかなら、担任の生徒でなくても、かなり長期記憶ができたのですが。

　名前を覚えるためには、より本質的に言えば、次の2つの観点が大事だと思います。

（1）授業を、生徒ができるだけ自由に個性を出せるようなものにすること。教師が一方的に話すだけの授業（それが大切なときもあります）では、印象に残るのは生徒の反応ぐらいなものです。よほど目立つ生徒以外の名前を覚えることはできません。私の授業も初めのうちは、一方的な説明が多かったのですが、次第に生徒に活動させられるようになりました。協同学習を取り入れ、さまざまなグループ・ワークやアクティビティで生徒が活動する場面を作るほど、個性が出てきます。生徒の個性が出てくれば、自然に名前を覚えます。

　　とりわけ個性がにじみ出るのは「自己表現」活動です。"My Dream" "My Treasure" "My Summer Vacation" などを語る生徒たちは、嬉しそうだったり恥ずかしそうだったりしますが、実はお互いのいろいろな側面を知るのを楽しみにしています。

（2）学級担任だと名前が自然に覚えられるのは、接する時間が長いことも、担任としての責任があるということもあります。しかし、ホームルームや学校行事で、授業では見えないさまざまな面がまるごと（holisticに）見られるということが、最も大きいのです。行事などを通じて生徒を多面的に見るようにすると、学校・学年のほかの生徒の個性が見えてきます。文化祭などでは、意外な生徒が意外な活躍をする場面が見られ、いつも「目から鱗」です。「誰？あの子！」などと、私も名前を覚えてしまうのです。

第1章　一人ひとりの個性を大切に

> 実　践

4．自己紹介を工夫する

　新学期、授業のスタートは自己紹介で始まります。どんなにベテランになっても、最初の出会いは少しは緊張するものです。でもその緊張感は、お互いを知らないことによるものですから、うまく知り合う工夫をしたいものです。

▶ **実践 1-2**

　私がよく行ったのは "Self-expression Bingo" です。
（1）縦 5 マス、横 5 マス＝ 25 マスのビンゴを用意します。時間配分や生徒の英語力を考えて、4 × 4 ＝ 16、3 × 3 ＝ 9 マスにすれば、短め、やさしめにすることができます。
（2）マス目に入れる語句を 25（以上）示し、生徒にマス目に適当に記入してもらいます。最近の私の場合、よく自己紹介に使うのは、資料のような語句になります。
（3）教師が自己紹介します。例えば、

　Nice to meet you, everyone. Let me introduce myself. My name is Ikeda Masumi. In Chinese letters it is written like this….

　使った語句をチェックしながら話していきます。生徒には自分が書いた語句が聞こえたら、チェックし、ビンゴを進めるよう指示しておきます。
（4）賞品はなくてもいいのですが、私は海外旅行で持ち帰ったコインを早くビンゴになった数人にあげることもありました。
＊語句は、生徒の英語力を考えて用意します。むずかしめの語句は、前もって説明するか、やさしく言い換えるかという配慮をしたいところです。
＊ 25 コマもあると、けっこう長く話す必要があります。しかも生徒が聞き落とすこともあるので、実情に応じてゆっくりはっきり話したいところです（Teacher Talk で）。初めてやってみるときは、少し

練習しておくとよいでしょう。
*この自己紹介は、生徒にとっては、リスニングだけの活動です。教師が自己紹介した後、生徒どうしで縦横3列＝9マスのビンゴをやらせてみると、4技能をすべて使う活動になります。考えるのにはそれなりの時間がかかるために、9マスが適当です。完成したら数人のグループで行います。

[資　料]

Self Introduction Bingo

Fill all the blanks of the bingo with the following words & phrases:

Japan	Korea	the UK	Canada	softball	go
climbing mountains		7 kg	Kuwata	drama	
Kunitachi	bicycle	Enoshima	songs	the Beatles	
three children	body fat	Shizuoka	cooking		
New Zealand		Sheffield	Mt Matterhorn		
Korean	linguistics		actor		

▶実践1-3

　Fake news が話題になる最近、よくやっているのは、"Guess which is a fake!" です。自己紹介として、自分について3つのことを話すのですが、1つだけウソを含めることにして、それを当ててもらうというわけです。例えば、

(1) I cook dinner three or four times a week.
(2) I ate six big bowls of Tamago-donburi when I was a high school student.
(3) I have climbed Mt. Matterhorn in the Alps.

の中から、ウソを当ててもらいます。答えは(2)です。本当は3杯どまりでした(笑)。この自己紹介は、ゲームの要素が加わり参加型にすることができます。

＊実際の授業では、正解を言っただけでは不自然ですから "I love climbing mountains. But I spend more time in cycling these days." などと話しながら、(3)のことを話します。英語が苦手な生徒が多いときは1文だけでいいでしょう。

＊この活動は、初めて出会って自己紹介するときだけでなく、いつでも行うことができます。知り合っていても相手について知らないことは多くあります。経験を表す現在完了「～したことがある」や can「～できる」の定着にもうってつけです。

＊次に生徒にもやってもらいます。ほとんどの生徒が楽しそうにやっています。初めに書いてから、メモを見ないで話すように指示すれば、「読む」以外の3技能を使った活動になります。全員に全体の前でやってもらうと時間がかかるので、数人のグループでやってもらうことになります。

> 実践 1-4

　以上の２つの自己紹介活動を組み合わせた "Fake Bingo" も簡単にできます。初めは教師の見本で、9つの英文を用意します。

1. I am thirty-five years old.（　　）
2. I live in Kunitachi.（　　）
3. I have three brothers.（　　）
（4. 以下省略）

　生徒に○か×を考えてもらってから、縦横3列＝9つのマスのビンゴを用意し、そこにビンゴになりやすいように、自分でマスを選んで1.～9.の数字を記入させます。あとは、教師が一つずつ○か×かを話していきます。生徒は予想が当たっていたらチェックし、ビンゴを行います。

　このあとは生徒にグループごとにやってもらいます。9つの自己紹介文を作るのがむずかしい生徒もいると判断したら、教師の見本をできるだけ生徒が真似できるやさしい英語にしておくことがコツです。小学校から大学まで使えます。

5．アンケートを授業に生かす

　自己紹介の後には、毎年アンケートをとって、生徒の生の声を聞き、授業に生かすように心がけました。

5.1　最初は、勉強が苦手な生徒が多い都立Ｃ高校での実践です。

> 実践 1-5

（1）生徒の実態
　多くの生徒が生活や行動に問題を抱えている。不況の影響で学費を滞納する。修学旅行直前でも参加するかどうかわからない生徒が10人前後もいた。進学するお金がなくてフリーターになった生徒がいる。

携帯電話に夢中である。アルバイトに忙しい。遅刻／欠席が多い。単位不認定で進級卒業ができない者もいる。廊下に座り込み、教室に入らない。掃除はさぼる。暴力的な遊びが多い。タバコ経験者が多い。お化粧に余念がない。人と関わることができず、一日中ほとんど口をきかない者もいる。特別指導件数が多い（ある年には 100 件を超えていたが、数年後には 40 件程度に減った）。

　もちろんこうした問題や行動とは無縁な生徒も多くいるのだが、学習へのモチベーションは低い。進路はおおよそ大学短大へ 1 〜 2 割、専門学校へ 4 〜 5 割、就職が 1 〜 2 割、残りがフリーターというところである。

　けれども同時に、とても人懐っこく、率直でまっすぐである。友だちや弱い者への共感力が高い者が多い。感動的なことがらには全身で感動することができる。理解できればすぐに行動することができる。

(2) 英語アンケート（2 クラス分）
　英語を苦手とする生徒が圧倒的に多いことは次のアンケート結果でも一目瞭然だった。

1）英語は得意ですか。

| 得意 | 0 | やや得意 | 0 | ふつう | 17 |
| やや苦手 | 33 | とても苦手 | 30 | | |

2）英語は好きですか

| 好き | 7 | 少し好き | 16 | ふつう | 13 |
| 嫌い | 25 | 大嫌い | 23 | | |

3）授業に取り上げてほしいことは？

英語の映画	65	話し方	24	英語の歌	51
英語の発音	21	英語のビデオ	30	書き方	17
英語の文法	24	聞き方	15	読み方	24

　「英語が得意か」という問いへの答えは中学での成績をそのまま答えたように思われる。確かに be 動詞と一般動詞の区別がついていない生徒も多く、1 年生の 1 学期はそこから始めなければならない。例

えば、He loves soccer. の疑問文は Is he loves soccer? となってしまう。Does he loves soccer? と書く生徒も多い。

　それでも、「ふつう〜好き」という生徒がそれなりにはいるのは手がかりになる。アンケートの4番に、自由に「私と英語」という文を書かせたら、「大嫌い」「覚えられない」「文法をやっても力はつかない」などの答えがあったので、これに応える英語通信 "Mint" から始めた。また「勉強方法がわからない」というので、「毎時間プリント」方式、歌（毎月1曲）、『みるみるわかる高校英語』（三友社）を使った文法学習、自主教材、自己表現などの実践を行った。時には「単語の覚えかた」など、勉強のしかたにも触れてみた。

5.2　次に、進学する生徒が多い都立 D 高校での実践です。

▶実践1-6

　本校は「進学校」の部類で、進路は就職が一学年2、3名で進学する生徒がほとんどである。約6割が4年制、1割弱が短大、1割強が専門学校、2割弱が浪人する。

　素直でまじめなタイプが多く、授業では教師の指示にしたがってよく努力する生徒が多い。合唱祭、文化祭、体育祭など学校行事にも積極的で、生徒主導で朝練などを行うほどである。しかしながら、批判力や自主性がやや足りない面もある。また、仲はとてもいいのだが、クラスでの討論は苦手である。生活上の特別指導の件数は、年間数件ていどである。（喫煙、悪ふざけ、バイク登校など）不登校や保健室登校がやや増えている（7クラス中の数人と、全体の中では一部に過ぎないが以前はほとんどいなかった）。

英語アンケートのまとめと答え（2クラス分）
1）得意ですか。

| 得意 | 3 | やや得意 | 34 | ふつう | 21 |
| やや不得意 | 17 | 不得意 | 5 | | |

> 2）英語は好きですか。
>   好き　　　12　　　少し好き　31　　　ふつう　23
>   少し嫌い　11　　　嫌い　　　3
> 3）授業に望むこと（自由記述）
>   おもしろい授業　　　　　　　　　楽しい授業（多数）
>   わかりやすい授業（多数）　　　　多くの知識を得たい
>   ゆっくりとした授業　　　　　　　丁寧な授業
>   補習やテスト前勉強会　　　　　　英語が話せるようになる授業
>   難関大を視野に入れた質の高い授業　将来的に役に立つ授業
>   興味を持てる授業　　　　　　　　英語の歌が歌える授業
>   英語が好きになれるような授業　　基本をしっかり教えて下さい
> 4）困っていること（自由記述、後述）
> 　英語が「好き」という生徒が多い。「得意かどうか」は、ほぼ中学校の成績と考えてよいだろう。「困っていること」については、私たちがどんな授業を行うべきかについてのヒントが満載だ。どの生徒もそれなりにやる気を持って高校の英語を始めようとしている。時には世間で行われている無責任な俗説に惑わされている生徒もいるのでその誤解を解くことからはじめることも必要だ。
> 　とりあえず、プリントを作って一般論を話すのだが、これだけでは一方的な話になってしまう。どうしてもメタ認知的な、抽象的な話になりがちなので、そのときはそうだと思っても、普段の学習に活かせるとは限らない。何といっても普段の授業で、「なるほど」「わかった」「できた」という感動を持たせることが一番である。

　生徒の「困っていること」にアドバイスするプリントは以下のように作りました。

> **Q** 好きなのに暗記力がなくて不得意です。
> **A** 「好きだ」ということ自体が、大事な学力。しかし、いきなり暗記しようとしていませんか？「なぜだろう？」「どうしてこう表現す

るのか」など「考える」ことが一番大事です。その後で暗記するようにしましょう。

Q 英語の作文は日本語と順序が違うのがむずかしい／文法なんて覚えなくても単語をつなげれば通じるから単語力をアップしたい

A 話すときに、文法を忘れることも大事ですが、英語を勉強し正確に深く「読み」「書き」「話し」「聞く」ためには文法は大事です。「アメリカでは文法なんか知らないのにみんな英語を話している＝誰にとっても文法は必要ない」というのは間違いです。小さいときから毎日英語の中で生活しているのなら、文法は必要ありません。

　しかし外国語として学ぶときは逆に「文法は特急券」です。つまり一つひとつ覚えるのでなく束にして覚えてしまうことができるので、私たち外国人にとってはこれほど便利なことはありません。また、文法はその英語を身につけた（使えるようになった）後であれば忘れてしまっても構いません。しかし一度は勉強する必要と価値があります。

Q 単語や熟語が覚えられない

A 単語熟語でもいきなり覚えようとしないで、使ったり考えたりしましょう。（別紙プリント 本書3章 pp.93〜97）

Q はっきりスラスラ話せない／発音がむずかしい

A 外国語として英語を話すとき、私たちはどのくらい「スラスラ」「いい発音」で話す必要があるのでしょうか。何を言っているのかわからない、誤解を招くような発音は困りますが、ネイティブと同じでなければならないというわけでもありません。

　日本にいる外国人の日本語を考えてみてください。しっかりした内容を話していれば、少しぐらい遅くても発音が変でも十分通じます。ペラペラしゃべっているが話している内容はろくでもないというのでは、話す気になれません。また同じ英語でも方言やバラエティが多くあります。どれかを使っても、ほかから見れば方

言です。一定の国際的に通用するレベル以上であればいいのです。

Q 和訳に時間がかかり速読できない。/ リスニングが苦手です / 話される英語のスピードについていけない / 長い英文をうまく訳せない。

A 英語を「読む」ことは「訳す」ことと違います。I love you. と言われて、「えーと、『私はあなたを愛しています』だから…何だってー！！」なんて人はいないでしょう。「読む」ときには「訳さなくても、意味がわかればいい」のです。とはいっても、少しむずかしい内容になると、日本語にしないと意味がつかめない場合も多くあるでしょう。「訳さなくてもわかる」英語をだんだん増やしていくことです。

　その中間段階の練習として、スラッシュ（チャンク）読み、同時通訳方式などがあります。むずかしい文を訳さないでわかるようになるには、かなりの年月が必要です。日本語と英語はかなり遠くかけ離れた言語なので、やむを得ないことです。気長にやるしかありません。

Q 家での予習は単語を調べただけで大丈夫ですか / 復習は何をやればいいですか。
どういうふうに勉強すればいいのかわからない

A もちろん単語を調べるだけでは駄目です。というより、単語は常に文の中で使われるものだから、文や文章が何を言っているのか、がポイントです。また、熟語も出てくるでしょうし、構文も出てくるでしょう。とりあえず、ワークブックで「何を知らなければならないのか」を知りましょう。

Q 英語検定は何を受けるのがいいですか

A 検定試験で、必ずしも英語力を正確に計ることができるわけではありません。また、試験の目的はそれぞれ異なるので、うまく利用してください。「英語検定」は比較的日本の学校英語に合ってい

ます。TOEFL は北米の大学の授業についていけるかを調べる試験です。TOEIC はビジネスなど実用的な英語を中心とする試験です。国連英検はどの程度国際的に通用する英語かを調べる試験です。

6．教科通信・学級通信・学年通信などを使って

　生徒は授業だけでなく、ホームルーム・学校行事・部活動・生徒会・進路など、あらゆる面でそれぞれの学校生活を送っています。したがって、私たちが生徒の個性を捉えようとするなら、生徒をすべての面を含んでまるごと理解することが求められます。さまざまな学校行事や放課後の部活動で、生徒の意外な一面を知ったり、教員仲間から教えてもらったりすることがありますが、なかなか容易なことではありません。

　そんなとき役立つ手段が、教科通信・学級通信・学年通信などです。教師サイドからまとまったメッセージを伝えたいときにも役に立つとともに、生徒の声や作品をまとめて発表する場にもなり、ほかのクラスの教師や生徒との交流の手段にもなります。

　次頁以降が生徒の声を取り上げた通信の例です。

教科通信

英語通信　　No. 6　　2009.9.

Some Times

池田　真澄

「Fireflies' Grave 火垂るの墓」を読んで

★ この物語を読んでみると、日本語の物語とまた一味違った風に思えてきて、知っている物語なのに飽きずに読むことができました。私は英語が苦手ですが、週末課題でいろいろな物語を読んできて、少しずつですが確実に、英語に対しての興味がわき、さらに今回のでさらに英語が好きになった気がしました。勉強していくうちに知らない単語が出てきたりして少し苦労したのと同時に、授業で習った文法が出てきて、その文法がどういうものかを理解したうえで、日本語の訳を考えることが楽しくなってきました。

★ 私は日本語でも「火垂るの墓」を読んだことがなく、映画もありませんでしたが、感動させられました。英語だったけれど、分からないところを辞書で調べつつ、内容を理解していきました。最後の、節子が死んでいく場面では、感極まって泣いてしまいました。英語の本を読んで泣いたってことは英語を少しでも理解できたのかなと思い、うれしく思います。

★ In the first place, I think that war never makes people happy, enemies or our own nation. If the war had not broken out, Setsuko, her mother and father might not have been dead. And they and Seita might have been living happily. Their aunt was spiteful to Seita and Setsuko, but in reality she was not a bad person. Only war is the bad thing. I read this story and thought so. The story is very sad. But we should know the war. So it is good that I read the story in summer vacation. We must want peace and make a peaceful world. But it is not easy. So we must work hard to make it.

★ 「火垂るの墓」は以前から知っていたけど、改めて英語で読んでみると、もっとつらさが伝わってくるような気がしました。清太が母のあんな姿や死んだことを節子が悲しまないように本当のことを言わなかったりして清太の心の強さが分かりました。節子のために、いけないけれど食べ物を盗もうとしたりドロップをあげたりとても妹思いなんだと感じました。戦争は何てひどいものなんだと思いました。

★ 戦争をじかに体験したことのない自分には戦時中のつらさはこういう読み物を通してしか分からないが、相当厳しい状況だったと思う。（中略）どんな戦争の物語を読んでもハッピーエンドはない。町の人々はいつでも辛く苦しい生活で描かれている。楽に見えるのは身分の高い人達だ。戦争をして一番苦労するのは普通の人々だ。だから戦争は良くないと思う。命令するだけの人は別に何ともない。そういうおかしなものを繰り返してはいけないとみな分かっているはずだ。まだ続く世界の戦争を安全な方法で止めなければいけないと思う。

★ 私は戦争が嫌でこの物語を最初はあまり読みたくありませんでした。でも読んでみると戦争の背景やどんな生活をしていたかなどが良く分かり、ますます戦争は二度とやってはいけないものだと感じました。（中略）節子も最後には亡くなってしまったけれど、幼いながらに我慢もたくさんして良く頑張ったと思いました。日本の物語を英語で読むのは少し新鮮で違和感もあったけど、それも良かったと思います。せっかく英語になっているのだから外国の人にもぜひ読んでほしいと思いました。

★ 小さいころから読んだりテレビで見たり良く知っている物語だけど、今回は英語なので難しいかなと思った。でも慣れてきて長文とかが苦手な私にも楽しく読めました。この作品の好きなところは兄弟愛です。英語を好きになるように、またみんな知っている物語の英語版も良いと思いました。ディズニーとか映画になったものも読みたいです。

ひさびさ！２－６たまには通信

2011.1.28.
NO.6

沖縄で楽しんだ、考えた、感じた！－修学旅行

自然、人、平和、歴史、文化

- ★ ガマでの体験は、僕にその当時の生活の過酷さを教えてくれました。いつ殺されるかもわからない極限状態の中、目の前に人がいるかどうかも分からない暗闇にいたら「人が人でなくなってしまう」という宮城さんの言葉も分かるような気がしました。(OT)

- ★ 宮城さんは、わざわざ自分の辛い過去を思い返しながら私たちにお話してくださいました。それは、戦争が辛かったから忘れようとするのではなく、二度と同じ過ちを犯さないためだとおっしゃっていました。これからは私たちと同じように戦争を知らない子どもたちに戦争の恐ろしさを伝えていかなくてはいけないと思いました。(WH)

- ★ 驚いたのはタコライス。実は沖縄で誕生した料理だったのだ。タコスよりもボリュームがあり、コストパフォーマンスの良い新メニューとして1984年に考え出されたとのこと。沖縄料理は私たちの生活に深く馴染んでいることに私は気がついた。(KM)

- ★ （宮城さんの話を聴いて）沖縄に遊びに着たのではなく学びに来たのだと初めて分かった。みんなが戦争の恐ろしさを知れば二度と戦争なんか起こらないと思う。この修学旅行で学んだ、二度と戦争はしてはいけないということを、日本は永久に守ってほしい。(HR)

- ★ 三日目の体験はシーサー作りをしました。難しくて私のはアホっぽくなりました。作った人に似ると言っていたので、私こんななの！？と思いました。そして新里さんがかっこよかったです。(NK)

- ★ 宮城さんの話で特に印象に残ったのは、壕に残ってきた８人のうちの一人のことです。「私はもう助からないから他の人の手当てをして。」そんな言葉、十代の女の子が言えるものではないと思います。少なくとも私には無理です。仲間を思う彼女の気持ちが現れていると思いました。もしかしたら戦争が身近に起こることもあるかもと思ったのはそのときのことです。(OA)

- ★ 講演会は、正直最初ははやくおわってほしいと思っていましたが、聴き終えた後は戦争の現実を知りとても複雑な気持ちになりました。もし自分が戦争の時代に生まれていたらということを想像したらぞっとしました。この講演会で戦争に対する考え方が変わりました。(UT)

学年通信

```
3学年通信                      No.24
     YYOOUII
                          2007.6.20
```

The Last Chorus Competition

★　今回の合唱コンクールはとても良かったと思います。男子の協力はあまり完全ではなかったけれど、女子がとても頑張ってくれた。男子の半分くらいも毎日遅くまで残ってくれて、今思うととても真剣にやっていました。結果は入賞できなかったけれど、悔いはありません。今までやったどの練習よりも強弱もはっきりしていて気持ちもこもり、ホールということでテンションも上がった結果、声は今までと比にならないくらい大きな声になった。ホールの明るさといい、広さといい、大きさといい、とても良かった。環境がいいとテンションが上がる。課題曲から自由曲に移るまでの静けさも異常だった。よって指揮者が台につまづくのもすぐ分かった、俺は。ドンマイ！終わってしまうと、「あれ？もう？」って感じですぐには実感が湧かなかったけどホッとした。みんな一生懸命やったからかな。とりあえずお疲れ！　　　　　　　　　　（2組）

★　「ハイテンションホー、略してハイホー」　私たちは毎日のように練習しました。雨の日も風の日も雷の日も頑張りました。時にはぶつかることもあったよね。でも乗り越えたよね。そして本番。みんな笑顔で頑張りました。賞取れなくたって楽しく歌えた事が満足だよね。次は夏休みだね。ハイテンションで夏バテなんて吹き飛ばそう！ホーーーーーーーーーー！！！（3組）

★　あれほどまでに憧れ、夢見た再演の舞台に上がることは、結局叶わなかった。悔しくないといえば嘘だ。でも違うクラスなら得られたかもしれない金賞よりもこのクラスで手にした3位の方が尊く価値のあるものに思えてくるのは負け惜しみなんかじゃ決してない。自由曲の選曲でもめて、クラスがぎくしゃくとしてしまった日。窓辺に腰掛けて歌って騒いで語り合った日。いつもどこからか歌が聞こえてきて、あたかも景色の一部のようだった。自分たちもその一部になれただろうか。終わってしまった今となってはただただ一部欠けた風景が淋しい。ほとんどの人にとって合唱なんてこれから一生無縁なものになるかもしれない。だからこそ練習に明け暮れた日々が無駄ではないんじゃないかなんて。例えそれが何十年後の同窓会で酒席の肴になる程度でも。歌を歌うときの気持ちよさとか、吹雪の荒々しさとか、あるいは早春のぬくぬくとした柔らかさだとか。そういうものが表現できていたのかどうかは分からない。それはちゃんとした合唱団なんかと比べたら、きっとあまりにも浅はかで、芸術と呼ぶにはどうしようもなく稚拙なものだっただろう。

・おじさんのイギリス留学記 ①

「何でまた(その年齢で)イギリス留学なんてするの？」という疑問を持つ方が多いので、そこから始めます。

ひとつは、高校の英語教員を37年間もやってきて、大学院でもう少し勉強してみたいと思ったのです。今まで携わってきた英語教育が世界の応用言語学の中ではどう位置づけられるのか、探求してみたいと思ったのです。とりわけ、科学的な外国語教育、特に第二言語習得理論は、まだ40〜50年ほどの歴史しかなく、私の学生時代には学ぶことがなかった分野なので、注目しています。

2つ目は、言語を身につける上で留学を以前からしてみたかったのですが、今まで機会がなかったのです。言語は、言うまでもなく文法を学べばそれで終わりというようなものではなく、文化や歴史と深く結びついていますから、生活をともなって学ぶ留学をしてみたいと思ったのです。学生時代は1ドル＝360円という時代のため、経済的に無理で、就職してからは多忙になってしまいました。より良い外国語教育のためには、退職しないで海外研修できる制度がぜひとも必要ですね。

3つ目に、調べてみたらアメリカ・カナダの大学院は2年間かかるのに対し、イギリス・オーストラリアは1年間で学位が取れるとわかりました。その分、本や論文を多く読まなければならないので楽ではありませんが、その気になってやれば充実しているとも言えます。もちろん World Englishes の時代ですから、英語圏でなくてもいいのですが、私の場合せっかく英文学なども学んだのでイギリスを選びました。

さて、イギリスの大学院に応募するためには、IELTS（アイエルツ、TOEFL のイギリス版のようなもの）で6.5〜7.0以上の成績が必要です。資格試験のための英語の勉強は好ましくはありませんが、何度も受験するのはもっと嫌なので、数冊の本で勉強しました。何とか1度で必要最小限の成績をクリアして証明書をもらいました。そして志望動機書(これが一番重要だそうです)・履歴書・推薦書2通・大学の成績証明書(38年前の考古学的資料！)などを用意して応募にこぎ着けました。

幸運なことに最初に応募した The University of Sheffield から合格をもらい、留学が決まりました。

第2章

コミュニケーションと文法訳読

理　論

1．学習指導要領とコミュニケーション

　学習指導要領の「目標」に新しく「コミュニケーション」が組み込まれたのは1989年でした。それまでの学習指導要領になかったこのカタカナが中学・高校の目標に入れられました。

> (中学版)「第1目標　外国語を理解し、外国語で表現する基礎的な能力を養い、外国語で積極的にコミュニケーションを図ろうとする態度を育てるとともに、言語や文化に対する関心を深め、国際理解の基礎を培う。」
> (高校版)「第1款　目標　外国語を理解し、外国語で表現する能力を養い、外国語で積極的にコミュニケーションを図ろうとする態度を育てるとともに、言語や文化に対する関心を高め、国際理解を深める。」[1]

　外国語学習でコミュニケーションが重要な位置を占めることはいうまでもありません。また、文法訳読を中心とした授業、その中でも「文法・構

文を教え、それを使って日本語に翻訳することがすべて」というような授業では、「聞く」「話す」力があまり育たないのは自明です。

　しかしながら、学習指導要領のコミュニケーション中心の方針は、そうした課題を必ずしも解決するものにはなりませんでした。文部省（当時）は、「文法を駆使する能力は、基本的には、コミュニケーション能力を形成するものであり、コミュニケーションを図りながら、文法能力を育成するという考え方に基づいて学習指導を進めていくことが大切である」と述べています（文部省，1993「中学校外国語指導資料　コミュニケーションを目指した英語の指導と評価」）。

　つまり、「文法能力がコミュニケーション能力を作る」ことは認めるけれども、授業では「コミュニケーション活動を行いながら文法能力を身に付けさせる」ようにしなさいということです。さらにいえば、実際に英語を使う中で帰納的に文法の決まりを理解し「体得」しなさいということです。これは、母語を身につけるときの方法に近い方法です。

　しかし、母語を身につけた後の外国語の学習では母語と同じように学ぶことはできません。教室を一歩出れば日本語しか使われていない日本の言語環境の中では、相当に無理がある外国語の学び方です。実際、例えば日本語にない関係代名詞や冠詞を含んだ文に何十回か接しただけで、どんな意味や働きがあるのか理解できる生徒はほとんどいないでしょう。

　また、コミュニカティブ・グラマーでは、Notional & Functional Grammarが中心的な文法観です。つまり文法をそれ以前のように構造（structure）から捉えるのではなく、目的（notion）や機能（function）から捉えるものです。また、スピーチレベルや適切さなどにも注目します。これらは言語の重要な側面を捉えてはいますが、中学生高校生に最小限必要とされる学習文法としては、やや周辺的ともいえそうです。また、決まり文句や定型表現の学習に陥りがちです（上原重一，1995）[2]。

　この方針のため中学校では「英会話」中心の教科書が作られ、言語活動が多くなり、文法は学校では最小限の位置づけになったために塾で学ぶ、という本末転倒な実態が広がっていきました。この結果、塾に行く生徒と行かない生徒の間に格差が拡大していったのです。高校ではその前の学習

指導要領で文法の科目を廃止したので、英語Ⅰの授業の一部に位置づけるか、Oral Communication を読み換えて、副読本などで文法を学ばせることも行われました。「文法は無視していいから、概要がわかればいい」「単語を並べればいい」「授業に積極的に参加する態度が大切だ」というような風潮が出てきました。

「コミュニケーション」重視の学習指導要領の結果と考えられるのが、高校入学時の大幅な学力低下です。斉田智里さんによれば、(1) 高等学校入学時の英語基礎学力テストが年々低下している、(2) 低下の程度は 1988 年学習指導要領実施下より、1998 年学習指導要領実施下の方が大きい、(3) 成績上位層の低下の程度より、中位層と下位層の程度の方が大きい、また格差が拡大している (斉田智里, 2010 博士論文)[3]。1995 年度から 2005 年度まで 11 年連続低下であり、その低下の幅が偏差値換算で 7 というのは、驚くべき数字です。コミュニケーション重視が入ってから、高校の教師間で「最近の生徒は英語力が落ちた。特に文法ができない」と言われていたことが研究結果で証明された形になりました。

2．コミュニケーション力とは何か？

Communication を辞書で調べてみると、to make (opinions, feelings, information, etc.) known or understood by others, e.g. by speech, writing, or bodily movements (Longman Dictionary of English Language and Culture) とあります。すなわち「話す」「聞く」「読む」「書く」こと、ボディーランゲージを含めて意見・感情・情報などを伝え合うことすべてがコミュニケーションといえます。

ところが学習指導要領では、4技能のうち「話す」「聞く」だけを強調しています。例えば 1998 年学習指導要領では、中学校・高校ともに目標の中に「実践的コミュニケーション能力を養う」ことが入りました。「実践的コミュニケーション能力」とは、学習指導要領の定義によると、中学校では「聞くことや話すことの能力」、高校では「情報や相手の意向などを理解したり自分の意見などを表現したりする」能力のことだとしています。「話

す」「聞く」を強調するあまり、「読む」「書く」が軽視されてしまった感があります。

　さすがに、2008年の学習指導要領では、「実践的」がなくなりました（なぜなくしたのかという説明はありませんでした）が、「コミュニケーション」重視はそのままです。

　言語の歴史や母語を習得する過程から考えて、「話す」「聞く」ことが言語を使う基本であることはいうまでもありません。人間が言語を「読んできた」「書いてきた」歴史に比べ、「話してきた」「聞いてきた」歴史ははるかに長く、言語の歴史的変化を主導しているのも「話す」「聞く」言語です。子どもが母語を習得するときも「話す」「聞く」ことから始め「読む」「書く」ことへと発達することも明らかです。

　しかし、だからといって外国語を教えるときも「話す」「聞く」を中心に授業を進めるべきだと考えるのは短絡的でしょう。母語を身につけた後で外国語を学ぶときには、母語を習得するときと違ったことがらが多く現れます。母語を習得するときにはほとんど無意識に単語や文法を身につけますが、外国語は母語との比較を意識しながら学ぶことが多くなります。また母語の「読む」「書く」能力を使って外国語を学ぶほうが能率的な場面も多くあります。

　また実際の「コミュニケーション」では、「場面」と「機能」によりAIのように機械的に反応するのではなく、相手の気持ちを理解し真意を汲み取る力、異文化を理解する力、相手を尊重して自己表現する力などがとても大切です。このような力をつけるには「読む」「書く」そして「考える」ことも含め、総合的な力をつける必要があります。

　日本では日常的に英語を使って生活している子どもたちはほとんどいません。英語の発音や文法や語彙に触れることが少ないので、「話す」「聞く」ことは「読む」「書く」ことよりむずかしく感じられることも多いでしょう。このような意味で、外国語の学習においては、子どもの実態から出発し「考える」ことを基礎に「話す」「聞く」「読む」「書く」をバランスよく組み合わせて学ぶことが望ましいと思います。

3．訳読でなく、概要・要点？

「教育実習に行ったら、自分が教わった先生がやり方を変えていて、すごく困りました。自分が教わったころと違って、翻訳はしないし生徒にもさせないで、Q & A とか、音読が多くなっていたんです」。教育実践演習を履修している学生から、教育実習後に、そんな報告を何回か聞きました。

また一部の指導主事が「読むときは、じっくり精読するのではなく、おおまかな意味をつかんだらそれで OK。そして教科書の絵などを利用し、そこから自己表現させるべき」「文法や暗記をさせるから授業がつまらなくなる。もっと実用的な、コミュニケーションスタイルの楽しい授業をするべきだ」などと指導していると聞きました。

これはおそらく、文科省の「高校学習指導要領解説」(2010) の次の記述の影響を受けたものではないかと思います。

> 英語による言語活動を行うことを授業の中心とするためには、読む活動においては、生徒が、生徒の理解の程度に応じた英語で書かれた文章を多く読み、訳読によらず、概要や要点をとらえるような言語活動をできるだけ多く取り入れていくことが重要である。(中略) 文法について説明することに偏っていた場合は、その在り方を改め、授業において、コミュニケーションを体験する言語活動を多く取り入れていく必要がある。[4]

もちろん訳読一辺倒だった授業のやり方を変え、コミュニケーション活動を取り入れた授業にすることは大賛成です。また、授業の目的によって、推測して概要をとらえる活動や、比較的やさしめの教材を翻訳しないで読み聞く活動には意味があります。いわゆる「多読」「多聴」で、英語を英語のまま理解する力を養うことができるからです。しかし、もし「いっさい訳読をしない」ことを基本にするようなやり方であれば、生徒の英語力を高めることができるとは思えません。

教科書というものは、やさしめの教材からむずかしめの教材へと配列し

てあるものです。生徒は課が進むにつれ、日本語に翻訳しなければ理解できない部分が次第に増えてきます。もちろん英語が苦手な生徒は最初からわかりません。そこでは「訳読をしないで概要・要点をとらえる」読み方は無理です。訳読を含めた「精読」が必要な場面です。無理に英語だけで授業をやれば、一つひとつの文が正確につかめていないのに、単語と単語の意味をつなげて何となくつなげてみた「概要もどき」が出てくるだけなのです。

この結果「私は高校のころ、教材の文法について質問しても答えてくれず『大体どういう内容かわかればよい』というリーディング授業が嫌いでした」という学生の声がでてきます。授業が70%以上わかる生徒は40%しかいない現状（ベネッセ「中学校英語に関する基本調査」調査2009）で、翻訳をしない授業ばかりを行うとすれば、まともな英語力を身につけることはできないでしょう。

もちろん、英語の授業の目的は「和訳」ではなく、生徒が英語を正確に早く理解できるようにすることです。できるだけ日本語を介さないで前から後へ英語の語順のままに内容を理解できることが目標です。しかし、少しずつむずかしい英文にステップアップしていく段階では、どうしても日本語に訳してみないと理解できない英文が多く出てきます。

教師にとっては、生徒に日本語に訳させることで英語がどの程度読み取れているのかがわかります。語彙の解釈、指示語の読み取り、文法の正確な理解、文脈に応じた文章理解などについて、生徒がどの程度英語を読めているかがベテランの教師には手に取るようにわかります。どこがわかっていてどこがわかっていないかを把握できれば、効果的な指導が可能になります。この意味で、訳読が目的であってはいけませんが、「わかる」授業の重要な手段であることは間違いありません。

また、日本語をうまく生かした「サイト・トランスレーション（同時通訳／バイリンガル方式）」で、英語と日本語をペアで交互に音読する練習などはかなり効果的な練習です。英文をチャンクで区切って英語と日本語を比較しながら学習できるので、「究極の訳読」といえるかもしれません。ただし、この方法にも限界はあります。与えられた英文と日本文を読むだけな

ので、英文の形と内容を自分で判断し日本語にしてみる、英文の内容を深く「考える」活動にはなりにくいのです。また英文を短く切ってしまうので、文構造を自分で発見し意味を正確に読み取る練習にはならないという弱点があるのです。この意味で、実際の授業では「精読」「多読」「文法・構文」「サイト・トランスレーション」「音読」など、多様な活動を組み合わせて行っていく必要があります。

4．「コミュニケーション」重視の理論はどこから？

　Communicative Language Teaching（以下 CLT）は、それまでの教授法、主に文法訳読 Grammar Translation Method（以下 GTM）をおよそ次のように特徴づけて批判しながら、1970年代ころから広がってきました。

- ドリル Drilling
- 一斉に読む Choral work
- 声を出して読む Reading aloud
- 翻訳 Translation
- 書き取り Dictation
- 文法や文型 Focus on rules and patterns
- 機械的学習 Rote learning
- 暗記 Memorization

これに対して、CLT は次のような点を主張しました。

- 協同学習　Group / pair work
- 口頭で流暢に話す活動　Oral fluency activities
- 意味に焦点を当てたタスク　Tasks with a focus on meaning
- 討論　Discussion
- 意見の違いを活かした活動　Opinion-gap activities

・学習者中心　Learner-centeredness
・学習者の自律　Learner independence
・目標言語だけを使用　Use of target language only
(この点については、次第に母語の使用も認める傾向が出てきています)

　こうしてみると、協同学習や学習者中心主義など、教師の一方的な教え方を改め、生徒が生き生きと自律的に学習することを目指していることがわかります。確かに機械的な翻訳、暗記、練習、ドリルだけの授業では生徒は受動的な学習を強いられ飽き飽きしてしまいます。従来の外国語教育のそのような課題を解決するものとして、CLTが広められたことには大きな意義があります。現在の学習指導要領もコミュニケーション重視をうたっており、基本的にCLTの理論に立脚しています。

　しかし一方では、世界各国特にアジア・アフリカでは必ずしもCLTが定着しているわけではなく、伝統的な教授法やそのほかの多様な教え方が用いられている現実があることも事実です。

　A. Holliday (1994)[5]は、イギリス・北アメリカ・オーストラリア (BANA) とそれ以外の国々の公教育 (TESEP) の環境の違いを指摘し、CLTは前者には向いているが、後者にはうまく適応していない、と述べています。具体的にはクラスサイズ、シラバスや教科書、時間数、教師などの制約が大きすぎる現実を指摘しています。日本の公教育で教えている私たちとしては、CLTの優れた点は活かしつつ、その環境にふさわしい独自の教育方法を考えるのが当然です。

　S. Bax (2003)[6]は、1. CLTが全面的で総合的な解決方法であると思い込み主張している。2. ほかの教授法は何の役にも立たないと思い込んでいる。3. 人々がどういう立場でどういう教育を望んでいるかを無視している。4. それぞれ個別の状況を関係がないと考え、軽視あるいは無視している、などと批判しています。このほかにも、CLTはそれぞれの国の現実に順応していないという見解が多く出されています。

　CLTの特徴であり、第二言語習得論でしばしば主張されている「正確

さ (accuracy) よりも流暢さ (fluency)」「形式 (form) よりも意味 (meaning)」「討論や意見の違いを生かした活動」「目標言語のみを使用」などは、いつでもどこでも重視されるべき指針なのでしょうか？日本語と英語の言語的距離はかなり大きく、外国語として英語を学ぶ環境では口頭でのやりとりが高いハードルになりがちです。CLTのやり方が日本の授業にふさわしいのかどうか、検討していきます。

5．文法はいらない？

「正確さよりも流暢さ」「形式よりも意味」という主張は、文法よりも意味に焦点を当てて英語を学ぶことが効果的という仮説に基づいています。これは確かに重要な観点で、例えば英語を話すときにあまり文法の正確さばかり意識してしまうと、言葉が出てこなくなり、コミュニケーションに差し支えますし、聞くときに文法などを考えていると、意味が理解できない羽目に陥ります。おそらくそうした経験が、「文法をいくら勉強しても話せるようにならない」という俗論と結びついて、文法を軽視する傾向に拍車をかけたのでしょう。

しかし、大津由紀雄さんは、こう指摘しています。

> 一時期「コミュニケーション英語」の名のもとに、英文法を無視したり軽視したりする傾向が見られたものの、日本のように英語が日常的に使われていない環境で英語を学ぼうとするときに、意図的、かつ意識的に英文法を学ばずに英語運用能力を身につけることは、不可能ではないにせよ、少なくとも効率が悪く、効果的でもないことが徐々に認識され始めた（後略）（大津由紀雄編, 2012)[7]。

また、CLTの背景には第二言語習得論があります。第二言語習得論は、第二言語としての英語 (English as a Second Language) と外国語としての英語 (English as a Foreign Language) の両方を含めて、第二言語 (Second Language, L2) として研究しています。しかし、ESLでの

研究が中心的であったこともあり、EFL での実態があまり反映されていない傾向があるように思います。したがって、英語が日常的に使われていない環境の中で、外国語がどう学ばれるべきかについては常に検証が必要です。

また、第二言語習得論の中には、Krashen (1982)[8]のように、文法指導によって得られる明示的知識が無意識的な暗示的知識に変わることはない、という考え方もありました。しかしその後、暗示的知識に変わりうるという批判的見解も示され、現在の研究者の多くは、文法指導をきちんと位置づけています。例えば、JACET SLA 研究会は、「コミュニカティブな言語教育だけでは、文法的正確さに結びつかない」とする研究や、文法指導の説明を含む「明示的指導の方が明らかな学習効果が見られた」いくつもの研究などを紹介しています (JACET SLA 研究会, 2013)[9]。これは、文法訳読で学習した日本人にも、高い英語力を持った人たちが多くいるという歴史的事実から見ても、当然のことだと思います。

「文法訳読」については、もう一つ注意すべきことがあります。前述したように、CLT は GTM を批判する形で登場したのですが、実はその GTM は日本の「文法訳読法」とは異なるという点です。

GTM は、14 〜 19 世紀のヨーロッパで支配的だったラテン語やギリシャ語などに用いられた教授法でした。その特徴は、相互に意味的なつながりのない短文を翻訳することによって、語彙や文法を習得することを目的とし、書き言葉のみを重視しました。これに対し日本の「文法訳読法」は、まとまりのある文章を、日本語を援用して正確に文意をつかみ、英語と日本語の間を行き来しながらだんだん日本語の介在を少なくして「自動化」し、「直読直解」を目指すものです (江利川春雄, 2011)[10]。

つまり日本で行ってきた「文法訳読」の目指すところは、直接教授法 Direct Method や CLT と変わらないのです。問題なのは文法を教えて翻訳したら終わり——「文法訳読」だけしかやらない授業です。「文法訳読」だけの授業は、やはり教師による一方的な授業になりがちですが、意味内容を重視することにより「対話的」な授業にできます。また、さまざまな言語活動と組み合わせることによって、自己表現や協同学習を含む、多面的

な授業にすることができます。実用的な英会話も一定程度必要ですが、小説・詩・随筆・論文など高度な内容を持つ英文は、日本語に訳してみないと理解できないことも多くあります。そういう英語を学習する場合を中心にして、「文法訳読」は EFL 環境の日本には必要不可欠な学習だと思います。

6．ヴィゴツキーから学ぶ

　言語や文法を考える上で、旧ソビエト連邦の心理学者 L. ヴィゴツキーは、私たちに重要な視点を与えてくれます。現代でも「心理学のモーツアルト」と称され、社会科学・心理学・言語学・教育学・芸術など多方面で高く評価されています。思考と言語は密接な関係を持って発達していきますが、言語習得には母語の習得と外国語の習得があります。この２つの関係をヴィゴツキーは次のように書いています。

> 　外国語の習得は、母語の発達とは正反対の道をたどって進むということもできよう。子どもは母語の習得を、決してアルファベットの学習や読み書きから、文の意識的・意図的構成から、単語の言葉による定義や文法の学習から始めはしない。だが、外国語の習得は、たいていこれらのものから始まるのである。子どもは母語を無自覚的・無意図的に習得するが、外国語の習得は自覚と意図から始まる。それ故、母語の発達は下から上へと進むのに対し、外国語の発達は上から下へと進むということができる。（中略）
> 　子どもは母語ではすべての文法形式を申し分なく、すばらしく上手に利用するが、それらを自覚しない。子どもは、名詞・形容詞・動詞の語尾を変化させるが、自分がそれをしているのだということを自覚しない。子どもは、しばしば適切な文句に正しく適用されている文法形式、性・格がなんであるかを言うことができない。しかし、子どもは外国語では、最初から男性の単語と女性の単語を区別し、語尾変化・文法上の変化を自覚する。（中略）

このようにして、母語の短所がまさに外国語の長所をなす。またその逆も真なりで、母語の長所が外国語の短所をなす。<u>音の自然発生的な利用、いわゆる発音は、外国語を学ぶ生徒にとって最大の難関である。自由な生きいきした自然な会話─文法構造の敏速な正しい適用をともなったそれは、非常な苦労でもって発達の最後でのみ達成される。母語の発達が言語の自由な自然発生的な利用から始まり、言語形式の自覚とそのマスターで終わるとすれば、外国語の発達は言語の自覚とその随意的な支配から始まり、自由な自然発生的な会話で終わる。</u>この二つの路線は、正反対の方向を向いている。
（ヴィゴツキー，2001[11]　傍線は筆者）

　ヴィゴツキーは、中流のユダヤ系ロシア人で、母語であるロシア語のほか、英語、ヘブライ語、ドイツ語、フランス語を話し、ラテン語、ギリシア語、エスペラントを学んだといいます。したがって、以上の指摘はヨーロッパ系の外国語を一定に念頭におき、子どもたちに対する調査研究を基礎にしたものだと考えられます。その意味で、さらに言語的距離が大きい日本の英語学習者を考えるとき、文法の占める位置ははるかに大きいものになると考えられます。
　また、母語は無意識に学んでしまうけれど、外国語を学ぶときには意識的に学ぶということも、ヴィゴツキーから学んでおくべき大切なことです。
　例えば、外国人がよく日本人に尋ねる質問に「何で『おんなことば』で『こ』と濁らないのに、『おんなごころ』と濁るのか」というものがあります。ヴィゴツキーは「子どもは自覚しない」と言っていますが、子どもをはるかに過ぎた私も、数年前まで知りませんでした。「ことば」の「ば」のように後にくる名詞に濁音が含まれる場合には濁らないが、「こころ」のように濁音がないことばの場合は濁るのだそうです。この規則は明治時代のアメリカ人の鉱山技師であるB. S. ライマンが発見したそうです（「ライマンの法則」）。もっとも、それ以前に国学者の本居宣長も同様な指摘をしていたようですが。いずれにせよ、私や多くの日本人は、その「法則」を無意識のうちに習得してきたのです。しかし、外国人は意識してその文法を学ばな

ければ習得できないのです。これが母語と外国語の大きな違いです。

　私は高校教師を定年退職してからイギリスの大学院に留学しましたが、そこでは外国人としてその逆の体験をしました。文法のクラスで、あるアメリカ人と隣になることが時々あったのですが、文法は、たいてい私の方がよく知っているのです。私は長年文法を教えてきましたから、ほとんどの英語表現について、すぐに英文法を使った説明ができます。しかし、そんなことは大して自慢になることではありません。ネイティブというのは、英語が母語ですから文法を知らなくても、自由自在に使うことができます。私は文法はよく知っていますが、英語を自由に操るという点では彼らにとうてい太刀打ちできないのです。ただそれだけの違いに過ぎません。

　したがって、日本にいるALT（ましてや普通のネイティブ・スピーカー）に英語の用法について質問をするときは、正しいか間違いを判断してもらうのはいいのですが、なぜ？と聞くのはあまりいい結果を期待できません。文法を使った納得のいく説明を求めるのは筋違いというものなのです。もちろん、ALTの中には文法に詳しい人もいるのですが。

　ヴィゴツキーは、子どもは「日常的概念」だけしか持っていない段階から次第に「科学的概念」を身につけて発達すると説明します。文法は、言語を分析しながら習得する上での科学的概念だといえるでしょう。日常的に英語が使われていない日本で、英語のさまざまな表現を一つひとつバラバラに体得するには膨大な時間がかかります。そこで、それらの共通点をとらえて規則化しひとくくりにまとめて考える。論理的な思考ができる一定以上の年齢であれば、「科学的概念」を利用しない手はないのです。それが文法を生かした効率的な英語の学び方であり、文法は外国語学習の「特急券」（千野栄一，1986)[12]とはよく言ったものです。

　新学習指導要領には何カ所にもわたって「ことばへの気づき」について触れた部分があります。母語（国語）と外国語（英語）の学習指導要領やその解説には、「日本語と英語を比較して相対的にとらえることによって日本語の構造についての気づきをうながす」などと書かれています。大津由紀雄さんは次のように書いています。

> 直山木綿子文部科学省教科調査官から「大津先生と私の共通点はそこ[ことばへの気づきを媒介として日本語と英語を関連づけることの重要性の認識]です。それは外国語教育の目的と重なると考えています。外国語教育単体で考えるのではなく、母語と合わせて、言語教育としてとらえる必要がある」という発言を引き出すまでに至った。(大津由紀雄, 2017)[13]

　こうした「ことばへの気づき」は、ヴィゴツキーのいう科学的概念を使って行われるものでしょう。そしてそうした概念は基本的には母語を使って認識されます。あまり難解な文法用語を振り回すような授業は避けるべきですが、品詞、句―節、修飾―被修飾などの概念は日本語を使ってわかりやすく理解させるべきだと思います。

7．「コミュニケーション重視」は日本にふさわしいのか？

　ヴィゴツキーの記述は文法の重要性についてにとどまりません。pp.41-42の引用の傍線部分では、「外国語の習得は、たいていアルファベット・読み書き・語彙・文法から始まる」「発音は、最大の難関となり、文法構造の敏速な正しい適用をともなった、自由で生き生きした自然な会話は、発達の最後でのみ達成される」と指摘しています。つまり、外国語学習は、文字・語彙・文法で始め、音声を学び、即興的な自由会話は最後に達成されると言っているのです。4技能でいえば、「読む」が最初で「話す」が最後だと言っています。

　これは、典型的なEFL環境にある日本の教育にとっては、かなりの説得力があります。日本では、以前よりは英語を聞くことが多くなったとはいえ、聞いた英語の意味がわからなくて生活に困る、英語を話さざるをえないというような場面はほとんどありません。テレビや動画で英語が時々「流れている」とはいえ、意識しなければ、単に「流れている」だけの意味のない音にすぎません。むしろ、書類・新聞・本などに書かれている英語がわからなくて困る、といった場面の方が多いかもしれません。仕事に

よってはメールの返事を書かなければならないということもあるでしょう。このEFL環境では、音声は結構高いハードルになっているのです。

こうしたことを考慮すると、日本学術会議（言語・文学委員会文化の邂逅と言語分科会）の提言（2016）にある「(3) 文字の活用、書きことばの活用」が重要な指摘をしていることがわかります。

> ことばの仕組みに気づかせる取り組みにとって重要なのは、ことばについて児童・生徒と教員がいっしょに考えることができる環境である。そのためには、話しことばにしろ書きことばにしろ、発せられたことば（アウトプットとしてのことば）が、文字によって可視化される必要がある。可視化されることにより、私たちは、発せられることばを、時間や記憶の制約を受けずに自由に吟味することができる。[14]

つまり、英語が社会で日常的に使われているわけではない日本では、「コミュニケーション」を重視しすぎると音声が中心になってしまいがちで、ことばの気づきが起こりにくい面があるというのです。例えば、私たちは字幕なしの洋画を初めて観て、どの程度理解できるでしょうか。当然人によって違いますし、映画の分野や使われている英語によっても違いますが、私は1回だけではおおよそしか理解できない映画が結構あります。

音声についての気づきも重要ですが、残念ながら音声は時間とともに消えていきます。あまり音声を気にしすぎて考え出すと、次の音声が聞こえなくなります。そのときこそ、書かれた文字や記号が重要な役割を果たすのです。文字にすることによって時間をかけてじっくり文法・文構造・文化・思想などを深く学ぶことができます。同じレベルの英語であれば、聞くことより読むことの方がずっとやさしいのです。これが大多数の日本人の英語学習者の実態ではないでしょうか。

また、アウトプットの「書く」「話す」の位置づけを考える際にも、同様なことが起こります。「書く」ときには、時間をかけてじっくり内容や文法・語法・綴りなどを考えながら書くことができます。だから書く英語は、できるだけ誤りが少ないものにしたいものです。

ところが「話す」ときには、待ったなしです。発音・文法・語法などを気にしながら話すのでは、ほとんど話せないし時間がかかりすぎます。話すときは思いついたままを話すことです。話す英語は、相手とコミュニケーションすることが優先で、誤りはあまり気にする必要がありません。間違えても、聞き直したり言い換えたりすることができます。

　したがって、正確な英語を流暢に話すためには、まずは時間をかけて正確な英語を「書く」練習を積み重ね、次にそれらの表現を使って「話す」機会を多く持つようにするのが自然でしょう。ヴィゴツキーはロシア語を母語とし言語的距離の近い印欧語を外国語として学ぶことを想定していたのにも関わらず、この順序を当然視しています。ましてや EFL として英語を学ぶ多くの日本人にとっては、この順序が順当だと思われます。

　もちろん、例えば「始めの1年間は書く練習、次の1年間に話す練習」という長い期間を言っているのではありません。例えばちょっとした文法や表現であれば「1時間の中で始めに書く練習、次に話す練習」することなどを想定しています。また、すべての文法や表現がこの順番にならないことがあってもいいでしょう。日常的に英語が使われていない EFL 環境の中では、音声が高いハードルになりがちであり、自由に「話す」力をつけるためには、その前に「書く」力をつけておきたいということを言いたいのです。

8．「受験英語」の中の文法

　「受験英語や文法は実際のコミュニケーションに役に立たない」という言説もよく聞きますが、本当でしょうか？私には、この点についてとても印象的な本があります。田中茂範，1990『会話に生かす受験英語』[15]です。「青春の汗が今輝く」というサブタイトルで、あの「巨人の星」星飛雄馬のイラストが表紙に描かれている本です。何だかふざけた本のようですが、内容は実証的な調査研究によるもので、受験によく出る文法・慣用表現・構文についてアメリカ人ネイティブの男女100人に「日常会話やビジネスにどの程度用いられているか」を質問し統計調査をしたものです。例えば、文

法の花形あるいは受験英語の象徴（？）のようないわゆる「クジラ構文」です。

　The whale is no more a fish than a horse is (a fish).
（馬が魚ではないように、クジラは魚ではない）

　ところが調査結果を見ると、no more ～ than…は、「くだけた会話」で94％、「改まった会話」で88％のネイティブが「よく使う」と答えているのです。こんなに会話によく使われる構文がどうして「役に立たない」と言えるでしょうか。「比較」という文法を使った表現は、英会話にも実に役立つものです。もちろん、クジラの生物学的分類にずっと興味を持ち続ける人は多くありませんので、この本はなかなかオシャレな文例も用意しています。

　暗記用例文として、

　He is **no more** a Romeo than I am a Juliet.
（私がジュリエットでないように、彼はロメオなんかじゃない）

　No more ～ than…のほかにも、「付帯状況の with」構文なども、意外に会話で多用されているようです。「with ＋名詞＋…」は、「くだけた会話」で82％、「改まった会話」でも83％という高率です。

　It will not be long before….（まもなく…だろう）も「くだけた会話」で92％「改まった会話」で78％と、よく使われています。

　この本は、lest…should のように、くだけた会話では6％しか「よく使う」という人がいない、古くなった表現も指摘しています。それらは多くの人にとってあまり覚える価値はないし、入試などに出題するのはやめたほうが良いでしょう。しかしながら全体として、「受験英語」によく出てくる文法・構文・慣用表現には、会話でも「よく使う」表現がかなり多いことがわかります。「受験英語」に登場する文法・構文は、一部のやや古めかしい表現を除けば、実際のコミュニケーションで大いに役立つものなのです。

　学習指導要領には、買物・食事・旅行などの「場面」や相づちを打つ・望む・謝るなどの「働き」を持つ決まり文句を教えるように書かれています。それらはもちろん役には立ちますが、それだけなら現代ではAIを駆

使した自動翻訳機に任せることもできます。しかし実際の外国人とのコミュニケーションは、それだけでは済まない場合が多いのです。その場面場面での状況や、相手の真意、自分の考えなどを考えて言葉を交わすのです。ときには社会的な話題や人生に関わることを話すこともあります。そんなときこそ、受験英語に出てくるような文法や慣用表現が生きてきます。「あいさつ」や「買い物」などの定型表現ではなく、一人前の大人が自分の考えたことを表現するためには、「受験英語」レベルの文法や表現が必要になるということなのです。

9．私の学習経験から

　私も、中学・高校では1960年代に広範に行われていた文法訳読中心の授業を受けてきました。そのために、英語を使う機会は学校の中でも外でもほとんどなく、「学校ではなぜ話すことを教えないのだろう」「ビートルズが何と歌っているのかわからない、聞き方をなぜ教えてくれないのか」という疑問を持っていました。しかし大学に入ってからは、専攻が英語学英文学科だったので、英文学や英詩や英会話の授業もありました。

　また自分でも English Speaking Society に入り、英語劇を含む「話す」「聞く」練習をしました。ESSでは特に英語劇のリハーサル自体をすべて英語で行ったことが、いい「話す」「聞く」練習になりました。しかも途中からはディレクターの役割になったので、あれこれ指示をしなければなりません。役者の中には、発音も素晴らしく流暢さも申し分ない友人たちもいました。私は言いたいことが英語で出てこないので、「明日はこれを言わなければ」と「予習」したこともしょっちゅうでした。しかし、この当時の経験のおかげで、なんとか相手の言うことを聞き自分が考えたことを「即興」で話すことができるようになりました。

　しかし考えてみれば、そのように英語を話し聞く力の基礎となったのは、ほかならぬ中学・高校の授業と受験勉強で身につけた英語力だったのです。文法訳読だけの授業は、「聞く」「書く」「話す」の技能を身につける時間が少なく、バランスを欠いていたことは確かです。それでも、その後の「聞

く」「話す」技能を伸ばす基礎となったのが文法訳読の授業だったことも明らかなのです。文法訳読だけの授業は不十分ですが、だからといって、文法訳読をできるだけやらない授業がいいということにはなりません。

10. コミュニケーションには「話す内容」を持つことが第一

　ある学生が、スタディ・ツアーでフィリピンに出かけたときのことを次のように書いています。

> 女子学生と交流する機会があったのだが、私の英語力のなさに呆れたのか、「日本人はナショナリストか？」と聞くのです。「なぜ？」と聞くと、「だって日本人は英語を話そうとしないでしょ」。(中略) なぜ日本人は喋れないのでしょうか？一つには語彙のなさがあげられます。でもわたしは「語る中身のなさ」に起因すると考えています。フィリピンの女子学生との会話は、趣味の話や大学生活の話はできても、「日本の戦争犯罪や日本企業の公害についてどう思うか？」「あなたには何ができるか？」という問いに満足な回答ができなかった。おそらく英単語を2万語知っていても答えられなかったのでは、と思います。なぜなら私には彼女の問いに対する定見を持ってはいなかったのですから。(遠藤堂太，1993)[16]

　「英語で話すためには、発音が一番大事」だと思っている人は相当多いようです。しかし発音に気を取られると会話がぎこちなくなってしまいます。コミュニケーションは心の交流をするためですから、伝えるべき内容を持っていること、その内容を伝えようとすることが最も重要でしょう。発音練習はすべきですが、実際話すときは、発音や文法などは気にしないで、しっかりはっきりと内容を伝える心構えが大事でしょう。
　また、発音が良くても話す内容は日常会話程度という人と、発音は良くないが話す内容は高いレベルという人と、どちらが英語ができるといえるでしょうか？英語や英語教育のことをよく知らない人は、表面的にわかる

発音で判断してしまうのですが、よくわかっている人なら後者に軍配を上げます。立場を変えて、日本に来る外国人の日本語発音と話す内容のことを考えれば、答えは明白でしょう。発音より話す内容のほうが大事だという当然なことは確認しておきたいところです。

実際の会話では、このほかにも、声の大きさ、ジェスチャー、表情、好感が持てる態度などが、とても大切です。「コミュニケーション」は、「英会話」で決まり文句を覚えることではなく、人間同士が人格全体で関わりあう交流だと思います。

Deep Learning を活用した Artifacial Intelligence による自動翻訳機が、この数年で長足の進歩を遂げています。数万円で買える機械が世界の数十カ国語の通訳をやってくれるのですから、とても便利なツールです。定型会話はもちろんのこと、英語にしやすい日本語を与えてやれば、かなりのレベルの英語に直してくれます。

それでは、外国語を学ぶ必要そのものがなくなるのでしょうか？外国語を「場面や機能に応じた情報のやりとりのため」に学ぶのであれば、なくなる可能性があるかもしれません。しかし、外国語による「コミュニケーション」が人間的な文化や社会的な交流を目指すものであれば、AI が取って代わることはありえないと思います。

11. コミュニケーションの過度な重視をやめバランスのとれた英語教育を

これまで述べてきたことをまとめておきたいと思います。

コミュニケーション重視の方針が、それまでの文法訳読一辺倒の授業を批判する形で登場したのは一定の意義があったと思います。しかし、文法や訳読を軽視するあまり、それらを授業から追放してしまったことは誤りでした。文法は外国語としての英語（English as a Foreign Language）環境では、「特急券」になりえます。また「聞く」「話す」を重視するあまり「読む」「書く」が軽視される傾向を生んだことも誤りでした。「読む」「書く」の方がやさしい面があることも重視する必要があります。

授業の中では、「読む」「書く」力をつける文法訳読は一つの重要な柱です。それが基礎となって「考える」ことにより、内容のある本当のコミュニケーションの力を育てることができます。「聞く」「話す」も重要な言語能力ですから、自動化を目指した言語活動を必ず位置づけることが必要です。

　文法訳読の良さを維持しつつ、コミュニケーション力もつける、内容のあるバランスのとれた英語教育を目指したいものです。

内容がありバランスのとれた英語

文法訳読　　　コミュニケーション

実　践

12. 発音を教える

　発音にこだわり過ぎるのは、コミュニケーション全体を考えるとき、得策ではありません。しかし、まったくの日本人発音でいいというわけではありません。ロンブ・カトーさんは発音の占める位置について、次のようにユーモラスに書いています。

> 　無論、語彙や文法を知らなくては、大した会話ができるはずもありませんが、外国語でコミュニケーションするとき、相手が、われわれの外国語の知識を判断する最初の基準は、まず第一に発音なのです。われわれの能力を判断する材料として、それはちょうど女性における容姿のような役割を演ずるのです。美人は、はじめに姿を見せたときは

> ＜常に正しい＞のです。後になって彼女は実は馬鹿で、退屈で、意地悪だったということが明らかになったりするものですが、最初のうちは、何と言っても、やはり軍配は彼女の方にあげられるのです。
> （ロンブ・カトー，2000）[17]

　というわけで、私たちとしては、あまり正しい発音（美人）でなくてもいいから、内容を十分伝えて、心が美しいことをわかってもらいたいものです。しかし I think that を「アイシンクウ、ザットオ、…」などと発音するなど、あまりに「カタカナ英語」だと通じない確率が高まります。発音はどの程度まで身につければいいのかといえば、相手にできるだけ誤解されることなくわかってもらえる（intelligible）程度ということになるでしょう。相手というのもさまざまです。ネイティブもさまざまだし、もっと人数の多いノンネイティブはさらに多種多様です。正確に定義するのは容易ではないものの、World Englishes の中で「国際的に通じる程度の発音」が目標でしょう。例えば、エジプト人や韓国人やキューバ人と英語で話すときにあまり誤解を生まないでわかってもらえるレベルということです。

　しかし学校では発音指導はあまりきちんとは行われていませんし、教科書にも発音の仕方が載っているものは多くありません。第一、大学の教員養成課程でさえ、「英語音声学」が必修科目ではなく、英語の発音やリズムを学ぶことなく教員免許を取得することができます。

　私自身も、中学校・高校ではちゃんとした発音は教わったことがなく、高校までの発音はかなりいい加減なものでした。せいぜい当時一世を風靡していたビートルズの歌の発音を真似していた程度です。しかし、幸いなことに大学では音声学の授業を受けることができました。国際音標記号（International Phonetic Alphabet：IPA）を学び、実践的な個々の母音子音の発音の仕方も学ぶことができました。

　正確な発音は、ネイティブの発音を聞いて "Repeat after me." と言われても、簡単に真似できるものではありません。口の中のどこをどう使えば、そんな音が出るのか、想像もつかないからです。無意識に音声を真似ることができるのは幼児だけです。例えば、日本人の赤ちゃんは、0歳児

のころは [l] と [r] を区別できるのですが、1歳のころには日本語ではその区別が必要ないと「判断」し、それ以降は区別できなくなるといいます。さらにいえば、お母さんの胎内にいるときから「母語」のリズムを感じ取って、母語と外国語を区別ができるともいわれています。

　私の担当した生徒の中には「帰国生」も何人かいました。そのうち1人は、小学校1年生ぐらいに帰国したのですが、「この子は小さいときは英語ペラペラだったんですよ。でもそのうちすっかり忘れてしまって、今では苦手で大嫌いになってしまいました」とお母さんが言っていました。子どものときに英語を身につけても、忘れないように使い続けないと発音も文法も消えてしまうのです。

　もう1人は、「私は、英語は小学生ぐらいの語彙力しかないのに発音がいいからと、ネイティブのように話せると周りから思われてしまって困りました。でも先生の説明を聞いて、発音のバイリンガルなんだとわかりました。これから日本語と英語の語彙力をつけて本物のバイリンガルになります」と書いてくれました。というわけで、ネイティブと寸分違わない発音を身につけるには、やはり子どものころに母語に近い環境で外国語に接するのが理想です。

　しかし、だからといってネイティブと同じ発音をするために子どもを現地に連れて行き、育てる必要があるでしょうか？ほとんどの人にとって、英語の発音は「国際的にコミュニケーションができるレベルの発音」が目標だと思います。その意味では、青少年・成人にとって、音声学が相当に役立つのです。

　私は、「音声学」は英語の発音・リズムを身につける上で「文法」のような役割をすると考えています。つまり、母語話者は無意識に発音できるのですが、外国人にとっては、意識的な学び方を必要とします。発声法や口や舌など、身体の使い方を理論で学び、実際にやってみて一定レベルに達し、練習を重ねるうちに無意識にできるようになるのです。これは、外国語として英語を学ぶ日本人にとって、意識的に外国語を学ぶために文法が「特急券」のような役割をすることと同じだと思います。

　大学で音声学を学んでみて、第一に役に立ったのは調音点（Points of

articulation）を示した口内図でした。これで英語にあって日本語にはない、［æ］［ə］などの母音や［f］［θ］などの子音の出し方を知ることができました。実際に練習すれば、完璧な発音はむずかしいとしても、多くの人がかなりいい線まで習得できます。

　第二に役立ったのは、母語＝日本語との比較です。特に、一つの図の中に英語と日本語の音素の両方が書かれているものがとても役に立ちます。厳密にいえば日本語と英語の音素には共通なものは一つもありません。しかし、近いものはあるので比較対照しながら発音することによって、かなり近い音を出すことが可能です。

　例えば、［ɪ］は日本語の［イ］とは違って、［イ］と［エ］の中間あたりの音です。私は生徒には stick という単語を例に出し、「日本語では何て発音してる？」と尋ねます。生徒から「スティック」しか出ないときは、「ほら、おじいさんがついている棒は？」などと聞いて、「ステッキ」も引き出します。「日本語話者の耳には［イ］にも［エ］にも聞こえるから、1つの単語から外来語が2つもできたのです。ということは、［ɪ］は［イ］と［エ］の中間で発音すればいいんだね」などと説明しています。私は日本語を大いに利用して英語の発音を教えます。「授業は英語で」では、こんなことも教えられません。

　第三に役立ったのは、英語が日本語とは異なるアクセントとリズムを持つことを学んだことです。アクセントの有無によって音素が変化するのを知ることは、英語らしく発音するために、かなり大事です。また「ダダダ」と同じリズムで I love you. と言うなどの練習も役立ちます。アクセントと関係してくるのが、音素の変化です。

発音については、次のようなプリントを用意しました。

▶ 実践 2-1

1　どんな発音を目標にするのか？

　発音が「いい」とか「悪い」とかいいますが、何を基準にそう言うのでしょうか？多くの人がネイティブみたいに発音するのが「いい」と言います。では、ネイティブって誰のことでしょう？イギリス人？アメリカ人？オーストラリア人？ジャマイカ人？それぞれ違う発音をしています。そして各国には方言がいっぱいあります。

　また、私たちが今後英語を話す相手は誰になるでしょう？英語を母語にする人々は4億人足らずなのに対し、英語を公用語とする人々は5億人、外国語として使う人々は8億人以上もいます。

　ネイティブとそっくりな発音でなく「日本式」英語でも構わないのです。しかし通じないのでは外国語を学ぶ意味がないので、国際的に通じるレベルは必要です（例えばドイツ人や韓国人やブラジル人とあまり誤解なくわかり合える発音）。

　したがって少し意識すればできることは、すぐやるべきです。（例えば、語尾で余分な母音を入れないこと：friend は [furendo] ではなく [frend] に、sit は [ʃito] ではなく sit [sit] に）

　日本人が苦手な発音（例えば r と l）は、できるだけでよい。（例えば rice が [rais] ではなく [lais] となっても気にしすぎることはない。We live on [lais]. では「louse の複数形 lice しらみ」という意味だが、外国人だってしらみでなく米のことだろうと常識を持って判断します）

2　発音の3原則（日本語と比較して）

　（1）息はたくさん使おう！
　（2）口は大きく動かそう！
　（3）アクセントをはっきりさせよう！

　やや低めのトーンにすると、喉声でなく腹式呼吸にしやすい。その結果、アクセントをつけやすくなる。

3　アクセントの有無の原則

＜単語の中では＞

	アクセントがある音		アクセントがない音
	強く長く個性的に	⟷	弱く短く曖昧に
母音：	aeiou などはっきりと	⟷	ə に近づける
子音：	アクセントの母音の前の子音は強く	⟷	弱く

例　believe [bɪlíːv / bəlíːv / b líːv]
　　この be- にはアクセントがないので、はっきりした /i/ でなく、/ə/ あるいはなくなってしまう。

例　unbelievable [ʌnbəlíːvəbl]
　　/l/ が2つあるが、後ろにアクセントがあるとはっきりした /l/ になり、最後のは弱い /u/ に近い音になる。
　　そのため「アンビリバボー」（もっと言えば「アンブリーバボー」）となる。
　　もちろん、pen-pineapple-apple-pen も「ペンパイナポーアポーペン」だ。

＜文のレベルでも＞
大事な単語は強く長く個性的に　⟷　それ以外は弱く短く曖昧に
大事な単語とは、名詞、動詞、形容詞、副詞など内容語（content word）
大事でないのは、冠詞、前置詞、代名詞など機能語（function word）

　　　　　　× ○ ×× ○ 　× × ×　　○　 × ○ × ○
例1　As far as I know, he has no intention of being a doctor.
　　○と○の間の時間がなるべく均等になるよう、×を短く弱く発音しよう。

> ```
>          ×  ○  ×   ○      △  × ×    ○    × ×    ○
> 例2    I found a wallet while I was jogging in the park.
> ```
>
> 機能語でも、内容によっては強調する場合もある。
> It's not a (/ə/) good car, but it's a (/ei/) car. (それはええ車じゃないが、それでも車は車だ。)

　前述のように、日本語と英語の発音は厳密にいえば一つとして同一なものはありません。しかし、「国際的にほぼ理解してもらえる」レベルを目指すのなら、英語の発音すべてを厳密に覚える必要はありません。せっかく完璧に使える日本語を手掛かりに、英語の発音を身につければよいのです。

　IPAを使って発音を学ぶためには、発音を表すための記号を新たに覚える必要があります。しかし、もともとアルファベットを利用して作られた記号で20個ほどありますが、注意すべき発音の仕方と発音記号はもっと少なくなります。実際の発音練習を含めて2時間ほどで一通りは教えることができます。1年に一度ぐらいは教える価値があると思います。発音は、厳しくやりすぎると発音ばかり気にするようになりがちなので、ほどほどに楽しめる程度にやってきました。以下は、生徒たちの感想です。

生徒の感想

＊教科書の単語のとなりにあった記号は何だろうと不思議に思っていたので、初めて知ることができて嬉しかったです。
＊発音は今まで詳しくやったことがありませんでした。唇や歯、歯茎が関わって音になるのは面白かったです。
＊発音は少し舌を置く位置をかえるだけでそれっぽく発音できることがわかりました。
＊発音をこんなにしっかり教えてもらったのは初めてです。ああ、そうだったんだ、そうすればいいんだという発見がありました。

　英語が苦手な生徒たちには、発音記号はやはり負担が大きいので、発音

記号は使わないで、カタカナをふってもよいでしょう。もちろんカタカナで発音を正確に表すのには限界がありますから、いずれはカタカナは卒業してもらわなくてはいけません。なんとかフリガナを発展させてなるべく正確な発音をさせようとする先生もいます。神奈川県の棚谷孝子さんは次のような工夫をしています。

> 工夫の一例として、th の /θ/ /ð/ には必ずひらがなで「す」とか「ざ」と振るようにすると、/s/ 音「ス」とは異なる th 発音に生徒が敏感になるようです。あるいは /r/「ラ」と /l/「ら」の区別をします。/v/ は「ヴ」で代用できます。それから、生徒の発音の傾向として、どうしても母音に引きずられ、like を「らイク」と読んでしまいがちです。それに気づかせるためにカナ振りの末尾では「らイ k」のように表記します。(棚谷孝子, 2015)[18]

大学の「教職実践演習」は、教育実習も終え、中にはすでに教員採用試験に合格した学生も含め、教師の卵を支援する授業です。この授業を持つことになりましたが、英語音声学を受講していない学生も多かったので、もう少しだけ詳しく教えることにしました。というのは、中学校・高校の教科書には発音記号が使われており、教師が発音記号を知らないと、生徒の疑問に答えられないことになるからです。ところが外国語の教職科目には音声学が必修として入っていません。そこで、最低限の知識と技能は持ってほしいと考え、以下のようなハンドアウト(の一部)を作りました。音声学の基礎を、日本語との比較を踏まえてわかりやすく工夫したものです。

▶ **実践 2-2**

4　母音の発音　―日本語と英語の違いから出発して―

4-1

　右図のように、英語には口の周辺や突端で調音する母音が多く、口

内が広く使われるので一つひとつの音の個性が強い。

　一方、日本語の母音は、口腔の中央寄りにこぢんまりと分布しており、比較的口をあまり動かさずに「アイウエオ」と発音できる。

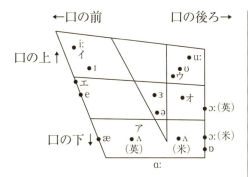

　したがって、日本語話者が英語の発音をするときは、口の中で「個性的に」「大げさに」発音する必要がある。

　図でいうと、外に広げるということ。

4-2
*日本語の［エ］はやや高いので、英語の［e］は低めに、［ɪ］は［イ］［エ］の中間で発音する
　cf. stick ＝「ステッキ」「スティック」
*英語（イギリス）の［ʌ］は、日本語の［ア］に近い
　アメリカ音では、「卵を飲み込んだような口の形」で「オ」に近く「ア」と発音する
*日本語の［ウ］と［オ］の差は比較的少ないが、英語の［uː］や［ʊ］と［ɔː］の差はずっと大きい
　［ウ］を口のもっと上の方で発音すると［uː］や［ʊ］が出る
　［オ］をもっと奥の方で発音するとイギリスの［ɔː］が出る
　それをもっと下の方で＝口を大きく開けるとアメリカの［ɔː］が出る
*「ア（ー）」と音訳される［ɑː］、［a］、［ɒ］は、いずれも英語では相当に奥まっている
　（口を大きく開け、喉の近くで発音する）
*［æ］は、特にアメリカ発音で目立つ音である。［エ］の口の形で［ア］と言う。

4-3

[ə] は、アクセントとの関連で、ほかの母音とは違う性質を持つ、特別な母音である。アクセントがない場合、すべての母音がこの音に近づく性質があるからである。

5 子音の発音

子音を発音するのに使う器官は、唇・舌・歯・口蓋・咽喉などだが、右図のようにそれぞれの音を発音する。

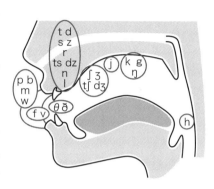

ただし、実際に発音するときには器官を動かすので、音を出す場所だけでなく動きを学ぶ必要がある。外側から映した動画はYouTubeなどで見られるので参考にしてほしい。

5-1

前述したように、英語は強弱アクセントを基本にしている。したがって同じ音素でも、アクセントがある場合とない場合とでは違う発音になる。

例えばtopの[t]にはアクセントがあるが、potの[t]にはアクセントがない。すると、topの[t]は[tʰ]（空気を多く使って激しい発音にする）、potの[t]は[t˺]（空気をあまり使わない、場合によっては聞こえない）という音になる。

日本語には強弱アクセントはなく、高低アクセントだけである。そのためにこうした異音は少ないので意識的に練習する必要がある。

また、日本語と違って、語尾の子音には母音がつかないので、日本語話者は注意が必要である。母音をつけてしまうと、洋楽を歌うときにリズムに乗れない。したがって、カラオケは母音をつけずに発音するのに優れた練習になる。

第 2 章　コミュニケーションと文法訳読

> **6**
>
> 　外国語の教師は、発音記号を知らなければならない。発音記号はアルファベットを基礎としているので、英語を知っていればある程度どんな発音かの予測はつく。しかし、厳密に言えば、日本語の音素には、英語の音素とまったく同じものはない。とはいえ、実践的には相当近いものはあるので、日本語の発音で代用してほとんど問題はないものも多い。
>
> 　発音記号を覚える場合、次のように分類整理できるだろう。子音では、ほとんどは無声音と有声音がペアになっていることも特徴的だ。
>
> 母音
> （1）記号も発音も独特なので注意するもの　　　：[æ] [ɒ] [ʌ] [ə]
> （2）記号はわかりやすいが発音に注意するもの：[ɪ] [iː]
> （3）発音はやさしいが記号に注意するもの　　　：[ɔ] [ɔu]
> （4）記号も発音もわかりやすいもの　　　　　　：[e] [u]
>
> 子音
> （1）記号も発音も独特なので注意するもの　　　：[θ] [ð] [j]
> （2）記号はわかりやすいが発音に注意するもの：[f] [v] [l] [r] [w]
> （3）発音はやさしいが記号に注意するもの　　　：[tʃ] [dʒ] [ʃ] [ʒ] [ŋ]
> （4）記号も発音もわかりやすいもの：[p] [b] [t] [d] [k] [g] [m] [n] [s] [z] [h]

　実際の練習では、単音、連音、ミニマル・ペアの練習なども行いましたが、学生たちはとても大きな声でやってくれます。

13. 発音とリズムを身につけるには歌を

　実際にきちんとした発音とリズムを身につけるのにいい教材は歌です。"ABC Song" は、英語学習の初歩の初歩に使う教材ですが、中高大学生にもいい教材になるのです。

61

▶ 実践 2-3

文字	A	B	C	D	E	F	G
発音記号	ei	bi:	si:	di:	i:	ef	dʒi:

	H	I	J	K	L	M	N	O	P
	eitʃi	ai	dʒei	kei	el	em	en	oʊ	pi:

	Q	R	S	T	U	V
	kju:	ɑ:	es	ti:	ju:	vi:

	W	X	Y	and	Z
	dʌblju:	eks	wɑi		zi:

Now I know my ABCs   もう ABC がわかったから

Next time won't you sing with me? 次は一緒に歌おうね
(＊別バージョン)
Twenty-six letters from A to Z   A から Z まで 26 字

問い1　日本版と英語版の歌い方の違いはどの部分でしょう？

問い2　それはなぜでしょう？

　YouTube などで、日本版と英語版の歌い方が 2 行目で異なることに気づかせます。日本版では♪ HIJKLMN と N までしか歌わないのに対し、英語版では♪ HIJKLMNOP と、L から急に速くなり P まで歌ってしまいます（最近の日本版は英語版にしているものが増えているようです）。
　これはなぜかを考えてもらうことが大切です。上のプリントではすでに下線がヒントになっていますが、実は rhyme（脚韻）で /i:/ を揃えるための工夫なのです。ここだけでなく、この歌ではすべての行が /i:/ で終わる

のです。日本版ではrhymeは問題にしないので、より歌いやすいところで切ったのでしょう。

　そこで、この部分を英語版で歌ってもらうと多くの生徒が「速すぎて」歌いにくいと言います。そこで「エル」「エム」「エヌ」の最後につけた母音 /u/ をつけない練習をして、リエゾンを教えます。それでもできない場合は「じゃ『エレメノピー』って歌ったら？」というと笑い声が起こります。

▶ 生徒の感想

＊初めてリズムに乗って歌うことができたのでスッキリしました。
＊最初は違和感があったのですが、歌えるようになると楽しかったです！

　次に英語のリズムを教えるのに適した歌として "Do Re Mi Song" もオススメの曲です。

▶ 実践 2-4

日本語と英語の発音の違い
＜英語は余計な母音を入れないで発音しましょう＞

日本語：　　　母音　　ア a イ i ウ u エ e オ o
　　　　　　子音＋母音　カ ka キ ki ク ku ケ ke コ ko
　　　　　　　　　　　　　　…母音で終わるのが決まり

英語：子音（の連続）が多いので、日本語のように母音をつけると、
　　　長くなります。歌のリズムに乗れません。

母音	a, I	日本語と同じ
子音＋母音	see	ここまでは日本語と同じ
子音＋子音＋母音	play	[pu] にしないこと。
子音＋子音＋子音＋母音＋子音	strike	これでも母音は1つ。
子音＋子音＋子音＋母音＋子音＋子音＋子音	strength	これでも母音は1つ！

以上はすべて1かたまり（正確にはモーラ）なので、ひとつの音符に乗せます。

　歌を歌って、発音とリズムをよくしましょう！
　例えばfemaleは、fe-maleに分かれ、lの後に母音はないから2拍子となります。

♩・　♪　　♩・　♪　　♩　　♩　　♩
Doe　a　　deer　a　　female　deer

♩・　　♪　　♫　　♫　　　　♩
Ray　a　drop of golden　　sun
　　　　ドロップ　オブ　ゴールデン
　　　　　　　（英語を日本語発音で歌うと収まらない）
　　　　d ロポ v　ゴー ldn　　サン
....
Tea　a　drink　with　jam　and　bread
　　　　d リnk　ウィth　ジャmnd　b レ d

> **生徒の感想**

＊英語の歌を歌いづらいのは、日本語のように母音を入れようとしていたからだと知り、プリントのように歌ってみると英語らしく聞こえたのですごいなと思いました。

＊英語バージョンは初めて聞いた。歌詞とかも工夫してある感じで面白かった。特に Mi (Me) Ti (Tea) の工夫が好きです。この映画を見たいと思います。

Rhymeの魅力と威力（1） knowed って知ってました?!

　Bob Dylan の "Don't Think Twice, It's All Right." という歌には、何と knowed という過去形が登場する。この曲の邦題は「くよくよするな」で、アルバムでは「フリー・ホイーリン・ボブディラン」、シングルでは「風に吹かれて（Blowing in the Wind）」のB面に収録されている。1963年に発表されてから、Peter, Paul & Mary のほか、多くのアーティストによってカバーされている彼の代表曲の一つである。

　knowed は、もちろんスタンダードな英語ではないが、南部の方言では聞かれるようだ。ついでにいえば、英語圏の幼児も成長段階で knowed と言うことがあるようだ。第二言語習得論の用語を使えば、動詞を過去形にするためには -ed をつけるという文法規則の「過剰般化」overgeneralization である。もちろん日本の授業では誤りとして扱われるので、私もこれを初めて聞いたときは耳を疑った。

　Bob Dylan が、北部ミネソタ州生まれにも関わらず knowed を使っているのはなぜだろうか。1960年代のフォークソングは公民権運動と関わりを持ち、Bob Dylan が黒人英語や南部方言に接していたことは事実だろう。

　しかしこの歌詞で knowed を使った直接の動機はやはり直後の文尾に現れる road と rhyme させたいからだ。この歌のメロディーと歌詞の似た繰り返しを考えると明らかである。もちろん Bob Dylan がいつも音を大事にし、rhyme を生かそうとして曲を作っていることからも明らかだ。作詞作曲家は、rhyme のためには少々文法規則から外れることも辞さないのだ。

14. 文法をわかりやすく、楽しく

　発音に続き、語彙については次章で触れることにして、話を文法に進めます。「文法をわかりやすく」という点では『たのしい英文法』（林野滋樹，1975, 2011改訂）[19] が特筆ものです。例えば、中学校の文法（というより文法全般）で日本人にとって最も理解しにくいものの一つが現在完了形です。

　林野さんは、完了・経験・継続・結果の例を示した後、「こんなにも異

なった内容を表す4つのものがどうして一つの『現在完了形』という一つの形で表されるのだろうか？」という問いで、語り始めます。また「どうして『持っている』という意味の have なんかを使うのか？」という問いも加えていきます。この「謎を解く」ために、英語史の知見を生かします。I have done my homework. は、何百年も昔の古い英語では、I have my homework done. であったことを紹介します。このことから丁寧に解きほぐして、have＝「持っている」という現在時制と done＝「しあげられた」の両方の意味を含んでいることを証明します。「宿題をしあげられた状態で持っている」という完了の意味を説明してから、4つの用法がどれをとっても「現在を中心に、その現在を作り出した過去のこともいっしょに述べる」ことを明らかにしていきます。

「なるほど！」と感心する説明です。まるで推理小説のように謎を解いていくこうした説明が「たのしい英文法」の魅力です。「なるほど、わかった！」という感覚が生徒の理解と記憶を高めるのです。大平光代さんが独学で英語を勉強し始めたころこの本に出会って、「これだ！こんな本を探していたんだ！」と思ったというのも無理ありません。

大村はまさんは、人間が物事を忘れないのはどういうときかというと「ある感動をともなっているとき」「感動とまでいかなくても、面白い、珍しい、感心する、とにかく心が動く、生き生きと動いている」ときだと言います（大村はま，1995)[20]。

一般の中学生・高校生に英語史を教える必要はありません。また、学習英文法で、英語のすべてが説明できるわけでもありません。しかし「問い」を持たせること、「なるほど」と感心させることは、英語の学習の中で大きな意味があります。

私も及ばずながら、林野さんの説明を借りながら、高校生には次のようなプリント（一部）を使いました。

▶ **実践 2-5**

正しい文に○、間違っている文に×をつけなさい。

1. 私は**5分前に**宿題を**終えたところ**です。　　　　　　　（　　）

2. I **have finished** my homework **five minutes ago**. (　　)
3. I **finished** my homework **five minutes ago**. 　　(　　)

　1と2を比べ、どうして日本語なら正しい文なのに英語だと間違いになってしまうのか？秘密は「have ＋過去分詞」という形にある。
　実は、現在完了形は、昔の英語ではこんな形だった。（これは後で忘れてもいいです）
　I have my homework **finished**.
　「私は宿題を持っている、終えられた状態で。＝私は宿題を終えられた状態で持っている。」
　その後、時代をへて「have ＋過去分詞」という今の語順に変わったが、「have だから現在のこと」という感覚はしっかり残っているのだ。<u>この形なら、**have** は「持っている」という意味の現在形なのだから</u>、five minutes ago（5分前に＝明らかに過去）と矛盾してしまうのがわかる。
　現在完了形とは合わないのは、yesterday, last month, just now（ついさっき）、…ago, When…？　などだ。どう考えても現在形となじまないね。

(1. = ○　2. = ×　3. = ○)

15. 新英語教育研究会の文法観

　新英語教育研究会（以下、新英研）には1969年の長岡大会いらい「文法分科会」が存在しています。高校の文法の科目がなくなり、コミュニケーション重視の中で「文法無用論」が出てきても、文法学習の重要性は揺らぐことがないからです。「文法偏重」は正しくありませんが、「文法軽視」も同様に正しくありません。
　文法分科会が生まれたころはパターン・プラクティスが全盛で、一つのパターンの文の一部を機械的に入れ替えるような練習がほとんどでした。

パターン練習にも一定の意味はありますが、欠点は文の意味内容を軽視した機械的な反復練習になりがちだということです。
　新英研のある例会では次のようなエピソードが話されたそうです。東南アジアを訪れたある英語の先生が現地の人に聞きました。
"How many children do you have?"
"I have no children, but I had two sons."
　涙ぐんでいるのでもっと聞いてみると、二人の息子はいずれも第二次世界大戦で日本軍に殺されたということだったそうです。これは単なる現在形と過去形ではなく、ほかの表現では表しえない必然的な、そして戦後生まれの私たちにとって衝撃的な表現です。
　文法分科会ではこうして、「言語は労働や生活の中から生まれ、思考・認識や意思疎通の手段として形成されてきた」という言語観を確立し、以下のような教材についての視点を大切にしてきました。
（1）教材内容（意味）と文法・語法が統一されていること（価値ある内容とそれを表現するのにふさわしい形式、ターゲットとなる文法・語法項目を教えるのにピッタリの用例）
（2）文法の基礎・基本／ミニマム・エッセンシャルズが理解・定義されやすいように押さえられていること
（3）教材内容に真実性・文化性・生活実感・一貫性があること
（4）ターゲットとなる文法・語法項目の反復・繰り返しが組み込まれていること
（5）生徒の学習意欲を掘り起こし・掻き立てうるものであること
（6）真のコミュニケーションに導き、それを構成しうるものであること
（7）「深い読み取り（聞き取り）」や「豊かな自己表現」につなげられるものであること

　このように意味と形式（文法）を必然的なものとして結びつける観点は、現在のCLT・Content-Based Language Teaching（CBLT）・Content and Language Integrated Learning（CLIL）と共通性を持っています。文法分科会が1960年代からこうした観点を持ってきたことは特筆に

値します。
　また、このような文法観から、文法と意味を結びつけた多くの実践が生み出されてきました。ほんの一例をあげると、
　　You Were Clean, Biwako. ……………… 琵琶湖の汚染問題と過去形
　　We Can Stand. ……………………………… 水俣病と助動詞
　歌の教材もよく取り上げられます。
　　I Just Called to Say I Love You ……… 公民権運動と不定詞
　　The Rose ………………………………………… 愛と強調構文
　中学高校で教える文法・構文ほとんどすべてについて、珠玉の例文を手作業で収集してきた人たちもいます。新英研の例会や月刊「新英語教育」には多くの教材が紹介されています。私たちもそのような財産に学んで、目の前にいる子どもたちにふさわしい教材や例文を用意してあげたいものです。そう考えて、あらためて周囲を見渡しICTなど活用してみると、宝物のような教材がそこかしこにあることが見えてきます。自分ひとりでは時間が見つけにくいときは、仲間と協力して探してみませんか。

16. 文法へのアプローチは多彩に

16.1　「なぜ？」を大切にする
　中学生のとき、as 〜 as は「同じぐらい〜（＝）」という意味で、その後 not as 〜 as は「ほど〜ではない（＜）」という意味だと習います。ところがいっぽう、数学の時間には「＝の否定は≠である」と習います。それなら not as 〜 as …は「…と同じではない」という意味のはずです。なぜ「同じぐらい〜ではない（≠）」にならないで、「ほど〜ではない（＜）」という意味になってしまうのか、という疑問が湧きます。私は確かテストで間違えてあれ？と、この疑問を感じたように思います。
　英文法には謎がいっぱいあります。その謎について「なぜですか？」と聞いてくる生徒も多くいます。「ああだこうだ考えても受験に間に合わないよ。それより暗記しなさい！」と言ってしまう先生もいますが、私はそれはできるだけ言いたくありませんでした。それで英語が嫌いになる生徒もか

なりいるからです。特に理系が好きな生徒にはこの傾向があるように思います。ところが not as ～ as については、数十年きちんと説明できないままでいました。

しかし1990年代のあるとき英語雑誌を見て疑問が氷解しました。as ～ as は「～ほどもある（≧）」という意味だと考えるべきだというのです（もとは、八木孝夫, 1987)[21]。なるほど、≧の否定であれば＜になるのは当然です。また八木が例としてあげた文のひとつには、とても納得できます。

John is as rich as Fred; in fact, he is much richer / *poorer.

(*は非文)

じっさい、この現実世界に存在するものには、厳密には「まったく等しい」ものはなく、それに近いものしかないはずです。そこで文例を調べてみたら、

New York State is almost as large as Greece.

という文もありました。詳しく調べてみると、N.Y.S. = 141,299km²、Greece = 131,990km²だったのです。なるほど！ そうするとこの文の真意は、この2つが「同じぐらい」という点ではなく、「N.Y.S. は一つの州なのに、一つの国ほども大きい」というところにあるのです。

このように、私はこの問いへ答がわかるまでに30年もかかってしまいました。わかったのは文法研究者のおかげです。でも最近の本にはこのことがこともなげに書かれています。英語の教師は、いつも学んでいないと生徒の疑問にも答えられないのだと痛感しました。

もちろん、ある言語のすべての表現を文法で記述できるものではありません。だから、すべて納得しないと一歩も前に進めない、という学び方は確かに困ります。学習が進むにつれて学習文法では説明しきれない、多様で生きた表現をそのまま素直に学び取る姿勢も大切です。しかし、それでも私は「それはなぜだろう」と考え疑問を持つことを大切にしたいと思うのです。その謎を解こうとする研究者にならなくてもいいのです。変だ、納得がいかないなどと考えることが記憶を助け、英語力もついていくと考えるからです。

例えば以下は、「比較」を教えたときのハンドアウトです：

▶ 実践 2-6

比較＝論理的に考えよう！
＜as 原級 as の比較＞
① N.Y.S. is almost **as** large **as** Greece.
② Yuki can**not** speak English **as** (so) well **as** Naomi.

　ほとんどの教科書には「同じぐらい（＝）」と書かれているが、厳密には「〜ほども…ある（≧）」のこと。したがって、その否定は②のように「〜ほど…でない」（＜）という意味になるのだ。

③ She is **not so much** a singer **as** a TV personality*.

(*タレント × talent)

　これは not so　as の中に much（とても、非常に）が入っているので、「タレントであるほどには歌手ではない」ということだ。「歌手というよりはタレントだ」ということ。

④ Emily has **as much** money **as** her uncle.

　as 〜 as の真ん中には形容詞または副詞の原級が入るが、「形容詞＋名詞」の結びつきが強いので、「as many (much) 名詞 as」の形になる。

　なお、次の表現にも注意しよう。
This hat cost me **as much as** 200 dollars.
(200 ドルと同じぐらいたくさん ＝ 200 ドルもした)

⑤ Taro's house is **three times** as large as ours (＝ our house).
　　　　　　　　　　twice
　　　　　　　　　　half

　as 〜 as が同じ＝ということは1倍ということ。3回×1倍は3倍である。
　half は2分の1ですね。

<比較級>

⑥ Australia is **smaller** than South America.
　This picture is **more beautiful** than that.
　　　　　　　　　　　長い形容詞の比較級

　This picture is | **much** | **more beautiful** than that.
　　　　　　　　　　　　　　差を表す much, a little
　　　　　　　　　| **far** |
　　　　　　　　　| **a little** |

⑦ <u>The climate of Canada</u> is **less mild than** that of Japan.
　　　　　　　　　　　　　　　　　　　　　∥
　　　　　　　　　　　the climate のこと（同じものを比較すること）
little – less – least だから「より少なく」という意味。だから比較級の前につくときには –（マイナス）だと考えればよい。
「より少なく温暖」=「マイナス温暖」=「温暖でない」ということになる。

＊なお、than Japan では間違いなので要注意。英語では「同じ性質のものどうし」しか較べることができない。（「カナダの気候」と「日本（という国）」は較べられない。そこで「カナダの気候」と「日本の気候」を比べるのだが、英語は「繰り返しを嫌う」ので、2つ目の climate は that に代える、ということ。

⑧ The Nile is **the longest** river in the world.　　　　最上級
　The Nile is **longer than any other** river in the world.　比較級
　No other river in the world is | **as long as** | the Nile.　原級
　　　　　　　　　　　　　　　　　| **longer than** |　　　　比較級

これらはどれも最上級と、ほぼ同様な意味になる。
　肯定文の中の any は「どの～も、どの～をとりあげても」という意味。no は「ゼロ」を表し、not よりも強い否定である。

⑨ He practices **as hard as any** boy on the team. 原級
これも⑥と同様に最上級の内容になる。

　Michael Jordan is **as** great a basketball player **as ever lived**. 原級

everが「これまでずっと」の意味なので、実質的に最上級になる。なお、asの次に形容詞を続けたいので、aと語順が入れ替わっていることに注意。

not more than, no more than, not less than, no less than など

まずは、notとnoの違いを知ることがポイント。
　He is **not** a fool.　彼はバカではない。
　He is **no** fool.　彼はバカどころではない、その反対だよ＝キレ者だ、知恵者だ。
　このようにnoは、否定して意味を反対にしてしまうこともある。このことから、

⑩ There are **no more than** thirty pupils.
　30人より多いなんてとんでもない、それ**しかいないんだ**→ ＝ **only**
⑪ I have **not more than** five thousand yen.
　5千円より多くは持ってない → **せいぜい5千円** → ＝ **at most**
⑫ He usually sees **no less than** twenty movies in a month.
　20本より少ないなんてとんでもない、**そんなに多く見るんだ**→
　　　　　　　　　　　　　　　　　　　　　　　　　＝ **as many as**
⑬ I have not less than five thousand yen.
　5千円より少なくはない → **少なくとも5千円**→ ＝ **at least**

これを応用した表現が次のもの：
⑭ ₁A bat is **no more** a bird ₂**than** a rat (is a bird).

この文は、₁コウモリが鳥である程度を、₂ネズミが鳥である程度と比較している。そして、**no** more than で「より以上だなんてとんでもない、その反対だ」と強く否定するのだ。
「コウモリが鳥である程度は、ネズミが鳥である程度より上だなんてことはとんでもない、その反対だ」→「コウモリがネズミより鳥に近いなんてことは絶対にない」＝「コウモリが鳥でないのは、ネズミが鳥でないのと同様だ」ということになる。ネズミが鳥ではないという常識にもとづいて、それと同じことだという論法だ。Bat と rat が韻を踏んでいるところも上手い。

⑮ A whale is **no less** a mammal **than** ₂a horse is (a mammal).
　　　　　　　－×－＝＋

　今度は less が使われているので否定的な比較になる。「クジラが哺乳類ではない程度」と「馬が哺乳類でない程度の比較」だ。それが **no less than** で「より以下だなんてとんでもない、その反対だ」と逆転するのだ。だから－×－＝＋のようなものである。
　「クジラが馬よりも哺乳類でない、などというのはとんでもない」→「クジラは馬と同様に哺乳類だ」という意味になる。
　⑭も⑮も2のところには相手が常識的に知っているだろうという例をもってきて、相手に1を納得させる表現といえる。ちなみにアメリカの大学生の90％近くが no more than, no less than の表現を**普段の会話で使う**と言っている。

⑯ This computer is **the better** (computer) **of the two** (computers).
　　This computer is **the best**　　　　　　　**of the five**.

　「最上級の前には the をつけなさい」と教わることがあるが、最上級は「いちばん～」という意味なので、どのコンピューターか一つに決まるから the をつけることになる。しかし比較級の場合でも、「二つの中でより～な方」であれば、一つに決まるから the をつけなくてはならないわけだ。

「比較」は、特に論理的な側面が強いのですが、英語の文法はかなり合理的な説明が可能なものが多いと考えます。だから私は文法の学習では、「なぜ」という疑問を大切にして説明するように心がけています。ある生徒は1年間の授業の終わりに次のように書いてくれました。

> **生徒の感想**
>
> ＊1学期のころ、先生の授業はつまらなくて嫌でした。2学期のころ、先生の授業がなんだか面白くなってきました。3学期になって先生の授業はとても面白く感じられました。何の意味もない記号だと思ってた英語も、実は理由もなくそうなっているわけじゃないということがよくわかりました。今まで英語はとにかく覚えるものと思ってたけど、理屈なしに覚えるのは私には無理だったので、英語は嫌いだったのですが、こんなに合理的でわかりやすい言葉なのだと教えていただきました。(傍線は筆者)

16.2　五感を使って英文法

> ▶ **実践 2-7**
>
> **五感を使って英文法**
> **音に注目して「継続用法」を**
> 　関係詞の学習では、He has two daughters who teach math. と He has two daughters, who teach math. の意味の違いがよく問題にされます。「カンマがあると、継続(非制限)用法」との説明が書いてありますが、それは文字化された場合の話で、もっと本質的な要素は、カンマが表現する pause(間)だと思います。"He has two daughters …" の後に間があれば、誰でも「この人には2人の娘がいる」と理解し、間があけばあくほど「2人しかいないのだ」という確信を強めるのです。後で ", who teach math." と続けても、後の祭り。「その2人は数学を教えている」という情報を付け加えたに過ぎないわけです。
> 　ついでに書き添えると、名コラムニストの Mike Royko は時々次

のような文を書いていました (*Japan Times* など)。I thought I should tell her to see a doctor. Which I did the next day. いったん文を書き終えピリオドにしてみたものの、長い「間」の後、前の文に付け加える必要を感じて大文字で始めたのでしょう。この用法には名前がついていないようなので、私は勝手に「超継続用法」と呼んでいます (呼ばなくてもいいですが)。

視覚を使って on 〜 ing を

　よく指摘されているように、前置詞はイメージ・図で教えるのが効果的です。on 〜 ing の「熟語」も、いきなり「熟語だから暗記しなさい」と言われたら、生徒は英語嫌いにもなるでしょう。① a book on the desk, a speaker on the wall, a fly on the ceiling などを図に書いて説明し、on の基本的なイメージ (接触) を理解させます。②その後、これを空間から時間に応用し、on time が「時間ぴったりに、定刻に (時間の接触)」であることを教えます。③次に on 〜 ing が2つの動作が時間的に「接触する、離れていない」意味を表すこと (「〜するとすぐに」) を教えます。基本から応用へと順序を大切にし、図を使って理解させたいところです。

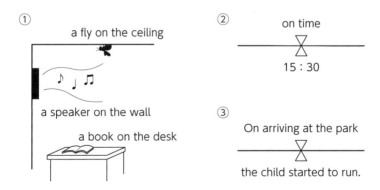

体を動かして命令文を

　教科書の文中に、Remember the day when you first met a friend of yours. などとあるのを生徒に訳させると「初めて友だちに

あった日のことを思い出す」との答がよく出ます。日本語に訳すことで忙しく、命令文だと気がつかないようです。こんなとき、"Mr …、raise your hand!" とジェスチャー付きで言ってみます。大抵の生徒は「なぜ急に？」と不審な気持ちを持ちながらも手を挙げてくれます。それでもだめなら、"Stand up!" などと生徒が必ず知っているほかの命令をします。そのうち「ああ、命令文か！」と気がついてくれます。少々人が悪い教え方ですが、印象には残るようです。

おいしい過去分詞を

　せっかく日本語になっている外来語を利用しない手はありません。食べ物の名前には調理法を示した過去分詞が多く使われており、生徒が知っているものも多くあります。frozen yogurt, smoked salmon, dried fruit, corned beef, condensed milk などかなりの数になりますが、残念ながら日本語にしたときに、-ed を省略したカタカナ語（「スモークサーモン」のように）になってしまったものがほとんどです。

　例外的なのが「フライド・チキン」で、ちゃんと「ド」が付いているので私は必ず例に使います。後置修飾を教えるときは、さらに面白いことになります。買ってきたものは fried chicken でいいのですが、家庭で誰が作ったのかがはっきりすると、とたんに chicken fried by my father などとなってしまうのです。つまり買ってきたのは「フライド・チキン」ですが「お父さんが作った」のは、「チキン・フライド」になってしまうのですね。

笑いながら5文型を

　第4文型と第5文型を教えた後の総仕上げとして、次のジョークを使っています。"Call me a taxi." "OK. You are Taxi." つまり第4文型で理解すると「私にタクシーを呼んでください」ですが、第5文型で理解すると「私を『タクシー』と呼んでください」になるというわけです。これがすぐにジョークとわかる生徒は多くないので、説明するこ

とが多いです。「第4文型ではどういう意味になる？」「では第5文型では？ O = C だよねえ」のように質問して意味を確かめていきます。

　ちなみに "*The Penguin Dictionary of Jokes*"（1995）[22]には、この call の2用法を使った次のジョークが載っていました。"What do you call someone who's eaten one of my wife's 'specialties'?" "An ambulance."（「私の妻の得意料理を食べた人を何と呼ぶだろうか？」「救急車だろうね」→「私の妻の得意料理を食べた人に何を呼ぶだろうか？」という解釈で答えています）

16.3　オーセンティックに英文法

▶実践 2-8

イギリスの写真で文法を

　現地の写真・映像は authentic な教材になります。特に教師本人が生徒のために撮ってきた写真なら、生徒はいっそう親しみを持ってくれます。私はイギリス滞在中に撮った写真を使って、こんなクイズにしてみました。

あるデパートに行ったら「移転しました」と書いてありました。その英語は？
　　a. We moved.
　　b. We have moved.
　　c. We had moved.

　b が正解です。写真のとおり、現在完了形にします。このクイズを解くには、ポスターの意図を考えることです。「今、あなたはこのお店にきてくれましたが、もう移転してしまって、ここにはありません。申し訳ありませんね。買い物するのなら、新しい住所にある店舗にど

うぞ」というのが、この掲示の言いたいことですね。移転したのはもちろん過去のことですが、「今はここにはありません」と現在のことをいうのが現在完了形なのです。そうすると、a. We moved. と過去のことを淡々と述べるのは少々冷たい感じです。 c. We had moved. は、ある過去の出来事よりもっと前に起きたことを表すので、まったく不適切ですね。

「次止まります」というバス内の表示はどれでしょう？

 a. to stop
 b. will stop
 c. stopping

c が正解です。私は、初めてこのサインを見たときに、すごく安心できたのを覚えています。初めて行った場所でバスに乗るのは、自分が降りたいところでちゃんと降ろしてくれるか不安なものです。そのときにボタンを押すと "Stopping" とサインが出るのです。これは "This bus is stopping." という現在進行形の省略ですね。私がボタンを押したのでそれに応えて「バスは現在止まるという動作を進めています、もう止まりにかかっていますよ」と言っているわけです（実際そのときバスは猛スピードで走っていましたが）。ホッとした気持ちになりませんか？ほかの答えはというと、a. to stop も未来のことを表すので、惜しい答えですね。でも stopping に比べると少し遠い未来の雰囲気がします。c. will stop は、このように主語だけを省略する形にはならないので不適切です。

「閉店（店じまい）セール」のときの店の張り紙はどれでしょう？

 a. closed
 b. closing down
 c. close down

> 　これはbが正解ですね。"We are closing down." の省略なので、「閉店しつつあるところですよ」という意味です。いまにもシャッターがガラガラと降りつつある雰囲気がしませんか。「それじゃあ急いで買わなくちゃ」という気にさせる「限定感」がこの宣伝のポイントです。a. closed は "We are closed." ですから「閉店中」ということなので買い物はできません。c. close down では命令文「閉店しなさい」の意味になってしまいますね。

　このように現地で撮った写真には、単なる画像以上の雰囲気や臨場感、そのときの気持ちが込められています。単なる文法や表現を超えて、「私」や「あなた」のそのときの気分や感覚がまとわりついた、身についた英語になるのです。それが深い理解や長い記憶につながるのです。動画だったら、もっと多くの内容が込められることでしょう。
　今井むつみさんは、「生きた知識」を次のように説明しています。

> 　子どもは音韻の規則、単語の意味など、言語という大きなシステムを構成する要素をほとんどすべてを自分で見つける。言い換えれば、子どもはドネルケバブの肉片のようにすでに切り取られた知識片を「はい」と渡されて、それを暗記しているのではない。切り分けられていない知識の塊を自分でどう切り出していくかを自分で見つけなければならない。(中略) 自分で見つけるからすぐに使うことができるのである。(今井むつみ, 2016)[23]

　これは母語の習得について書かれた部分ですが、外国語にも当てはまる指摘でしょう。次々学ばなければならない単語集や練習問題で覚えた知識は、確かに「ケバブ」に集めた肉片のようなものでしょう。本来単語は生きた文脈の中で、言い換えれば、生きた文学や映画や物語の中で身につけることが大切です。そこで生徒たちは、よく「海外旅行の体験談」を聞きたがりますが、おそらく教師の持ち帰る「生きた知識」を欲しがっているからではないでしょうか。日本人教師が見聞きし経験してきたものをまるごと

聞き取ることによって、英語や英語文化や英語物語を追体験したいということなのです。私は実物やスライドを見せながら、英語で、時にはクイズにして楽しみながら話します。ぜひ機会を見つけて生徒の要望に応えてあげたいものです。

17. 理解して、使って、忘れろ、英文法

　教師になりたてのころ、文法を教えていて「補語」が何だったかうまく説明できなくて焦った記憶があります。それらしいことを説明して何とか乗り切ったと思ったら、「先生、よくわからなかったよ、今の」と、見破られてしまいました。言い訳をすると、私は大学3年からは英文学を選んだので文法からやや遠ざかっていたのです。さらにいえば、英語を読むのに「補語」という文法を意識することがなくなり忘れてしまっていたのです。文法は英語を理解するのには強力な助っ人ですが、「読む」「聞く」「書く」「話す」を積み重ねて「自動化」するうちにあまり意識する必要がなくなってきます。それでもむずかしい英語を扱うときには役に立ちますが、やさしい英語を扱うときには意識するとかえって邪魔になったりするときもあります。
　一定に知的な内容を持つ英文（新聞・雑誌・論文など）であれば、必然的にむずかしめの文法や表現が使われます。自分の英語力がそのレベルに達していないうちは、学習英文法を思い出し、意味内容と文法表現や構文を付き合わせながら解釈する必要があります。しかし、中学高校で学習するレベルの文法を駆使できるようになったら、後は例外や文法の網にかからない表現だけが残ります。そのレベルになったら、文法はあまり大きな意味を持ちません。
　だから、私は「理解して、使って、忘れろ、英文法」でいいのだと考えています。
　ただし、これは一般の生徒の話で、困ったことに英語教師だけは文法を教えなくてはならないのですから、「忘れろ」が適用できませんが。
　ロンブ・カトーさん（ハンガリー人）は、5カ国語の間の同時通訳をし、10カ国語の間の逐次通訳をし、合わせて16カ国語の翻訳ができる極めて

有能な通訳者です。その彼女が、文法について次のように実に示唆に富む指摘をしています。

> <u>文法を知らずに人間が習得できるのは母語だけです</u>。(それもしゃべることだけ。物を書くことは、文法なしに身につけることはできません)。(中略)言語において文法を無視することは、科学において化学や物理学、数学や生物学の法則を無視するに等しい、致命的誤りなのです。(中略)ただし、法則が見出され自覚されたなら、その人の行動はことごとく無謬になるなどと期待してはいけません。法則は原則にすぎないのです。(中略)十字路にさしかかったとき、私たちが赤信号で立ち止まる反応には、特別な思考過程が先行するわけではありません。私たちの内部には、すでに反射パターンが形作られてしまっていて、それに従っているだけなのです。<u>最初は原則が理解され、その後に習慣が生まれ、正しい行為は自動的なものになったのです</u>。
> (ロンブ・カトー, 2000[17]　傍線は筆者)

彼女がこの原文を書いたのは1972年ですが、第二言語習得論で後に議論されることになる「自動化」についても、体験に基づいて語っています。「理解して、使って、忘れろ、英文法」を、その豊かな外国語学習経験で証明していると思います。

ちなみに、何と16カ国語を使いこなす彼女はさぞかし特殊な才能の持ち主だったのだろうという印象を持ってしまいます。しかし、本人も訳者の米原万里さんも書いていますが、彼女は「学生時代、必須外国語のドイツ語はビリのほうで、自他ともに外国語音痴を認めていた」のだそうです。その後、文法を的確に位置づけるなどの独自の外国語学習法で、素晴らしい外国語の能力を身につけたのでしょう。その意味で、もちろん、「外国語学習は早ければ早いほどよい」などという俗説も、30歳を超えてから本格的な外国語学習を始めた彼女の経験の前では吹き飛んでしまいます。

・おじさんのイギリス留学記 ②

まさに国際化する英語教育！

　大学院の授業に入る前に、大学の English Language Teaching Centre の夏期講習に出ることにしました。このクラスでの担任は、シリア人でした。せっかくイギリスに来たのに、ネイティブでないシリア人に教わる？という気もしましたが、もちろん十分な英語力を持った方でした。ただ、発音はやけに強い /r/ 音（これはインドから中東にかけて共通ですね）、時々 /p/ と /b/ が逆になるのは慣れるのに時間がかかりました。まさに World Englishes の時代だと実感しました。

　大学院の応用言語学でも、Linguistics と Second Language Acquisition が韓国出身、Grammar がカメルーン出身、Methodology がロシア出身の先生なのです。ネイティブの先生も授業の一部に加わっていますが。それぞれに母国語の発音を含んだ個性的な発音で講義やゼミを教えています。始めは気になりましたが、もちろん授業内容を理解することが優先なので今では慣れてしまいました。

Sheffield 大学の英語学科

　それに「ネイティブ」と一口に言っても、その発音は色とりどりです。イギリスは日本以上に方言や口語が保たれていると思います。

おじさんのイギリス留学記 ❷

　初めてスーパーで買い物をしたとき「ジューニダバ？」と言われてうろたえました。Do you は、/ dʒuː/ の発音になることも多く、忙しい店員さんが早口で "Do you need a bag?" と聞いてきたのですね。考えてみれば、スーパーで聞かれることと言えばそんなこと以外にはないのですが。

　あいさつにしても、"Hello!" よりも "Hiya!" "Eyup!" の方が多く聞かれます。しだいに地元のお店やパブで話す機会が増えてきましたが、外国人向けでない South Yorkshire の言葉で話されると、下手すると半分もわからないことがあります。

　例えば "Ta!" は、Thank you. の省略のような方言です。もっとも、"Ta very much!" と very much の方はまったく省略しないのが、何とも微笑ましい気がします。たとえ「ブス」と言われても腹を立ててはいけません、"bus" のことなのですから。近所の butcher's では手作りのパンも売っていますが、奥さんに何て呼ぶのか聞いたら、"breadcake" なのだそうです。

　私の tutor はイギリス人なのですが、「困っていることは？」と聞いてくれたので、街の人々の話がわからないと答えたら、「私もよくわからないことがありますよ。」とあっさり言われてしまいました。

これが breadcake です

第3章

授業は英語で？

(理 論)

1. 学習指導要領と「授業は英語で」

 「授業は英語で行うことを基本とする」という「高等学校学習指導要領」(2008) についての報道を最初に読んだときは、正直驚きました。もう少し正確に記しておくと、

> 「英語に関する各科目については，その特質にかんがみ，生徒が英語に触れる機会を充実するとともに，授業を実際のコミュニケーションの場面とするため，**授業は英語で行うことを基本とする**。その際，生徒の理解の程度に応じた英語を用いるよう十分配慮するものとする。」

というものです。
 しかしその後の世論や現場・研究者から批判が起こり、私も含め多くの方がパブリックコメントに意見を出しました。これに対応したのか、文科省は「高等学校学習指導要領解説」(2010)[1]では日本語使用を条件付きで認める表現にしました。

「訳読や和文英訳、文法指導が中心」ではなく「コミュニケーションを体験する言語活動が授業の中心に」なっていれば「**文法の説明などは日本語を交えて行うことも考えられる**」が付け加えられたのです。「日本語を使って」ではなく「日本語を交えて」であり、「行ってもよい」ではなく「行うことも考えられる」というのですから、まことに限定的で例外的な措置だと強調されているのです。また、「（前略）授業のすべてを必ず英語で行わなければならないということを意味するものではない。**英語による言語活動を行うことが授業の中心となっていれば、必要に応じて、日本語を交えて授業を行うことも考えられるものである**」とも表現されました。ここでも「英語による言語活動が授業の中心」だと釘を刺しています。
　つまり学習指導要領とその解説をごく簡単にまとめると、

> 「授業は英語で行うことを基本とする」ただし、
> 「文法の説明などは日本語を交えて行うことも考えられる」

ということです。しかし、これではまるで、

> 「家庭での会話は英語で行うことを基本とする」ただし、
> 「夫婦喧嘩などは日本語を交えて行うことも考えられる」

と言われたような気分です（笑）。家庭のことは家庭に、教室のことは教師と子どもたちに決めさせてください、と言いたくなります。現場には、個性も生き方もさまざまな生徒と個性も生き方もさまざまな教師がいます。現場での授業の方法を拘束するような文言は学習指導要領に盛り込むべきではありません。
　いずれにせよ、学習指導要領とその解説を合わせ読むと、「オール・イングリッシュ」とはいっていないことがわかります。「授業は英語で行うことを原則とする」ではなく、「授業は英語で行うことを基本とする」です。「原則」はお役所用語では＝mustのことで、さすがに強制の意味が強過ぎるので、「基本」にしたようです（江利川春雄, 2016)[2]。

ですからマスコミなどで時々「原則授業は英語で」「英語で行うのが原則」などと書かれることがありますが、不正確な表現と言わざるを得ません。もっとも、例えば「大辞泉」によれば「原則」とは「多くの場合に共通に適用される基本的な決まり・法則」（傍線筆者）ということですから、一般的には「原則」と「基本」の間に大きな違いはないのです。したがって、このお役所用語を理解するしかありませんが、こんな大事なことは誤解が生まれない表現で書いてほしいものです。

　そしてもう一つ重要なのは現場にどう伝えられたのか、という点です。この方針を学習指導要領に盛り込んだ教科調査官は、全国を行脚し「学習指導要領は法律だから」「英語による授業」を厳しく説いてまわったといいます（鳥飼玖美子, 2018）[3]。もちろん学習指導要領は、法律＝「国会の議決を経て制定される成文法」ではありません。にもかかわらず、こうした活動や一部マスコミなどの影響もあって、指導主事や管理職が「授業は英語で」の圧力をかけることになりました。

　少なくとも私の周囲には、いいえ実際は日本中に、「生徒の実態に合っていない」「外国語としての英語（EFL）の日本では行わないほうがいい」として反対する教師が多くいます。しかし、学校によっては「英語授業」の研究指定校になり、教育委員会の研修会や管理職の指導が行われ、授業でどの程度英語を使って授業を行っているかという調査が毎年行われています。その中で「授業は英語で」という強迫観念を感じる教師が多くなってきている事実があります。もちろん、この方針が学習指導要領に掲げられる以前から「授業は英語で」というポリシーを持っていた教師もいましたが、「オール・イングリッシュ」という実践はごくわずかでした。時々「オール・イングリッシュでやっている」という話を聞きますが、よく聞くと、日本語訳が配られていたり、生徒がわからないときは日本語にしているということがほとんどです。

　ちなみに、「オール・イングリッシュ」は和製英語なので、英語教師としてはあまり使いたくありません。まして All English と英語で書くのは止めた方がよいでしょう。では「授業はすべて英語で行う」を英語でどう表現するのかということになりますが、動詞とともに（あるいは文全体で）表

現してみるとはっきりします。
 teach English only in English
 teach English using only English
 teach all in English
 conduct classes exclusively in English
 teach English classes entirely in English
 teach English monolingually
などが適切だと思われます。ほかには、韓国でこの主張がなされた1990年代にはteach English through English（TETE）と表現されていたのを思い出します。いずれにしても「オール・イングリッシュ」は和製英語なので、どうしても使いたいときは「オール・イングリッシュ」と括弧をつけてカタカナで書くのが妥当ではないでしょうか。

2．「授業は英語で」はどこから？

このような大きな変更を行ったのですから、文科省はさぞかし時間をかけて議論をして方針を決めたのだろうとたいていの方は想像するでしょう。ところが予想に反して、この学習指導要領の骨格を審議した中央教育審議会の外国語専門部会では、「授業は英語で行うことを基本とする」などという方針は決めていないのです。江利川春雄さんによれば、複数の委員から直接確かめたが議論されていないし、少なくとも公開されている議事録にはまったく記されていないとのことです。にもかかわらず、専門部会委員にも知らされず、文科省教科調査官（当時）などの独断で学習指導要領に明記されてしまいました（江利川春雄, 2010)[4]。現場の授業を大きく拘束するこのような重大な方針が、学問的な裏付けも慎重な審議もないままに決められていいのでしょうか？

「授業は英語で」の方針は、当然訳読や文法をどう扱うかという問題にも直結します。そこで、2014年に行われた「英語教育の在り方に関する有識者会議（最終回）」では大津由紀雄さんが「『訳読や和文英訳、文法指導が中心とならないように留意し』という、ここがとても重要で、つまり一言も

訳読というものを教室で行ってはいけないというようなことは書いていないという、ここのところは是非ここの場で確認しておきたいと思います。それでよろしいですよね」と質問しました。これに対し吉田研作座長が「はい、それでいいのではないかと思います」とまとめたことは記憶にとどめておく必要があります。

さて、さまざまな文献を調べてみてわかるのは、「オール・イングリッシュ」は世界の外国語教育の趨勢の中ではすでに時代遅れだということです。確かに、19世紀に始まる the Direct Method では授業を英語で行うことが前提とされました。母語を使わず、英語1カ国語だけの授業なので、monolingualisim と呼ばれます。1961年のブリテン連邦会議（「マケレレ会議」）では、現在では「英語帝国主義」といわれる以下の政策が勧告されました。

> ＊英語は英語で教えるのが最も良い
> ＊理想的な英語教師はネイティブスピーカーである
> ＊英語は早期に教えれば教えるほど、結果は良い
> ＊英語は多く教えれば教えるほど、結果が良い
> ＊英語以外の言語が多く使われると、英語の水準は下がる
> (R. Phillipson, 1992)[5]

Phillipson は、これらすべてが、ブリテン連邦が利益を得るための fallacy（誤謬・詭弁）であると批判しています。平田雅博，2016『英語の帝国』は、英語という言語の歴史を語る中でマケレレ会議のこうした誤りを指摘し、現在の「自己植民地化」を免れよう、と主張しています。

3．「母語の活用」が世界の潮流に

1970年代以降の Communicative Language Teaching でも、monolingualism = use of target language only が強調されました。し

がって、(少なくとも欧米中心の) 英語教育界では母語の使用の追放が 100 年以上続いたのです。しかし、1990 年ごろから研究者の間で、母語や翻訳の追放が批判され、この 30 年ほどは教室での母語の使用が再評価されています。例えば以下のような指摘があります (説明は筆者のまとめ)。

- Phillipson (1992)：ネイティブ信仰、早期教育信仰とともに、植民地時代からの誤謬であり、学習者の疎外感と文化喪失につながる。
- Canagarajah (1999)[6]：言語切り換え (code-switching) は学生を安心させ、教師の共感を伝え、くつろいだ雰囲気を醸成する。
- Deller&Rinvolucri (2002)[7]：母語とその背景にある文化を活用することで、初学者も上級者もより効果的に外国語を学ぶことができる。
- Cook (2010)：ほとんどの学習者にとって、翻訳は大きな目的の 1 つ、語学学習の方法、成功を測るための有力な尺度となるだろう。

　最後の Guy Cook は *Translation in Language Teaching: An Argument for Reassessment* で母語と翻訳の重要性を主張しています。(斎藤兆史・北和丈訳, 2012『英語教育と「訳」の効用』)[8]。

　念のために、授業中の母語使用を評価する研究者が一部ではないことは、Guy Cook がイギリス応用言語学会の会長であることからもわかります。むしろ主流となっているといえるでしょう。また、私が在籍したシェフィールド大学の重鎮である Gibson Ferguson 教授も、授業の中での母語使用は、重要な役割を持つと述べていました (病気がちで、教わる機会がほとんどなかったのは残念でしたが)。

　また、ブリティッシュ・コロンビア大学の久保田竜子さんも「『英語は英語で教える』という方針は、世界の言語教育研究の動向に逆行している。世界の専門家が推奨する指導方法は、母語能力を最大限活用した効率的、創造的な言語活動であり、『英語は英語で』式の指導方法はガラパゴス的発想だ」としています (2014 年 1 月 17 日『週刊金曜日』)[9]。

　こうした潮流の中で、欧州評議会も複言語主義に基づく共通参照枠 (CEFR：Common European Framework of Reference for Languages) を開発しました。そこでは、外国語は生涯をかけて学ぶものであること、母語を活用しつつ母語以外に 2 つの言語を学んでいくべきこと、

そして翻訳の重要性も指摘しています。日本の外国語教育政策は、こうした肝心な部分を捨てて、CEFRからCAN-DOリストや共通参照枠などだけを借用しているのです。(詳しくは鳥飼玖美子 2017, 2018)[10]

以上のように「母語を活用」して、第二言語を教えることが世界の潮流となっているのです。学習指導要領も「授業は英語で行うことを基本とする」としていますが、「必要に応じて、日本語を交えて授業を行うことも考えられる」とも書いています。英語教育に求められるのは、子どもたちに英語の力をつけることであって、授業を英語で行うことではありません。子どもたちが英語を使う場面を多く保障すること、教師が英語を使う場面を作ることは大事ですが、必要な場面で子どもたちが最もわかりやすい母語を使うことを躊躇する理由はまったくありません。

4．現場の授業では

Monolingualismは、侵略や植民地支配の歴史とも深く関わっており、「ネイティブ信仰」「早期教育信仰」などと合わせて英語帝国主義の一環として広げられてきたといわれています。そこで歴史を紐解くと、早くも15世紀に、ケルト系の言語を話すウェールズ人がイングランド人に支配され、英語を教授言語とする教育を受けていたといいます (平田雅博, 2016)[11]。こうした歴史の中で「授業は英語で」が生まれてきたことを知っておくことは重要です。ただし、現場の教師にとっては、歴史を知るとともに現場の授業がどうあるべきかが差し迫った課題です。そこで個人的な体験も交えながら、この問題を考えたいと思います。

私がonly in Englishの授業を初めて行ったのは、大学4年生の教育実習のときでした。もう40年以上も前の東京教育大学付属高校でした。指導教官のS先生に「全部英語でやってみなさい」と指示されたこともありますが、私もそれがいいと考えていました。

というのも、当時私が中学校・高校で受けた授業は「文法訳読法」で、先生も生徒も英語を「話す」時間はまったくありませんでした。英語を話した思い出といえば、高校では登山部に所属していたのですが、テントの中

で友だちとふざけ半分に英語らしきものを話したことぐらいしかありません。それで、せっかく英語を勉強しているのに話せないのでは意味がないだろうと考え、大学に入ってから English Speaking Society（ESS）に飛び込みました。そして教育実習でも「聞く」「話す」を取り入れたいと考えたのです。

　教育実習の2週間の間、日本語は一言も使わず、英語で授業をしました。生徒は私の言うことをまずまず理解してくれたようで、何とか授業の形にはなりました。Oral Introduction をし、教科書を読めるように指導し、なるべく interactive にしようと Q & A もやりました。「先生、なんか、Ah…（というつなぎことば）が多かったですね」と冷やかす生徒もいましたが、大学の担任は「よく英語を話せていたね」と持ち上げてくれました。

　しかし、いま振り返ってみて、生徒に少しは英語力をつけてあげられたかというと、冷や汗が出る思いです。教育実習生にありがちなように、自分が話すことで精一杯で、生徒が英語を話す時間をほとんど考えていなかったのです。自分自身も中学、高校で先生が一方的に話すような授業しか経験がなかったということもありますが、生徒同士でペア・ワークやグループ・ワークをするような授業ができなかったのが悔やまれます。現在でも「授業は英語で」が語られるとき、教師の話す言語に焦点が当てられがちですが、重要なのは生徒が英語を使うことなのです。

　都立高校の教員になって初めて赴任したのは最も山間部に近いA高校でした。生徒たちは東京とは思えない純朴な子もいる一方、勉強が苦手で「都落ち」してくる生徒も多く、中には生活指導に手がかかる子もいました。a, b, c…が全部言えない生徒もいました。英語力のある生徒もいましたが、一斉授業で「授業は英語で」というのは問題外です。英語が苦手な生徒たちは、日本語で教えてもわかってもらうのに苦労するのですから、英語で教えればわかるはずがなく、わからない授業ばかり続けば、暴動が起きてもおかしくなかったでしょう。その後、3校の都立高校を経験しましたが、「すべて英語で教えた方がいい」などと思うクラスには出会ったことがありませんでした。

　というよりは、基本的な語彙や文法が十分身についている東京教育大学

付属高校の生徒の方が、すべての高校生の中では、ほんの一握りの例外だったということです。基本が身についていれば、「授業を英語で」行い、さまざまな英語を聞かせて「聞く」力をつけさせ、ペア活動や発表などで「話す」力に発展させることができます。しかし、中学校で学ぶ英語の基礎基本が十分身についていない生徒に「すべて英語で」というのは相当無理があります。

　もちろん、「すべて日本語で」教えた方が良いというのではありません。授業の場面場面を考えた上で、英語と日本語を使い分け、「生徒にわかる授業」を行うことが基本だと思います。いわゆるコード・スイッチング（code-switching）ということです。Codeは、この場合、言語の意味ですから、code-switchingは「言語切り替え」ということになります。Monolingual（目標言語だけの）のではなく、bilingual（母語を含めた２カ国語の）言語で教えるといってもいいでしょう。「コード」だの「スイッチ」だの、電気屋でもないのに…と思われる方は、「バイリンガル指導」で教えればいいのです（笑）。最近は言語を混ぜることをより積極的にとらえた translanguaging（異言語横断）という表現がふさわしいといわれているようです。

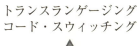

実　践

5．英語の授業で母語の果たす役割 —— 単語の覚え方

　いろいろな高校生を教えてきましたが、英語で困っていることは？と聞

くと、ほとんどの生徒から「単語が覚えられない」「どうすれば覚えられるんですか」との答えが返ってきました。そこで私は次のようなプリントを作って説明していました。その答えは、短くまとめれば、(1) 知らない単語を自分が知っている言葉／ことがらに結びつける、(2) できるだけ自分の生活に引きつけて覚える、(3) 飽きない楽しい方法で繰り返し覚えるということになります。

▶実践3-1

＜単語の覚え方＞

　英語の単語は 50 ～ 70 万語あるとされています。でもみんな覚えている人なんて、イギリスにもアメリカにもいません。この中には専門用語、流行語、業界用語などが含まれているからです。まして日本人がそんなに覚える必要はありません。では、いくつぐらい知っていればよいのでしょうか。

　ふつうのネイティブ（英語を母語として育った人）は、2、3万語読んで聞いてわかり、1万数千語を話し書くことができるようです。

　みなさんは中学校で1,000語ほどを学んできました。実は、1,500語知っていれば、日常生活で使う語の90％ほどをカバーできるといわれています。朝起きて食べて話して寝る ── そんな話題ならばという話です。しかし、少し専門的に、あるいは理論的にものを考えるためにはもっと多くの単語が必要です。大学では専門的な知識を身につけることが目的ですから、入試の英語には5,000語とか6,000語必要といわれているようです。

　「単語を覚えるのは苦手」という人が多くいます。でも、そういう人は、いろいろな覚え方を知らないのではないかと思います。自分なりのやり方が見つかれば、覚えるのがラクになります。

　結論は、新しい単語を自分の脳に結びつける鎖（くさり）を見つけるということです。

(1) 声を出して読もう！
　書いてある単語を見ているだけでは、なかなか覚えられません。「声を出して読む」ことが非常に大事です。声を出して読むと、目→脳→口→脳→耳→脳と情報が伝えられ、脳を3回も通過するのです。同時通訳の神様、國弘正雄さんも「声を出して読むこと」が最も大切な勉強だと主張しています。

(2) 手で書いて覚えよう！　読みながら書くと効果倍増！
　同じように、書くと、目→脳→手→目→脳と情報が伝わるので、効果があります。特にスペルを覚えるときには効果的。

(3) 外来語を利用する
　せっかく外来語を知っているのに、意味を考えないで使っている人がいますが、もったいない話です。「少年マガジン」という「雑誌」を知っているのなら、どういう意味かを考えておけば、magazine なんて単語はすぐに覚えられます。「マンガ」という意味だと思っている人がいますが、正確な意味を確かめること。ただし、日本語にするときに違った発音になってしまったものがあります。
例：「アコースティック・ギター」本当は「アクースティック・ギター」です。また、違った意味になってしまったものもあります。
例：mansion は英語では「大邸宅」の意味。
　普段からカタカナ語（外来語）の発音と意味には注意しておきましょう。

(4) 語源を知る（これがいちばん本格派）
　bicycle は bi-（2）cycle（輪）なので、「自転車」ですね。こういうこと（語源）を知っていると、いいことがたくさんあります。
①新しい単語を覚えやすい。特にむずかしそうな単語が覚えられます。
　bilingual（バイリンガル、2カ国語を話す人）、billion（基本の数＝1,000 に、1,000 を2回掛けた数字＝10億）

②知らない単語の意味さえわかることがあります。例えば、tricycleって何でしょうか。triangle（トライアングル）、triple（トリプル）を考えると、tri- は「3」という意味のようです。自転車は bicycle ですね。ということは　tricycle は「　　　」ですね。

　専門的な単語には、こうした語源から成り立つものが多くあります。日本語で、専門的な単語は漢語になっているのと同じ事情なのです。語源を知っているということは、日本語でいうと漢字の部首を知っているようなものです。積極的に覚えましょう。

(5) だじゃれで覚えようというのは誰じゃ！

　dictionary は「字引く書なり」（字を引く本です）と覚えれば簡単。これを考えついたのは、明治時代の人だそうです。kennel は「犬寝る」=「kennel」だそうで。この調子で大学受験に必要な単語すべてをダジャレにした単語集もありました。ダジャレが好きな人はぜひどうぞ！

(6) 音と意味とのつながりを知る（一部の単語ですが）
slip という単語の中の [sl] という音はスルスル摩擦し流れる感じを表します。例えば、
sled（　　）sleigh（　　　）slender（　　　）slide（　　　）
slope（　　　）slump（　　　）
slip という単語の中の [I] という音はほかの音と比べ鋭い、弱い、可愛い感じです。
$\begin{cases} \text{drop（　　）} \\ \text{drip（　　）} \end{cases}$ $\begin{cases} \text{cat（　　　）} \\ \text{kitten（　　　）} \end{cases}$ $\begin{cases} \text{max（　　　）} \\ \text{mini（　　　）} \end{cases}$

(7) スペルも似ている単語で覚える
　light は、発音しない文字 gh が含まれているので、少しやっかいですね。アメリカの小学生に書かせると、lite と書いたりします。（これがウケてはやったりもします）みんなが漢字で苦労しているように、

向こうでも、綴りには苦労しています。でも、似ているものを1つでも知っていれば、night, right, might, fight, tight などと似ているなとわかります。楽に覚えられます。

(8) 繰り返し聞く・使う
　英語の歌が好きなら、歌詞ごと覚えてしまおう。少しは意味も考えてね。好きな歌なら100回聞いても飽きません。いろいろな英語を書いてみる、話してみることも大事です。

　このプリントの中で、(3) 外来語、(4) 語源、(5) ダジャレ、(6) 音象徴はすべて生徒がすでに身につけている母語を利用したものです。

外来語を利用する
　(3) の外来語は、英単語を覚えるのに相当な威力を発揮します。小学校の教科書には600〜700語もの外来語が載っているそうです。中学・高校の教科書、新聞・テレビなどを考えれば、数えきれないほどの外来語、とりわけ英語由来の外来語が氾濫しています。外来語は簡単に日本語にできるものも多く、やたらに使うのは控えたいものですが、生徒もすでによく知っているものであれば、利用しない手はないでしょう。
　例えば、食品名は外来語の中でも過去分詞の形容詞用法の宝庫です。日本語にしにくいけれど生活に持ち込まれやすいので、単語の導入にもってこいな例も多くあります。ただし発音上 ed が消えてしまうことがほとんどで注意が必要です。fried chicken（フライド・チキン）、minced cutlet（メンチ・カツ）、scrambled egg（スクランブル・エッグ）など。
　外来語の話は記憶に残りやすく、日本語を利用した有力な英語の学習法です。

語源を利用する
　(4) の語源は、それぞれの単語が形成されてきた歴史をふまえ、語義を分析的に説明する方法です。ただし「生活言語能力」(Basic Inter-

personal Communication Skills：BICS) と「学習言語能力」(Cognitive Academic Language Proficiency：CALP) の分類でいえば、BICS よりも CALP に属する語彙の方に多く役立ちます。学術的・専門的な語彙の場合、BICS を基礎にしながらも、より複雑な物や概念を表すために新しい語彙が形成されてきたからでしょう。例えば part（部分）という単語を基礎にして apartment, department, compartment, particle… などへと発展してきました。したがって、高校の教材に使われている単語により威力を発揮するのですが、中学校の語彙にも bicycle など発展性の高い単語がかなりあります。

　例えば、小さい数は身近にある生活的な語彙ですから、あまり語源などは考えずに one, two, three… と学ぶのが普通です。ところが、言葉や概念を身につける前の赤ちゃんは、4より大きな数は単なる「大まかな量」として扱っているようですし、アマゾン奥地のピラハ族も数を表す言葉を持たないのですが、やはり4以上の数を区別していないそうです（今井むつみ，2013)[12]。つまり、人間は4～9あるいはそれ以上の数詞を作りながら、その概念も発達させてきたのです。ましてや、hundred, thousand は、かなりの飛躍だったでしょうし、million や billion, trillion となるとなおさらです。

　しかし、このあたりの数字は語源を知っていると、かなりわかりやすくなります。uni- = 1，bi- = 2，tri- = 3，…，milli- = 1000（または 1000 分の1）という語源の知識と、英語の大きい数では 1000 が基本的な数となっていることを知っていれば、

　million ＝ 1,000 × 1,000　＝ 1,000,000 ＝ 100 万
　billion ＝ 1,000 × 1,000^2　＝ 1,000,000,000 ＝ 10 億
　trillion ＝ 1,000 × 1,000^3　＝ 1,000,000,000,000 ＝ 1 兆
　…………

ということが納得できます。100 万や 10 億という意味を忘れてしまっても、このやり方で計算すればいつでも思い出せます。また、日本語の世界では、4桁ごとに「，(カンマ)」を打った方がいいことにも気づきます。日本語（元は中国語）では万、億、兆と4桁ごとに呼称が変わること、明治期に3

桁ごとのカンマを4桁に「翻訳」しなかったことに触れてもいいでしょう。

幸いなことに、多くの生徒が日本語の「ユニーク」「バイク」「トライアングル」「ミリメートル」を知っていますから、丁寧に教えていけばみんな理解してくれます。

こんな語源についての話は折に触れて話したクラスもあれば、シリーズで毎時間のように教えたクラスもあります。生徒の反応は、おおむね好評でした。

> **生徒の感想**
> ＊語源を教えてもらうと、印象に残って忘れません。
> ＊身近な日本語と英語の関連性を知ったときには深イイと思いました。
> ＊外来語の発音と本物の英語の発音が違うことを聞いて面白かったです。

言葉遊びで学ぶ

（5）のダジャレで単語を覚える方法については、なかなか多くの単語に適用できないのが難点です。もっとも、イギリスでもどこでも言葉遊びは無条件に楽しいので、借用しない手はありません。

> Lewis Carroll の *Alice in Wonderland* には、こんなお話があります。不思議の国で登場する海ガメは turtle で Mock Turtle と呼ばれています。Alice に、昔教わった海ガメの先生の自慢をします。自分たちはその先生のことを「陸ガメ先生」と呼んだと言うのです。何で海ガメなのに「陸ガメ（= tortoise）先生」などと呼んだのでしょう？
> "We called him Tortoise because he taught us."
> というわけなのです。

このダジャレをわかった生徒たちは、tortoise をよく覚えてくれていました。私も Lewis Carroll のオヤジギャグをときどき見習っていました。

> biologyの -ology は、logos（ことば）というギリシャ語の語根を含むので、「〜学」とい意味です。o はつなぎの音ですがとにかく「オロジー」は「〜学」ということですね。では sociology は何でしょう？ social や society から考えてね。そうです。社会学ですね。では大根を研究する学問は、英語で何ていうでしょう？わかりませんか…？わからなくてもいいんです。実は「だいこんおろじー」なんです（笑）。

生徒からの「寒ーい！」という声は自分への声援だとポジティブに受け止めて、とにかく手段は何でもいいから覚えさせるというのが教師のプロ根性でしょう。実際生徒たちはこういう豆知識は本当によく覚えていてくれました。

英語のダジャレは、英語で教えたほうがいいですね。でも笑えない生徒がいたら、日本語で丁寧に教えてあげたいものです。また、"What time is it now?" ＝「掘った芋いじるな」などというダジャレも、「授業は英語で」では教えられないことでしょう。

音象徴で学ぶ

（6）の音象徴 (phonetic symbolism / sound symbolism) も、言語の本質に迫る分野であり、生徒の記憶を助けるものです。母音でいえば、例えば、[i, i: など] は「小さいこと」を [a, æ など] は「大きいこと」を象徴します。例えば次のような対比はわかりやすいでしょう。

chip – chop, drip – drop, kitten – cat, grip – grab

注目したいのは、この象徴が英語だけでなく日本語も含む多くの言語で共通しているということです。例えば、

じっと（動かない）――ざっと（100人ほど）、ぴょこぴょこ――パカパカ

このペアを比べると、「小さい」「大きい」の違いがありそうです。

エドワード・サピアの実験（1929）では、大きなテーブルと小さなテーブルの絵を見せて、「どちらが『マル』で、どちらが『ミル』だと思うか」と尋ねました。すると、被験者には英語話者、中国人、韓国人、日本人たちがいたそうですが、大多数は [a] が大きく、[i] が小さいと答えたそうです。

この [i, i:] が「小さい」というイメージは「可愛い、愛らしい」にもつながっていて、幼児語の Mamma = Mammy, Papa = Pappy, stomach = tummy, television = telly, dog = doggy などがあり、さらに大人の愛称の Ellie, Tommy, Bobby, Lucy などにつながっていきます。
　さらに興味深いことに、最近の研究では、音象徴が口腔の形や調音点に関係している可能性が示されています。つまり [i] を発音するときは顎は小さくしか開かず、[a] では大きく開くので、それが音のイメージや意味につながっているというのです（川原繁人，2015)[13]。別の見方をすれば、[i] は調音点が前舌の上の小さな空間であり、[a] が後舌の上奥の大きな空間であることにも関係している可能性があるかもしれません。
　子音においても、音と意味の関係が思ったよりも多くの範囲で観察されます。例えば、
　[st-] は「静止、固定する」ことを表す：
　　stay, stand, stare, stiff, stock, stool…
　[fl-] は「ひらめき流れる」感じ：
　　flag, flow, flash, fling, flood, fluent…
　[gl] は「ギラギラ光る」感じ：
　　glacier, glance, glass, glee, glory, gloss, glitter…
（長谷川清，1988)[14]
　音象徴の話は、直感的にわかりやすいので、英語が苦手な生徒もとても面白そうに聞いてくれます。そして、英語に限らず世界の言葉についての話なので、これも「授業は英語で」行うよりは、日本語と英語を交えて行うのが適当でしょう。

6．語彙指導と「授業は英語で」

　語彙指導の研究でよく知られている Paul Nation は、生徒に英単語に注意を向けさせる方法として、以下のことを挙げています。

> 　単語の意味に注意を向けさせるには (a) 母語の訳語を使う、(b) 第二言語の同意語または簡単な定義を使う、(c) 実物や絵を見せる、(d) 演じて見せる、(e) 簡単な絵や図を描く、(f) 単語を部分に分け、部分と全体の意味を教える（語源の方法）(g) 意味がわかるような文脈で単語を含む文をいくつか示す、(h) 単語の背景知識やほかの指示対象について説明する。
>
> 　　　　　　　　　　　　　(Paul Nation, 2005[15]　引用は拙訳)。

　基本的には (a) 生徒がすでに身につけている母語を生かして日本語で意味を教えることを強調しています。もちろん、場合によっては (b) のように英語を使って英単語を導入することがあっていいでしょう。少し時間がかかりますが、ある程度の語彙を身につけた生徒が多ければ、推測する力を育てることも大切です。

　Nation はまた、授業内外で表と裏に英語と母語の意味を書いた単語カード（フラッシュカード）を使うことを強く勧めています。「母語に翻訳すると英語の意味が十分に表現できない」という批判に対しては、「定義・絵・デモンストレーション・実物・説明などにしても、ある語を表現するために十分とは言えない」ので、単語によって使い分けるとよい、としています (Nation, 2013)[16]。

　そもそも、単語の指導で日本語が欠かせないなどということは、辞書の指導において多くの教師がわかっていることです。日本語を母語とする初級者に、いきなり英英辞典を勧める人はいません。Bilingual dictionary（英語＋日本語）を勧めるのです。Monolingual dictionary ＝英英辞典による定義がわかるためには相応の英語力が要求されるからです。英語学

習者向けに作られた英英辞典でも、2,000〜3,000語の語彙を持っていないと定義自体が理解できません。まして英語ネイティブ向けの辞書であればその数倍の語彙が必要です。これは、2008年学習指導要領によれば、高校3年までに習得すべき語彙（3,000語）に当たります。2018年学習指導要領でも、高校1年〜2年（中学卒業までに2,200〜2,500語）に当たります。せっかく英英辞典を引いても定義の単語がわからないためにその単語をまた辞書で調べる、という体験はかなり辛いものがあります。たとえ授業を完璧にこなしている生徒でも、そういった学年になるまでは、英英辞典を使いこなすのはむずかしいということです。

英英辞書を使うことと、「授業は英語で」行うことが同じだというわけではありません。授業では、演技やジェスチャー・実物・絵などを使って理解を助けることができます。しかし fundamental, impression, relation…などといった抽象的な意味を持った単語たちは、英語を使って正確に理解させるのは至難の業です。この場面は明らかに日本語を使うべきです。

7．授業でどう英語と日本語を使うべきか

前述のように、学習指導要領と学習指導要領解説は、「オール・イングリッシュ」をうたっているわけではありません。つまり、現実の授業の中では場面によって、英語と日本語を使い分けること（＝コード・スイッチングまたはトランスランゲージング）が必要だといっているわけです。40年以上授業を行ってきた私の意見も同じです。ただし、英語─日本語のバランスについては、相当ニュアンスが異なりますが。

日本の言語環境が English as a Foreign Language（EFL ＝外国語としての英語）であることを考えると、英語を「聞く」「話す」ことは日本人の生徒にとって容易なことではありません。教室を出れば英語を「聞く」「話す」機会はほとんどないのです。英語の教師である自分でさえ、ALTとの会話を除けば、学校内外で英語を話す機会はわずかしかないのです。そのために、相手が話す英語を正確に聞き取り考えたことを話すのは、読

み書きよりもハードルが高いと感じる生徒が多くいるのは当然です。

　学習指導要領は「だからこそ、教師が英語を使うことが必要」という理由づけをしています。しかし私の経験では、英語を使うことによるプラス面よりも、「授業を理解できない」「時間がかかりすぎる」「授業そのもの、英語そのものが嫌いになる」というマイナスを感じる場面が多くありました。もちろん、これは生徒・クラスによって程度は違いますし、必要な場面ではあえて英語を使いました。しかし、確実にいえることは、授業の中で「英語で行うべき場面」もあれば「日本語で行うべき場面」もあるということです。

　すると、具体的にどう使い分けるかということが問題ですが、当然のことながら、前提となるのは現場でそれぞれ異なる生徒の現実を踏まえることです。その現実を踏まえるということは、「生徒がわかること」「生徒の力がつくことを基本」にするということです。この意味では、感想やアンケートなども使って生徒たちの状況をしっかりつかむことが必要です。

　教師が何語を話すかよく検討することは大切ですが、生徒が英語を使う機会を保障することがそれ以上に大切です。ここでは、授業の具体的な場面を思い浮かべながら、あえて使い分けを箇条書きにしてみます。

＜生徒＞できるだけペアやグループで英語を使う活動を行う。例えば、
＊音読（ペアで日英同時通訳、シャドーイングなど）
＊自己表現（書く・話すを含む）
＊自己紹介・Show & Tell やペアによる英会話など
＊英語を使った活動（例えば Find someone who …など）
　　など

＜教師＞生徒がかなりわかることを前提に、
英語で話す
（1）Oral Introduction（やさしい英語で導入する）
（2）Small talks（日常の出来事や休み中の旅行などの体験談を話すなど）

(3) Classroom English（やさしいものからむずかしいものへ広げていく）など
日本語で話す
(1) 文法や構文の説明
(2) 新出のむずかしい語彙の説明
(3) 初めて行う活動の説明（2回目以降は英語でもよい）
(4) 生徒の質問に対する答え
(5) 授業規律に関すること
(6) 生徒との人間関係を深める会話
　など

以上は、私の経験からまとめてみたことですが、英語教育史の専門家である江利川春雄さんが、100年以上も前の文書を引用されていることを後に知りました（江利川春雄, 2012）[17]。

　外国語の授業時間には生徒をしてその外国語の行わるる社会中にある如き感を抱かしむるを可とす。たとえば、教場管理に関する事項を談話する場合、すでに授けたる語句を用いて説明し得る場合、国語を用いずとも絵画・身振などの助けをかり英語にて説明しうべき場合、及び復習・練習に用うる問答などはなるべく英語のみを用う。されど、例えば事物の名称の如き、英語を用いては徒（いたずら）に長き説明を要するもの、並びに文法上の説明の如き、正確を要するものは、国語を用うることとす。（全文の大意を言わしめ又は文の形式及び語句を説明する際に国語を用いる場合あることは読方教授の章参照）
（「明治43年東京高等師範学校附属中学校教授細目」1910）

　何という偶然でしょう！　私の教育実習校の、今から100年以上前の「教授細目」に code-switching が具体化されていたとは。その内容についても、Classroom English をなるべく使うことや文法・構文の説明など正確を要するものは日本語で、など現在の教室にも当てはまる指摘がなさ

れています。まったく「先達はあらまほしき事なり」です。

8.「授業は英語で」と林野滋樹さん

　新英研の草創期の理論家・実践家である林野滋樹さんは、次のように書いています。

> ＊(教科書が)「おもしろくない」とはどういうことだろうか？それは「生きていない」ということと、ほとんど同義であると考えられる。
> ＊詩を欠き、文学を欠き、科学を欠き、労働を欠き ── 一言にして「生活」を欠いた面白くない教科書、これが今の教科書の姿である。
> ＊Iを主語とする文（I have…I use…, I need…など…筆者注）をあつめ、まとまりのあるものとして構成させていく作業に対して、生徒たちは「役に立ち、楽しい」という感想を述べた。
>
> （林野滋樹，1968）[18]

　「実生活」との結合という考え方は、教材だけでなく自己表現にも貫かれ、「実生活と英語教育の結合」と言い換えてもいいでしょう。それが先に引用したヴィゴツキーから林野さんが学んだことの一つといえるだろうと思います。
　『たのしい英文法』には、子どもたちの「生活的概念」に立脚しようとして工夫した説明が随所に見られます。

> ＊私があなたの頭をstrikeすれば、衝撃と痛みを感じることでしょう。私の行った動作があなたの頭におよんで行った（伝わっていった）証拠です。すなわちstrikeは、他のものに動作がおよんでいく<u>動詞</u>です。すなわち他動詞です。この反対に、その動きが他のものにおよんでいかないで、<u>自分のところに止まっている</u><u>動詞</u>が自動詞です。
> ＊他動詞の動作がおよんでいく行き先（<u>目的地</u>）を目的語と呼びます。

(林野滋樹，1975『たのしい英文法』)

　何とわかりやすい説明でしょう。「他（ほか）の」や「行き先（いきさき）」という語を知らない子ども（林野さんは中学生を教えていました）は、ほとんどいません。そこを土台にして、文法＝科学的概念を見事に結びつけているのです。「授業を英語で」行ってしまうと、せっかく子どもたちが持っているもの＝「母語による生活的概念」を生かすことができません。たとえ大体の意味がわかっても、本当に「気持ちが伝わる」「腑に落ちる」言葉になりにくいのです。これが、しっかりと伝えなくてはいけない場面では日本語を使うべき理由です。

　林野さんの説明のわかりやすさの秘密の一つは、できるだけ漢字を訓読みにしていることです。ほかにも「名詞の代（か）わりが代（だい）名詞」「不足しているものを補（おぎな）ってやる詞（ことば）が補語」など、『たのしい英文法』には多くの訓読みが登場します。

　漢字は、日本語の一部で動かしがたい位置を持っているとはいえ、外来語の一種です。音読みは中国語の発音を取り入れたものなので、渡来してから2000年前後たった現代でも、和語＝訓読みほどは「やさしく」ないようです。この意味で、日本語の単語をわかりやすい順に並べると、

　　ひらがな和語　＞　訓読み漢字　＞　音読み漢字　＞　カタカナ語

となるでしょう。これは、子どもたちにわかりやすい、ストンとわかる説明をしようとするときには、ぜひ意識しておきたいことです。

　私もこれを真似して、「形（かたち）や内容を表す詞（ことば）＝形容詞」とか「動詞に副（そ）える詞（ことば）＝副詞」などと説明することにしました。「副（そ）える」は知らない生徒も多いので、「副委員長は委員長に副える、補助する役目」「副島（そえじま）さんって聞いたことある？」などと話しながら説明しました。英語、そしてその基礎となる日本語も、生徒がしっかり理解するためには、こんな工夫が必要なのです。いつでも「授業は英語で」では英語がわからない生徒を増やします。文法・構文の説明は、

十分に研究した後で、できるだけ簡潔に、ストンとわかりやすい表現を心がけたいものです。

9．授業はコミュニケーション

「生徒がわかること」「生徒の力がつくこと」と書きましたが、その生徒の実態はさまざまです。教師が生徒の実態を丸ごと把握し、生徒の心に届く言葉を使ってこそ授業が成立します。特に、もともと「勉強ができる」生徒であった多くの教師にとって、「できない」生徒たちの気持ちを理解することは容易なことではありません。英語が苦手な生徒たちほど、「どうして英語を勉強しなくてはいけないのか」「暗記は苦手だしつまらない」「文法はむずかしい」などの悩みを抱えています。

　もちろん、折に触れて「英語は世界が見える窓だ」「なぜかを考えることで覚えられるよ」などと正面から説明することも大事です。そのために「英語通信」やさまざまなハンドアウトを作ったりもします。しかし、何より授業の中で「わかった！」「面白い！」という体験をさせなければ、本当にはわかってもらえません。言葉も大事ですが、いくら高尚なことを語っても、経験を通じて英語の面白さ、感動を伝えない限り、子どもたちの心には伝わらないのです。

　そのためには、できるだけ英語がわかりやすく、深い内容がある教材を用意します。例えば Tobias（2001 教科書 *World*）[19] は、スウェーデンのトビアスという名前のダウン症の赤ちゃんについての話です。

He laughs, mumbles, and kicks. We don't know if Tobias can be like other children. But it doesn't matter. He is our brother. My sister drew his face. This is Tobias. We love Tobias!

　C 高校の生徒たちは、このくらいの文を読むのにも相当苦労していました。例えば、2番目の文の if は「もし」という意味ではないので、やさしく説明しなければなりません。「もしかしたらそうかな、いやそうじゃないかな、つまり『〜かどうか』ということ」などと工夫して説明しました。しかし生徒たちは、書かれている内容については、関心を持って一生懸命読

んでいました。意味がわかると「トビアス、可愛いじゃん」「いい家族だね」などと反応してくれました。ここの生徒たちは英語は苦手でしたが、弱い立場の人間への共感力は素晴らしいものを持っていたのです。例えば、登校時に妊娠中の女性が倒れそうになっているのを見かけて世話をしていたために遅刻…などという生徒たちには「そりゃ、いいことしたね」というほかはありませんでした。

　この当時「授業を英語で」できたかと考えると、無理、むしろ逆効果だといわざるを得ません。教材内容をしっかりと理解させるためには、教師と生徒がコミュニケーションすることが必要なのです。英語を日本語訳させてみると、生徒が何をわかって何をわかっていないかが手に取るようにわかります。これは訳読の持つ大切な役割です。Laugh や mumble を演技でわからせたりするのは大切なことですが、これらの文には、演技やジェスチャーでは表現できない前置詞の like や if で始まる名詞節が出てきます。文法用語はあまり振り回さないほうがいいでしょうが、文意は必ず理解させる必要があります。

　例えば単語の意味を伝えるためには英英辞書で言い換えてみる方法が有効な場合もあります。しかし、英英辞書の定義を理解するためには2,000語程度の基礎的な単語を身につけている必要があります。英語による授業では、もっとやさしい単語を使わなければいけないわけです。そこで、例えばこの文章の単語・文法・構文のすべてを英語で説明するなら、私は日本語を使う場合の80％ほどしか表現できる自信がありません。それを聞く生徒は、その50％以下しか理解できないかもしれません。そうすると、私の言いたいことの40％しか生徒には伝わらないことになります。これでは授業になりません。

　授業そのものがコミュニケーションの一つです。まず教師と生徒のコミュニケーションが必要なのです。そのコミュニケーションを通して、生徒は教材とのコミュニケーションをするのです。教師と生徒のコミュニケーションを何語で行うかは、生徒の実態を考えて、学校ごと・クラスごと・授業の場面ごとに判断すべきことです。

10. 日本の実践とSwainが紹介した実践

「授業は英語で」に関しては、青森県の高校教師、小山美樹子さんの印象深い実践があります。

> S君はバスケット部で、バスケはうまいが、英語というか勉強はちょっと…という子だった。本当に授業は苦痛！という表情だった。その子がジャッキー・ロビンソンのレッスンのとき、「先生、<u>日本語にするとき、標準語では気持ちが伝わらないから、津軽弁で訳していいですか？</u>」と尋ねた。「いいよ、もちろん」と言って、そのレッスンは何と英語を津軽弁に訳して行くという授業展開になった。S君はそれまで書かなかったノートも積極的に書くようになり、授業中も笑顔が多くなった。隣の席のチームメイトに「おめ（お前）もノート書げ」という場面も出てきた。隣の友人にびっくりして「どうしたんず（どうしたの）おめ？？」と聞かれてS君は「<u>わあ（僕）は生まれ変わったんだね</u>」と答えた。もし、これが彼が親しんできた津軽弁で意味を確認せず、英語だけで進む授業だったら、S君は生まれ変わっただろうか。
>
> （小山美樹子，2009[20]　傍線筆者）

この実践に登場するS君にとっては、「母語」は「標準語」でなく津軽弁だったのです。だからこそ、英語を日本語に訳すのでは物足りなく感じ、「気持ちが伝わる」津軽弁に訳してみて、この教材と向き合いたい気持ちになったのでしょう。おそらくそこに至るまでには、バスケットボールが好きなS君が、この野球選手についての教材と深く対話したために、どうしてもわかりたいという気持ちになったのだろうと思います。そのようにS君の気持ちを引き出し、「津軽弁」提案を取り上げた小山先生の授業が素晴らしかったのだと思います。もちろん標準語と津軽弁の「言語的距離」は、英語と標準語の距離よりもずっと小さいはずです。その標準語でさえ「気持ちが伝わらない」のに「授業は英語で」行っていたら、ジャッキー・ロビンソンの教材と心からのコミュニケーションは行われず、S君が「生

まれ変わる」こともなかったでしょう。そして、おそらく小山先生とのコミュニケーションも深まらなかったのではないかと想像します。

　この実践は、外国語の文章内容を正確に深く理解し、自分がしっかり味わい考えるために、母語がどれほど重要な役割を果たすのかを示しています。そして同時に、授業のなかで教師と生徒が心を通わせるために母語がかけがえのない役割を果たすことも雄弁に語っているのです。

　小山実践はreadingの授業における母語の重要性を語っていますが、もう一つの実践はwritingにおける母語の役割についてです。アウトプット仮説でよく知られているM. Swainが紹介しています。(以下は概要です)

> カナダの8年生のWriting across Languages and Culturesというライティングの授業でのことです。このクラスには中国人・韓国人・インド人・フィンランド人・フランス人など多様な生徒がいました。自分たちの言語で書かれた物語を英語の文章にしようという取り組みをしたのです。スリランカ出身のThaya君は、友人のKajanがタミル語で話す物語を書き取り、それを英語に訳すことにしました。ところが、いくつかの言葉は英語に直せないと感じてタミル語のままにしてクラスに持ち込みます。「お母さんやお父さんのことを表すのはわかるけど、なぜ英語に訳さないの?」と聞かれ、それらの言葉は英語には訳せないいくつかの意味が含まれていて「説明しても話から逸れてしまうし、そのままでもみんなは意味がわかると思ったから」と答えます。これに関してほかの生徒たちは「ほかに言い換えられないのか」などの意見を出していく過程で、「人称」「一人称」などの意味を自分たちで調べる学習に発展したのです。
> (M. Swain et al. 2015 "Sociocultural Theory in Second Language Education — An Introduction through Narratives, 2nd edition") [21]

　ここにも、外国語を学ぶときの母語の働きが描かれています。Swainは、次のように理論化しています。(抜粋)

> *ヴィゴツキーは、優れた教育活動は生活的概念と科学的概念の間に、相互に変化を起こしあう相互作用の関係があるべきだと考えた。
> *生活的概念が経験と言葉（具体・抽象）に依拠するのに対し、科学的概念は主に言葉（抽象）によって理解され使われ表現される。そのことによって、生徒は文章の目的に応じて意識的にこの知識を応用することができるようになる。教師は、生徒の注意を彼らの経験とその概念の結びつきに引きつけるために科学的用語を使い、両者間に弁証法を生み出したのだ。
> *外国語教育では、母語の使用が妨げになるとされてきた。しかし生徒が持っている母語における生活的概念は、第二言語の概念を媒介する資源として期待することができるだろう。（上掲書）

　Swainは第二言語習得論の中でも、アウトプット仮説を主張していますが、それは教師と生徒、生徒と生徒間の対話に基づく発達や言語習得に注目しているのです。ヴィゴツキーの最近接領域の理論は、社会文化論（Sociocultural Theory）となってさまざまな学問領域に発展しています。

　すでに述べてきたことですが、英語の授業なのですから、生徒が英語を使う活動は必要不可欠です。そして教師が、わかりやすい英語を話し書くことによって、その英語を生徒に印象づけることも効果的です。しかしながら、授業の中には母語である日本語を生かすべき場面も多くあります。また、英語を多く取り入れながらも、日本語もうまく使ったサイト・トランスレーション（同時通訳／バイリンガル練習）などもあります。

　「いま教えている」生徒の実態やその授業・その場面のねらいを踏まえて、どう英語と日本語を使い分けるのか、一人ひとりの教師が研究し判断すべきところです。

11. サイト・トランスレーションと構文解説

　「授業は英語で」行う場合、Q＆Aやアクティビティと音読だけで授業を終わらせる傾向を耳にします。しかし、このために「何となくわかった」

けど「正確にはわかっていない」場合がよくあると思われます。

1　英文を前から読んで後戻りしないで意味が正確に理解できるのなら、その英語が本当に「読めた」といえるでしょう。また、それは「聞いて」意味がわかる段階へとつながります。そういう英語をどれだけ増やせるかが学習の目標であると思います。しかし例えば、次のややむずかしめの文ではどうなるでしょう。

　Cell phone technology has changed the way we communicate with each other in many ways.

2　こういう文を正確に理解できていない生徒は少なくありません。例えば次のように英問英答してみます。
　T：What has cell phone technology changed?
　S：The way we communicate with each other <u>in many ways</u>.

　このように答えてしまう生徒が結構います。the way が先行詞で後ろの節がそこにかかっていることはわかっているが、in many ways（多くの点で）が has changed（変えてきた）を修飾していることを理解していないのです。英語による Q & A では、こうした点が見落とされがちです。このような英文を正確に読み取るにはどうしたらよいでしょうか？
　このような場合、サイト・トランスレーション（同時通訳方式、チャンク、スラッシュ方式などとも呼ばれる）は、英語を日本語と比較しながら学ぶことができ、母語を生かした有効な学習法となります。

2−1　サイト・トランスレーションは本文理解の後、ペアで英語を暗記する練習に使うことができます。
　（1）英→日　（2）答えを見ないで英→日　（3）日→英
　（4）答えを見ないで日→英
　次にペアの役割を交代して（1）（2）（3）（4）を行います。
　このようにすれば、同じ文を2人で8回繰り返すことになります。

Cell phone technology	携帯電話の技術は
has changed	変えてきた
the way	仕方を
we communicate	私たちが伝達する
with each other	お互いに
in many ways.	多くの点で

　しかし、サイトトランスレーションの弱点の一つは、日本語の方で後置修飾がわかりにくいことです。そこで、私は↑をつけくわえています。

Cell phone technology	携帯電話の技術は
has changed	変えてきた
the way	仕方を
we communicate	私たちが伝達する↑（仕方）
with each other	お互いに↑（伝達する）
in many ways.	多くの点で↑（　　　　）

　被修飾語については（　）の中に日本語を入れることにします。そして、この例のように特に焦点を当てたい場合は、空欄にしておいて、生徒に考えさせることによって、被修飾語が何かを考えさせます。

　なお、サイト・トランスレーションでさまざまなバリエーションを作ることができます。

2－2　全文を和訳する必要や時間がないときは、一部を答えさせる方法もあります。

　SVOCや文型を理解させるためには（　）に入る助詞を考えさせます。

Cell phone technology	携帯電話の技術（　　）
has changed	変えてきた
the way	仕方（　）

we communicate	私たち（　　）伝達する
with each other	お互いに
in many ways.	多くの点（　　）

2-3　内容理解のためには、ポイントとなるところに（　　）を作ります。

Cell phone technology	携帯電話の（　　　）は
has changed	変えてきた
the way	（　　　　　）
we communicate	私たちが（　　　）する
with each other	お互いに
in many ways.	多くの（　　）で

2-4　また相応の英語力があればチャンクの切り方を大きくすることができます。

Cell phone technology has changed	携帯電話の技術は変えてきた
the way we communicate with each other	私たちがお互いに伝達する仕方を
in many ways.	多くの点で↑（変える）

　付け加えれば、こうしたことを理解するための訳読と構文解説の授業は、生徒の理解度を考えて必要に応じて行う必要があります。むずかしめの教材を使うときは大事な心構えです。

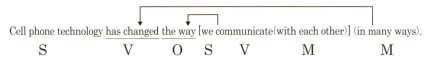

Cell phone technology has changed the way [we communicate(with each other)] (in many ways).
　　　　S　　　　　　　V　　　　O　　S　　V　　　M　　　　　　M

Rhymeの魅力と威力（2）　なぜ「眠れないときには羊」を数えるのか？

　「眠れないときには羊の数を数えなさい。1匹、2匹、3匹…そのうちぐっすり眠ることができますよ」ということになっているが、なぜ羊を数えなければならないのか？単純な繰り返しが眠りを誘うのだったら、牛や馬では？もっといえば、石ころや木だって十分に役に立ちそうだ。

　でもこの言い伝えがもともと英語圏のものだとすれば、手がかりが生まれる。"If you can't *sleep*, just count *sheep*." となれば、sleep と sheep の rhyme だろうということは「一目瞭然」である（本当は目ではなく耳の問題なのだが）。歴史的な説明や心理学的な解説では諸説があるようだが、とりあえずこのシンプルな答えも有力ではないだろうか。

　言い伝えと同様に、ことわざにも多くの rhyme が登場する。

A friend in *need* is a friend *indeed*.

（まさかの友は真の友）

Haste makes *waste*.

（急いては事を仕損じる）

No *pains*, no *gains*.

（苦労なくして得るものなし）

　また、大恐慌から 1960 年代の公民権運動にかけて黒人や女性への差別を告発した決まり文句でも rhyme は活躍する。

Last *hired*, first *fired*.

（最後に雇われ、最初に首を切られる）

・おじさんのイギリス留学記 ❸

世界の留学生と交流

　留学生向けの orientation program の中で交流の機会があった。東アジアから中東にかけての人が中心の 18 名。自己紹介に続いて、アゼルバイジャンの男性が「みなさん、IELTS の点数はどうでしたか。自分は speaking がだめで困っているが、何かいい方法はないか」と切り出した。インド人の人が、「私はよくわからないけど、applied linguistics 専攻の人に聞いたら？」と私の方に水を向けてくれた。

　とっさのことで、私は「日常的に英語が使われてない国では話せないのは当然。ネイティブのようにペラペラ話す必要はない。」ぐらいの事しか答えられなかった。話す内容が豊かであれば流暢さにこだわることはないこと、積極的に話すことによって、自分の語彙や表現の弱点に気づき、次第に蓄積ができることなどを話すべきだった。何のために applied linguistics をやるのかを考えさせられた場面だった。

　次に各国の様子を交流することになった。日本の話になったとき、「3.11 の後はどうなったか」という質問が出た。私はボランティア経験のこと、復興にはまだ 10 年以上かかるのではないかと話したが、原発のことまで手が回らなかった。

　しかし 3 月 11 日には、友人のスイス人が次のように Facebook に書いてくれたように、世界の多くの人が気にかけてくれている。"Two years has passed since this terrible earthquake occurred in the northeast of Japan, followed by a devastating tsunami and Fukushima nuclear crisis. Time has passed so quickly. I will be thinking today on the innocent victims of the tsunami."

入学記念のパーティー

おじさんのイギリス留学記 ❸

ネイティブと非ネイティブの違い

　Grammarの時間に、
（1）sentences where present tense does not mean present time.
（2）sentences where past tense does not mean past time.
についてできるだけ多く具体例を挙げなさい、という問題が出された。

　要するに（1）When he comes, I'll tell you. He leaves the UK tomorrow.（2）I wish I were a bird. I was wondering if I could ask you a favor. のような答を求められたので私はかなり答えられた。隣にはアメリカ人の女性が座ってたのだが、彼女は半分以下しか答えられなかった。

　しかし、こんなことは自慢にならない。ネイティブにとっては、専門家でない限り即答できないクイズのようなものなのだ。使えるけれど、脈絡もなしに列挙することができないだけなのである。こういう問題は、明示的に(explicitly)文法で英語を学んだ非ネイティブの方が得意というだけなのだ。逆にDiscourse Analysisの授業で、漫画の可笑しさの分析などになると文化的背景への知識が問われるので、今度はネイティブが圧倒的に有利である。

Christmas Dinnerにて

第4章

日本らしい英語授業とは
——外国語と母語

理論

1.「英語学習のウソ、ホント」

　英会話の宣伝文句には「シャワーのように英語を聞き流すだけ」「赤ちゃんのように聞くだけ」「暗記・文法は不要」「英語は母語のように学べ」などの言葉が並んでいます。ほとんどの英語の教師は「それはない」「ウソだ」とわかっていますが、世間には案外すんなりと受け入れている人もいます。

　そこで現在英語を教えている大学生に、「英語学習のウソ、ホント」についての授業をやってみましたが、次のような感想を書いてくれました。幼児・小学校教育を目指す学生なので、主に早期英語教育についての知見を伝えたいとの思いからです。ところが感想を読んでみると、私にとっては思わぬ発見がありました。

▶ **実践 4-1**

外国語学習のウソ・ホント
テストではありませんので、思ったまま書いてください。

（　）の中に、ホント＝○、わからない＝△、ウソ＝× をつけてください。

1（　）外国語は、母語と同じように学ぶのが良い
2（　）外国語を学ぶのに文法はいらない
3（　）外国語はネイティブ（その国に生まれ育った人）に教わる方が身につく
4（　）英語の授業は、すべて英語で行うのが適切である
5（　）日本で外国語を学ぶとき、年齢が若ければ若い方が身につく
6（　）早期教育（幼稚園で英語を教えるなど）はとても効果がある
7（　）赤ちゃんに、毎日数時間DVDを聞かせると、言葉がよく発達する
8（　）英語で会話するとき、文法や内容より大切なのは発音だ

解答例：1×　2×　3△（場合による）　4△（場合による）
　　　　5×（場合による）　6×　7×　8×

＊これらの設問は、厳密にはそれぞれの場合や条件によることも多いのですが、日本で一般的なケースを想定し、一般的な思い込みが必ずしも適当でないことを話すきっかけとしました。
＊「ウソ」は、あからさまな言葉使いですが、正確には、以下の文献などを参考にしてください。
・久保田竜子，2018『英語教育幻想』ちくま新書[1] (10の「幻想」を批判しています)
・Robert Phillipson, 1992 *Linguistic Imperialism* Oxford University Press[2] (5つの「fallacies 誤謬」を指摘しています。日本語に翻訳されています：『言語帝国主義』2013)
・大津由紀雄，2007『英語学習7つの誤解』NHK出版[3] (7つの「誤解」を批判しています)
・佐藤学，内田伸子，大津由紀雄，2011『ことばの学び、英語の学び』ラボ教育センター[4] (上記7番についての研究を紹介しています)

第4章　日本らしい英語授業とは —— 外国語と母語

> **生徒の感想**
> * 「ウソホント」では、私が思っていた英語の学習法はほとんど違っていたことがわかり驚きました。よく復習して、自分の英語の学習と将来自分の子どもができたときに役立てたいと思います。
> * 私は小さいころ英会話に通っていましたが、当時の記憶はまったくなく、英語は中学校で久しぶりに始まった感じでした。小さいころの英会話は意味がありませんでした。先生の言っていた「幼児のころペラペラでも、使わないとすっかり消えてしまう」というお話に当てはまっています。
> * 自分の子どもができたら、早めに英語の教材やDVDを見せようと友だちと話したりしていましたが、やりすぎてことばの発達を遅らせたという研究もあると聞いて、先に知って良かったと思います。
> * 英語の授業を受けているのに全然理解できなくて、小さいころ習っておけば良かったのにと思っていました。でも小さいころやっていても忘れてしまうことがあるとは知りませんでした。わからないから嫌いだったけど、大人の方が覚えが速いと聞いて、がんばろうと思いました。
> * 英語の勉強は幼いころからやるのがいいと思ってましたが、むしろ大人になってからの方が覚えが速いというのが驚きでした。いつか海外に行ってみたいので今からでも遅くはないのだと少し安心しました。
>
> （傍線は筆者）

　幼児英語教育にあまり大きな効果を期待してはいけないという、今までの研究を知ってもらうことがこの授業の目的だったのです。しかし学生によっては「英語学習は早ければ早いほどよい」という俗説に影響されているだけでなく、＝「だから小さいころ習っておけばよかった」＝「今からやっても、もう遅すぎる」と考えていたのです。だとすれば、この俗説は現役学生たちにひどい悪影響を及ぼしているといわざるをえません。この学生たちは必ずしも英語が苦手な方ではなく、大学生全体の中で平均的な英語力があると思います。にもかかわらず、早期からの選別を認めたり、

あきらめを持たされたりしているのです。中高生にもこうした俗説の影響があるのではないでしょうか？そのことを思うと、こうした誤解はぜひとも機会を作って解いておく必要があると考えます。

2．母語・第二言語・外国語

「赤ちゃんのように学ぶ」「聞き流すだけ」などの俗説の背景には、母語と第二言語と外国語との混同による誤解があります。

> 母語は、いうまでもなく、生まれてから最初に身につける言語です。したがって第一言語（First Language）と呼ぶこともあります。
> 第二言語は、その言語が使われている環境で、母語の次に学ぶ言語です。例えば、日本人がアメリカに住むようになって学ぶ英語のことを指します。これを English as a Second Language（ESL）と呼びます。これが狭い意味の第二言語です。
> 外国語は、母語の次に、その言語が使われていない環境で学ぶ言語です。例えば、日本人が日本で学ぶ英語のことです。これを English as a Foreign Language（EFL）と呼びます。

母語として英語を学ぶのと、母語である日本語を身につけた後で英語を学ぶのとでは、学び方に大きな違いがあるのは当然です。また、教室で英語を学ぶだけでなく生活の中でさまざまに英語に接する ESL 環境と、英語の授業が終われば、ほとんど英語を使う機会がない EFL 環境では、学び方に違いがあるべきなのは当然です。

ただし、ここで教師の一部にも誤解があるので、「第二言語習得理論 Second Language Acquisition（SLA）」という名称について触れておきたいと思います。第二言語習得理論は、第二言語と外国語の両方を対象にした理論なのです。先ほど、母語＝第一言語（First Language ＝ L1）と書きましたが、それに対して二番目に学ぶ言語＝第二言語（Second Language ＝ L2）という意味なのです。それなら、どこで学ぼうと「第二言

語」ですね。これが広義の「第二言語」です。

＊なお、学習する言語が二番目とは限らないので、English as an Additional Language（付加言語、EAL）と呼んだ方がいいとする立場もあります。

　誤解というのは、「第二言語習得理論は、『第二言語』しか対象にしていない。だからEFL環境である日本の英語教育に当てはまらない」という考え方です。これはSLAとESLの名称が似ているための誤解です。正確には、第二言語習得理論は、ESLとEFLを対象に研究しています。確かに、SLAの中では比較的ESLを対象にした研究が多かったために、EFL環境の日本には適用できないのではないかと思われる仮説もあります。しかしEFL環境を対象にした研究も増えており、学ぶべき理論も大いにあるのです。SLAをすべて否定して、"Don't throw out the baby with the bath water."のことわざのように「産湯とともに赤子を流す」結果にならないようにしたいものです。

　ヴィゴツキー研究で知られる柴田義松さんは「第二言語（狭義）」のことを「第二母語」と名付けたそうです。そうすると3つの分類は「母語・第二母語・外国語」となるわけです。なるほど、「第二母語」なら、母語と同じ環境で学ぶということが表現されていますから誤解されにくい用語でしょう。

　「第二言語（狭義）」習得といえば、日本にいるモンゴル人の相撲力士が典型的です。この場合目標言語はJapaneseですから、Japanese as a Second Language（JSL）ということになります。

◆あの横綱の白鵬が15歳で来日したとき、日本語はまるで知らなかったらしい。ほかのモンゴル人6名と来日しアマチュア相撲を習ったの

だが、まだ体が小さくどこの相撲部屋からも声がかからなかった。そのとき彼はモンゴルに帰されるのが嫌で"I don't want to go back…."と英語で泣いたという。

現在彼が素晴らしい日本語で堂々とインタビューで話しているのを見ると、どうしたらあんなに外国語がうまく習得できるのだろうかと関心を持たざるを得ない。結論から言ってしまえば、その秘密は強い動機付けと理想的な第二言語習得環境にあるのだろう。

動機付け（モティベーション）については、「相撲界は厳しい。今日、教えられたことを覚えられなければ、この世界ではやっていけませんよ。私たちはボールペンではなく、体で覚えていくのです」と蒼国来（中国出身）が語っている。そこでうまくやっていけなければ相撲をやめるしかない、相撲をやめたら国に帰るしかないのだから、これ以上の動機付けは少ないだろう。

言語環境の面でも、究極の日本語環境である。親方・おかみさん・先輩力士とともに、朝起きてから寝るまで、24時間・365日の相撲部屋生活である。相撲部屋には、外国人枠があって部屋あたり1人と決められているから、同郷出身はいない。新弟子は、朝5時に起床して言われた通りにゴミ出し、床掃除、近所への買い出し、ちゃんこ番など、部屋のありとあらゆる雑用を行う。ここでミスコミュニケーションを起こすと生活そのものに支障をきたす。これが典型的な第二言語環境である。

以上を英語の習得に置き換えれば、English as a Second Language/ESLということになるが、大リーグで活躍する日本出身の野球選手は、必ずしも当てはまらない。英語が使われているアメリカで暮らしているのだから、第二言語としての英語という環境にはある。しかし、彼らはすでに日本野球で一流の技術や体力を身につけており、英語が下手でも大きな障害にはならない。通訳を雇う財力もある。チーム・スポーツだから英語を使ってプレイした方がプラスになることは間違いないが、実態は選手によってさまざまなようだ。外国人力士に近い日本人をあえて探すと、少し大げさだが、ジョン万次郎あた

りになるのかもしれない。
◆こうした状況の違いを考えると、私たちが日本で English as a Foreign Language/EFL である英語を教えるとき、教え方・学び方が大きく異なるのは当然だ。動機付け、インプット、アウトプットなど、どれを取っても相撲部屋のようにはいかない。

　それだからこそ、教材・授業の楽しさや興味深さによって動機付けの弱さを補うことが大切だろう。多読・多聴とともに文法も必要だ。一つひとつ学ぶ代わりにひとくくりにまとめて学ぶ文法という「特急券」は便利だ。生徒たちには、自己表現の活動のアイディアを豊かにしてアウトプットの機会を作ってあげたいものである。(拙文『新英語教育』2017, 12月号補筆)

　日本には、このように「第二言語」として日本語を学んでいる外国人力士もいますし、在日外国人もいます。在日朝鮮人についていえば日本語と朝鮮語は文法的には極めて近いので、言語的距離は近いのですが、在日の人たちの世代によって言語習得に大きな違いがあります。3世、4世の人たちは母語は日本語なので、朝鮮語は学習の対象になっています。アイヌの人たちも母語は日本語なので、アイヌ語は絶滅の危機にあり、継承語の問題については私たちもよく学ぶ必要があります。
　いずれにせよ、英語教師が授業で教えるときは、「外国語としての英語 (EFL)」を教えているので、生徒が「第二言語としての英語 (ESL)」とは大きく異なる学び方をしていることを念頭に置いて、それにふさわしい教え方を考えていきたいものです。

3．インプット仮説、アウトプット仮説、インタラクション仮説

3.1　第二言語習得論の発展
　第二言語習得論 (SLA) は、第二言語 (広義) の習得を「言語」と「学習」の面から研究しようとする学問です。SLA では科学的な研究を目指して、研究目的に応じて仮説を立て、被験者をグループ分けして異なった実験を

行い、結果を比較し統計学的な手法で結論を導くといった方法がよくとられます。その意味でSLAの研究成果は信頼性が高いと思います。しかし、第二言語習得というのはかなり複雑な要素が絡み合った営為ですから、さまざまな仮説をそのまま日本に持ち込むのにはかなりの慎重さが求められます。その要素というのは、学習者の言語環境、動機付け、学習心理、言語的距離、教材、教師、教育条件など多岐にわたります。特に（1）言語的距離と（2）ESL (English as a Second Language) と EFL (English as a Foreign Language) の違いは、教育・学習方法にかなりの違いを生むと思われます。

したがって、60～70年代に始まったSLAの研究結果は、相当な蓄積があるものの、世界各国の教室で行われている実践に対して十分な答えを出しているとはいえません。むしろ、まだほんの一部しか解明できていないといった方がよいと思います。

例えばS. クラッシェン（1980他）の「インプット仮説」は、言語の習得がインプット＝話されている、または書かれている内容を理解することによってのみ可能である、とする仮説です。これは実証的な研究のない仮説だったのですが、影響力は大きく、一時は主流を占めていました。また今でも第二言語習得においてインプットが重要な位置を占めることを否定する研究者はいません。しかし学習 learning は習得 acquisition につながらないという仮説、習得順序、文法の役割などについてクラッシェンが主張した仮説に対しては、その後多くの批判がなされています。

M. ロング（1981他）[5]は、言語習得にはインプットに加えてインタラクションも必要であるという主張をしました。つまり、一方的に聞くだけでなく会話に参加してのやりとりの中で起こる意味の交渉が重視されました。さらに、意味に加えて形式（文法）に注意を向けることも言語習得に必要だとしました。これが「インタラクション仮説」です。

さて、第二言語習得論が研究されるようになったのと大体同じ時期に、L. S. ヴィゴツキーの著作が欧米でも知られるようになりました。彼の著作は1930年代に書かれていたのですが、1957年の「スプートニク・ショック」などを契機に、ソヴィエトの心理学や教育学への関心が高まり、1960

年代から「ヴィゴツキー・ルネッサンス」が起こったと言われています。

　第二言語習得論の中ではヴィゴツキー学派の理論は「社会文化論 = sociocultural theory」と呼ばれています。人間の思考と言語の発達は、最初は社会集団の中で起こり、それが個人の内部に取り入れられて発生するという考え方が特徴的だからです。社会集団の中での「やりとり」や「足場がけ = scaffolding」が起こり、言語の発達が促される、という考えは、ロングの「インタラクション仮説」にも大きな影響を与えたのではないでしょうか。

　また、M. スウェイン (1985 他)[6] は、インプット仮説を批判し「アウトプット仮説」を唱えました。カナダのフランス語のイマージョン・クラス（教科を母語の英語でなく目標言語のフランス語で教える）を研究した結果、生徒たちがインプットは多いのにもかかわらず、文法を正しく運用する正確さに問題があるという報告をしました。これを改善するにはアウトプット（書く・話す）が必要であると主張したわけです。

　スウェインは、アウトプットによって学習者は（1）言語への気づき (noticing)（2）相手からの反応 (testing)（3）振り返り (metatalk) を行って学習すると述べています。その根拠としてヴィゴツキーを引用して次のように述べています。「社会文化論は、外言による対話活動が学習者内部の精神活動の元になるとしている。この章で述べたデータにより、言語の習得は協同的な対話の中で生まれ、この外言によって言語方略と言語知識の両方を身につけることができることは明らかである。これはインプットやアウトプットだけに焦点を当てると見失ってしまう洞察である (Swain, 2000)」またこの論文では、「第二言語学習において母語を使用することによって、言語を使うことが（第二言語学習の）媒介となる状況を作り出すことが明らかだ」と指摘しています。

　さらにスウェイン、2010、2015 の著作 *"Sociocultural Theory in Second Language Education —An Introduction through Narratives"* は、ヴィゴツキー理論とナラティブ理論を中心的に取り上げその2つを合わせて発展させたもので、内言と外言の関係、科学的概念と自然発生的概念、発達の最近接領域 (Zone of Proximal Development) など

を取り上げています。

　ロングやスウェインの研究は、第二言語習得をインプット中心の見方だけでなく、インタラクションやアウトプットに拡げた点で、より言語習得の実態に迫っており、EFL環境の日本でも学ぶところが大きいと思います。

3.2　言語間が大きいために時間がかかる

　またEFL環境での研究（例えばスペイン人がスペインで英語を学ぶ）は大いに参考になりますが、それでも日本で英語を学ぶのとは事情がかなり異なります。スペイン語と英語には言語文化での一定の共通性（日本語と比較すれば）があります。いわゆる言語的距離の問題ですが、外国語教育のあり方を考える上でかなり大きな要素になると考えます。

　例えば、アメリカ人が外国語を一定期間にどの程度習得できたかの研究があります。したがって数字が小さいほど、言語間距離が大きいといえます。

Swedish, Afrikaans など	3.00
Dutch, Swahili など	2.75
French, Italian など	2.50
Czech, Indonesian など	2.00
Hindi, Greek など	1.75
Arabic, Mandarin など	1.50
Japanese, Korean など	1.00
(Barry & Paul, 2004)[7]	

　これによると、英語母語話者にとって最もやさしい外国語はスウェーデン語・南アフリカのアフリカーン語で、次にオランダ語・スワヒリ語などと続き、ギリシャ語がなかなかむずかしいようです。だからシェークスピア流に言えば "It's Greek to me!"（私にはちんぷんかんぷんだ）ということになります。ところが、日本語はそれより2段階もむずかしいのです。だからシェークスピアが日本語を知ったら、"Japanese is Greeker than Greek!" と叫んだに違いありません（笑）。

日本語話者が外国語を学ぶ場合、習得のむずかしい順番がこの正反対になるわけではありませんが、英語は最も習得がむずかしい言語の一つだということになります。

言語的距離をもう少し詳しく考えれば、次の要素があるでしょう。

- ひとつひとつの発音の違い（母音の数、子音の数、音素の異なり）
- アクセント・トーンの違い（強弱／高低など）
- 文字の違い（表音／表意文字、アルファベット系、漢字系など）
- 発音と綴りの違い（言語によって乖離の仕方が異なる）
- 文法の違い（SOVは565言語、SVOは488言語、語順なしの言語もある、など）
- 背景文化の違い
- 同じEFL環境でも英語という存在の大きさは国・地域によってかなり異なる

こうしたことは、実際に教室で外国語を教えるときにかなりの影響を与え、違いが大きければ大きいほど学習の時間もかかり、困難さも増えることになります。やはり結論は、日本語話者にとって英語は習得がもっともむずかしい言語の一つだということです。英語がどの程度必要なのかは人によって異なりますが、高いレベルに達するには、学校を卒業してからも時間をかけてずっと——ある意味一生かけて——勉強する必要があります。

3.3 第二言語習得論から学ぶこと

それでは第二言語習得論からEFL環境にある日本でも学ぶべきことはどういうことでしょうか？

（1）EFL環境の日本でも、インプットの大切さは変わりませんから、興味深い内容の教材を多く読み聴くことはもちろん大切です。これはモティベーションにも大きく影響します。また基本的な英語の意味がわかるようになったら、やさしい英語の多読多聴は知識を「自動化」するのに大切だと思います。

(2) ただしインプットが非常に少ないことから、文法・語法などを利用して効率的に学習することが必要です。また、音声によるインプットも少ないので、初歩の音声学を利用して発音やリズムを学ぶことも必要です。

　(3) インタラクション仮説・アウトプット仮説からは「協同学習・集団学習」「インタラクション」の重要性がわかります。特に言語を正しく学ぼうとするときには、母語を使って学習することでより効率的な学習になる、との指摘は重要です。

　(4) アウトプット仮説が「自己表現」を重視すべきことにつながるのはいうまでもありません。自己表現によるコミュニケーションの成功がモティベーションの向上に結びつきます。

　こうして、第二言語習得理論からは多くのことを学ぶことができますが、どの部分から学んで日本の状況に応用するべきか、どの部分はEFL状況では適用できないのかを、私たち自身の授業実践と突き合わせながら、批判的に見極めなければならないと思います。

4．第二言語習得論とヴィゴツキー

　母語と外国語の違いを理解する上で、ヴィゴツキーはとても重要な指摘をしています。

> 　外国語の習得は、母語の発達とは正反対の道をたどって進むということもできよう。子どもは母語の習得を、決してアルファベットの学習や読み書きから、文の意識的・意図的構成から、単語の言葉による定義や文法の学習から始めはしない。だが、外国語の習得は、たいていこれらのものから始まるのである。子どもは母語を無自覚的・無意図的に習得するが、外国語の習得は自覚と意図から始まる。それ故、母語の発達は下から上へと進むのに対し、外国語の発達は上から下へと進むということができる。
>
> 　ところで外国語の習得、その上から下への発達は、われわれが概念

に関して見出したのと同じことを示す。すなわち、子どもの外国語の長所があらわれるところに子どもの母語の短所があらわれ、その逆に、母語がその全長所をあらわすところで外国語の短所があらわれる。子どもは母語ではすべての文法形式を申し分なく、すばらしく上手に利用するが、それらを自覚しない。子どもは、名詞・形容詞・動詞の語尾を変化させるが、自分がそれをしているのだということを自覚しない。子どもは、しばしば適切な文句に正しく適用されている文法形式、性・格がなんであるかを言うことができない。しかし、子どもは外国語では、最初から男性の単語と女性の単語を区別し、語尾変化・文法上の変化を自覚する。

　このようにして、母語の短所がまさに外国語の長所をなす。またその逆も真なりで、母語の長所が外国語の短所をなす。音の自然発生的な利用、いわゆる発音は、外国語を学ぶ生徒にとって最大の難関である。自由な生きいきした自然な会話─文法構造の敏速な正しい適用をともなったそれは、非常な苦労でもって発達の最後でのみ達成される。母語の発達が言語の自由な自然発生的な利用から始まり、言語形式の自覚とそのマスターで終わるとすれば、外国語の発達は言語の自覚とその随意的な支配から始まり、自由な自然発生的な会話で終わる。この二つの路線は、正反対の方向を向いている。
　しかし、これら反対の方向を向いた発達路線のあいだには、科学的概念と自然発生的概念の発達の場合と同じような双務的な相互的な依存関係が存在する。外国語のこのような意識的・意図的習得が、母語の発達の一定の水準に依拠することは、まったく明らかである。子どもは、母語において既に意味の体系をマスターしており、それをほかの言語に転移しながら、外国語を習得する。が、また逆に、外国語の習得は、母語の高次の形式のマスターのための道を踏みならす。それは、母語を言語体系の一特殊例として子どもが理解することを可能にする。したがって、それは母語現象を一般化する可能性を子どもに与える。ということは、子どもが自分自身の言語操作を自覚し、それを

> 制御することを意味するのである。代数が算術操作の一般化であり、したがってそれの自覚、それのマスターであるのと同じように、母語をバックとした外国語の発達は、言語現象の一般化ならびに言語操作の自覚を、すなわち、それらを自覚的随意的言語の次元に移行させることを意味する。まさにこの意味において、ゲーテの格言を理解する必要がある。「外国語を一つも知らない人は、自国語も本当には知らない」（ヴィゴツキー，柴田義松訳，2001）。

　幼い子どもが母語を習得するときには無意識に学び、音声から入って文法は意識することもありません。後から学習することにより文法を自覚し母語をマスターすることになります。これを「下から上に」発達すると、彼は表現しています。いっぽう、外国語を学ぶときには、逆に意識的に学ぶことが必要で、語彙や文法、また読み書きから始まって、最後は発音や自然な会話で終わるというのです。これを「上から下に」と表現しています。
　ヴィゴツキーの研究は、哲学・心理学・言語学・教育学・社会学一般に関わっていますが、健常児・障がい児を含む多くの子どもの教育や観察に基づく実証的なものです。また、ヴィゴツキー自身はユダヤ系ロシア人の家庭に生まれ、母語であるロシア語のほか、英語・ヘブライ語・ドイツ語・フランス語を話し、またラテン語・ギリシア語・エスペラントを学んだといいます。ヘブライ語を除けばインド－ヨーロッパ語族ですが、子どもたちの教育と観察によって得られた知見は重要だと思います。
　ヴィゴツキーの中心的な論点は、外国語学習が母語の学習とは大きく異なるという点にあり、すべて「正反対」であると、教条的にとらえる必要はないとは思います。しかし現在の英語教育への示唆は多いと考えます。
　（1）外国語を学ぶことによる母語への認識の深まりについては「外国語教育の四目的」の第3目的に書かれています。「授業は英語で行うことを基本とする」論が見失っているものは、外国語学習が母語の習得を基礎にしていること、母語を使えば外国語を効率的に学ぶことができること、母語と外国語を比較することによって言語を深く理解できること、だと思います。

（2）外国語教育では文法学習は重要です。少なくとも母語を身につけた子どもと大人にとっては、文法を使って外国語を身につけることが得策でしょう。またヴィゴツキーはヨーロッパ言語の学習経験が中心であるにもかかわらず、それでも文法の重要性を指摘しています。日本語と英語ほど言語間の距離が大きい場合には、なおさらでしょう。

（3）外国語学習は、語彙・文法などから始まり、発音や自然な会話が最終段階に習得されると言っています。ヴィゴツキーは言語構造が比較的近い印欧語の学習経験からこの指摘をしたのですが、これは、EFL 環境の日本の英語学習においては、ますますその傾向が強いといえると思います。ただし小学校英語に関連していえば、初学者の子どもが機械的にすべてこの順序で学ぶのがいいかどうかは検討を要するでしょう。学ぶ外国語がBICS（Basic Interpersonal Communication Skills）つまり挨拶程度の内容であれば、日常会話を最初にすこしやるのも悪くなく、次に簡単な英語で日本語と英語の比較をしながら文法も入れていくといいのではないでしょうか。また発音は必ずしも最終段階でなくても途中の折々に学ぶのがいいと思います。そしてもちろんむずかしい内容＝CALP（Cognitive/Academic Language Proficiency）を含んだ会話は、やはり最終段階にならないとできないのは当然です。

ヴィゴツキーによる、母語と外国語の習得の違い

	母語の習得	外国語の学習・習得
意識性	無意識	意識的
文法	意識しないで習得	文法を知らないと学習できない
習得順序	聞く→話す→読む→書く	（ほぼ）読む→聞く→書く→話す

（4）小学校英語の早期化（3・4年生で外国語活動）・教科化（5・6年生で教科）が学習指導要領の前倒しで2018年から行われています。ヴィゴツキーは子どもの発達の過程で、自然発生的概念が科学的概念へと相互依存的に発展すると述べていますが、言語についての科学的概念というの

は、文法・構文・文章構成などの知識です。小学生でいえば、それらを理解し使えるようになるのは5、6年生でしょう。「なぜ、どうして」という原因や結果を考えることが可能になる年齢です。俗に「10歳の壁」などといわれる、具体的思考から抽象的思考への発達段階に当たるでしょう。しかし小学校に英語を導入することについては、まず教科内容をしっかり研究し指導者を育てることが必要ですから、指導者が育成されていない現在導入するのは無茶です。子どもの側からいえば、それ以上早くから導入するのは効果的でなく、母語の基礎を固めるべきだと思います。「早ければ早いほどいい」というのはまったく俗説です。

5．EFL と ESL では何が違ってくるのか

母語と第二言語（第二母語）と外国語の違いについては、今まで見てきたとおりですが、それは学習方法にどのような違いをもたらすのでしょうか？同じ JSL / ESL 環境といっても、日本におけるモンゴル人力士と、日本人メジャーリーガーではかなりの違いがあると述べました。同様に同じ EFL 環境といっても、国によって濃淡があることは間違いないでしょう。とはいえ、ESL とは異質な性格を持つことは明らかです。

学習者にとって大きな違いは、EFL 環境では、

（1）目的や動機が持ちにくいこと
（2）外国語の使用機会（インプット・インタラクション・アウトプット）が限られていること
（3）主に学校教育の中だけで外国語学習が行われていること

と特徴付けられるのではないでしょうか。日本は、世界に冠たる翻訳文化が確立していることもあって、世界全体の中でも典型的な EFL 状況にあるといってよいと思います。

「なぜ日本人が多くのノーベル賞を受賞しているのか」という質問に、益川敏英さんや白川英樹さんなど多くの受賞者が、「日本では、母語の日本

語で最先端の科学を学び、母語で深く考えることができるから」と答えています。私たちは、各国の人たちが各国の母語で科学をしていると考えがちですが、地球上で母語で科学をしている国は、実はそう多くないのだそうです。日本語による学問研究を可能にしているのは翻訳であり、日本語の中に科学を自由自在に理解し想像するための用語・概念・知識・思考法までもが十二分に用意されていることだといいます（松尾義之, 2014)[8]。

だから、日本人科学者の英語での話が下手なことは海外で有名だそうですが、普段使う必要がないのですから当然のことです。しかし、これも当然ですが馬鹿にされているわけではなく、科学の先端をリードする人たちとして尊敬を集めているのです。日本が典型的な EFL 環境だということは、こういう事実にもよく現れています。

（1）の目的や動機については、「グローバル化が進む現在、英語学習の重要性が高まっている」という言説があちこちで聞かれます。しかし、実際は少数の例外的企業でしか英語のニーズは高まっておらず、2008 年の調査では仕事で英語を「毎日使う」人は 2.3%、「時々使う」人が 10.9% でした。また 2006 年から 2010 年までの推移を調べると、仕事で英語を使用した人は減少しているということが明らかになりました（寺沢拓敬, 2015)[9]。

また、経済界自身も、一部を除いて語学力をそれほど求めていないことは「新卒採用に当たって重視した点」調査（経団連、2014）でも明らかです。「コミュニケーション力（もちろん日本語での）」86.6%「主体性」64.9% などに比べ、「語学力」は 16 位で、全企業のわずか 5.7% が求めているにすぎません。

もちろん仕事で使わなくても外国語を学んで幅広い視野で世界の社会や異文化を理解し視野を拡げることは重要です。しかし、こうした目的は多くの生徒にとっては抽象的なものになりがちで、身近に感じることができないことも事実でしょう。そこで、多くの生徒の英語を学ぶ動機は進学・進級のためという道具的な動機になりがちなのです。

また、この 2、3 年で、Artificial Intelligence（AI）が改善されインターネット翻訳や機械翻訳の精度がかなり向上しています。すでに数万円

で70カ国の言語を翻訳できるものが売られています。まだまだ日本語の主語なし文を英訳するときなど、怪しい訳文もありますが、目的によっては実用レベルに達していると思います。そうすると、外国語学習の意味が問われてきます。すでに「翻訳機があるんなら英語の勉強はいらないのでは」と言う小学生、英訳は「Google先生に頼ってしまいました」と言う大学生が生まれています。

　もはや定型の英会話や型通りの情報交換であれば、翻訳機械で済んでしまうのです。私たちはAIをうまく使いながら人間らしい外国語学習やコミュニケーションを目指す、新たな哲学を持つ必要があります。

　（2）在日外国人は、1996年の134万人から2017年には238万人に増えており、日本が「国際化」していることは確かです。しかしその内訳は、中国人69.6万人、韓国人45.3万人、フィリピン人24.4万人、ベトナム人20.0万人、ブラジル人18.1万人、アメリカ人5.4万人となっています（2017年、総務省）。

　英語のネイティブ・スピーカーは238万人のうち10万人には届かないでしょう（フィリピンは公用語がフィリピン語と英語で、家庭でも英語を使う人々もいるようですが）。東アジア・東南アジアの人々が大多数であり、英語以外の外国語を母語とする人々が圧倒的に多いのです。非ネイティブの人たちと英語で話すこともよくありますが、特に長期滞在する人たちには日本語を話す人たちも増えています。

　こうしてみると、生活の中で私たちが英語を使わなければならない場面は本当に少なく、日本語だけで十分に暮らすことができます。確かに英語のインプットは、以前よりはインターネットやテレビなどで得やすくなりました。しかし、それは自分から「英語を学ぼう」と意識することが条件です。またインタラクション・アウトプットについてはもっと機会が少なく、外国人の友人を作るか、学校や教室に通うなどしないと不可能です。

　また、例えばヨーロッパでは英語を使用言語としたテレビ放送が多くの国で視聴でき、英語学習のためではなく情報を得るという実用的な目的のために使われています。日常的にも、英語を使う場面が多くあります。日本では、英語を使用した番組は一部の娯楽か教育番組に限られます。この

ことは欧州と日本の言語政策や英語教育の違いにも影響を与えるはずでしょう。

　英語のインプットや使う機会が少ないことは、学習方法にも大きく影響します。特に文法の位置づけが大きくならざるを得ません。インプットや使う機会が多ければ、繰り返しの中で生まれるカンや経験をあてにできますが、日本ではそうはいきません。そこで頼りになるのが文法です。文法によって、一つひとつの表現を身につける「各駅停車」ではなく、多くの表現に共通する特徴をつかむ「特急券」を手に入れるのです。

　（3）日本では、大多数の人にとって外国語に触れる機会はほぼ学校教育の中だけに限られるという状況です。外国語は、よほど子どものころから外国語に親しむ機会を与えられ、学校を終えてからも外国語を学び実際に使ってみる機会をふんだんに用意しないと、なかなか「マスターする」レベルまでいけません。

　日本人が英語をマスターするには2,000〜3,000時間ほどかかるといわれていますが、概算してみると（実際は行事などのためにもっと少ないのですが）、

中学校で週4時間×35週×3年　　　＝420時間
高校で週5時間×35週×3年　　　　＝525時間
　　　　　　　　　　　　合計945時間

これに大学（外国語・国際系でなければ100時間程度か）を加えても、とても目標の時間には達しません。つまり、学校外・卒業後の学習をしなければ到底十分に「使える」レベルにまではいかないということです。さらに言えば、EU（欧州連合）がCEFR（ヨーロッパ言語共通参照枠）で述べているように、外国語の学習は生涯をかけて行うものなのです。

　したがって公教育で行うべきことは、「考える」力を基礎として、「聞く」「読む」「書く」「話す」力の基本を育てる、そして将来一人ひとりがさまざまな必要に応じて発展学習できるように基本を身につけさせることだと思います。日本の外国語教育は、以上のようなEFL環境での学校教育の一部であることを考慮して構想する必要があります。

6．EFL 環境の日本にふさわしい英語教育の目的とは

それでは、このような EFL 状況の中で、日本の英語教育は、どのような方向を目指すべきなのでしょうか？

目的や動機が持ちにくいことから考えるべきことは、

(a) 目的そのものを探求する

(b) 動機が持ちやすくなる教材や授業方法を工夫する

ということでしょう。

6.1　外国語教育の目的

外国語学習の目的というのは、生徒や教師の考え方によって異なって当然であるし、固定的に捉えるべきでもないと考えます。しかし、日本の公教育の外国語教育の目的は一般的に何なのかと考えるとき、現在のところ「外国語教育の四目的」が答えになるでしょう。私が知る限り、最も視野が広く深い目的論だと思います。

> ＜外国語教育の四目的＞（第3次　2001年）
> 1　外国語の学習をとおして、世界平和、民族共生、民主主義、人権擁護、環境保護のために、世界の人びととの理解、交流、連帯を進める。
> 2　労働と生活を基礎として、外国語の学習で養うことができる思考や感性を育てる。
> 3　外国語と日本語とを比較して、日本語への認識を深める。
> 4　以上をふまえながら、外国語を使う能力の基礎を養う。

この現「四目的」の原型は、日本教職員組合（日教組）の教育研究集会（全国教研）外国語分科会での討議の中から生まれました。東京代表から原案が提案され、1962年に確認されたもので、その後2回の改訂を経て現在のものになっています（詳しくは正慶岩雄, 2009[10]、柳沢民雄, 2012[11]を参照）。

その特徴を見ていくと、第一に、「外国語教育」であって、「英語」教育に限定していません。外国語が「世界を見渡すことができる窓」だとすれば、その窓から見えるのが英語圏だけであっていいはずがありません。すぐ近くの韓国・中国・東南アジアを始め、広い視野を持つことができるように多くの外国語を学ぶことができるような外国語教育を目指すことが必要です。

第二に、「外国語教育なのだから、外国語を使えるようにする教育なのだろう」と、第4目的だけを思い浮かべる人も少なくありません。しかし、4つの目的をあわせて読むと、学校での外国語教育が「コミュニケーション・ツール」だけの学習ではなく、人格全体に関わる「人間教育」を目指していることがわかります。

第三に、「英語力とは何か」という学力論を提起していると解釈することもできます。学校教育で教える英語は、単に英語の4技能だけではなく、世界に起こる出来事を理解し行動する力・ものごとを考え感じる力・外国語の基礎となる母語を使う力まで含めています。外国語と母語を含めた言語力を育てるというのです。

第四に、すべての子どもたちを視野に入れた目標であるという点です。一部の外国語が得意な子どもだけではなく、どの子どもにとっても重要な1～3の学びを保障することで、意味のある楽しい授業実践を進めることができる目標となっています。つまり一部のエリート養成ではなく、すべての子どもたちが「外国語を使う基礎を養う」ことをうたっているのです。

外国語学習が、単なる技術の習得に終始すべきでなく、人格形成にも寄与するべきだという視点は、世界的に重要な意味を持つ「ユネスコ勧告」も共通しています。1965年のユネスコ・IBE国際公教育会議の「中等学校の外国語教育に関する各国文部省への勧告59号」[12]は、外国語教育の目的を次のように述べています。

8）現代外国語教育の目的は、教育的であると同時に、実用的である。外国語教育のもたらす知的訓練は、その外国語の実際的使用を犠牲にしてなされるべきでない。一方、その実用的運用がその外国語の言語

的特徴を十分に学習することを妨げてもいけない。
9）外国語教育はそれ自身が目的でなく、その文化的、人間的側面で、学習者の知性と人格を鍛え、よりよい国際理解と、市民間の平和的で友好的な協力関係の確立に貢献することに役立つべきである。

6.2　外国語学習の動機づけ

　外国語学習の動機づけについては、かなり幅広く考える必要があり、例えばゾルタン・ドルニェイは35項目（小項目を合計すると102項目）のストラテジーをあげています（『動機づけを高める英語指導ストラテジー35』、2005)[13]。現実の学校でいえば、生徒がどんな進路を目指しそれが英語とどう関係するのか、入試問題で英語がどう扱われるかなども、生徒の動機づけに大きな影響を与えます。

　教材や授業方法を考える上で重要な点は、どれほど「生徒の生活や生き方と深く結びつける」ことができるのかが、動機づけに大きく影響するということです（教材論、授業論）。教材論では「オーセンティック（真正の）」ということがよく強調されますが、「言語教育のために作られたものでなく、実際のメディアなどから取られた、ネイティブスピーカーによるネイティブスピーカーのための素材」という狭い意味で使っている人も多いようです。しかしもっと広い意味で、例えば「タスクの真正さ、状況の真正さ、テキストの解釈についての学習者自身の真正さ」のようにも使われています（Donna Tatsuki, 2006 What Is Authenticity? など）。私は、ネイティブスピーカーが作った英語教材かどうかよりも、現実生活の中に生きている生徒の心にどれほど届く教材であるかどうか、生徒が自分の生き方と関係づけられるような授業かどうか、の方が教育実践の上では「真正」なのではないかと考えています。

7．新英研の実践研究に学んで

　新英研の実践研究は60年にわたる歴史があり、短くまとめることはできませんが、分科会の歴史の中に理論的な発展を読みとることができると

思います。新英研創立10年目の1969年の伊豆長岡大会では次の分科会が設けられました。（　　）内の説明は筆者によるものです。

> （1）自主編成　（教科書の批判的な使用と自主教材、教材論の分野）
> （2）文法　　　（教材内容と語法の一致、科学的で系統的な言語学習）
> （3）自己表現　（子どもの生活実感に基づく自己表現の学習）
> （4）学力評価　（技能だけではなく創造的な生きる力を目指す学力論）
> （5）集団　　　（子どもの自立を促し、仲間と高めあう協同学習）
> 　　　　　　　（新英語教育研究会，2009『人間を育てる英語教育』）[14]

　この後、現場の研究実践からの必要性に基づいて、音声、遅れがち、平和、読み取り、TT、小学校英語の分科会が加えられてきました。
　（1）の教材論については、とかく技能主義に陥りがちな英語教育界の中にあって、すぐれた教材を使って基礎学力をつけ人間形成に役立つことを目指すという点が特徴です。これは教材・教科書づくりの点で、極めて重要な影響力を持ってきました。議論の積み重ねの中で「よい教材とは何か」「それらをどう編成すべきか」なども明らかにされてきました。すぐれた教材を子どもたちとの対話の中でどう読みとり、どう伝えるかを研究する第2分科会も後に生まれました。**"Anne's Diary," "I Have a Dream," "The Great Dictator," "Mother Teresa"** など、生徒の関心を高め感動を与える教材が開発され、自主教材集 ***English for Tomorrow*** などが編纂・出版されました。また、新英研会員が中心となって編纂した ***"World"***、***"Cosmos"***、***"Atlas"*** などの教科書は世界の人権・環境・平和などへの問題意識を高めていきました。
　同時に、どんなに優れた教科書であっても最新の世界の出来事は載せられません。しかし、現実の生徒たちの関心が向けられるのは、「いま」「ここで」起こっている出来事なのです。そこで、目の前の子どもたちの興味や関心に基づく教材、地域に基づく教材が多くの教師によって作られてきました。水俣病をテーマにした **"We Can Stand"**、**"You were Clean, Biwako" "Twelve Months in Kamikawa"** などの創意溢れる教材

は、「いま」「ここ」を大切にする実践家たちの面目躍如です。

　教材の中でも生き方や生命と深く関わる平和の課題は重要です。ヨハン・ガルトゥングは、平和とは「戦争がないだけでなく、貧困や人権侵害、いじめや抑圧、環境破壊や貧困などの構造的暴力がないこと」と定義しました。そうした問題を考えたり伝えたりすることは、言語を使う最も大きな目的といってもよいのではないでしょうか。その意味で「英語教育は平和教育だ」と表現する人もいます。

　いまだに戦火が絶えず、環境破壊が行われ、差別や人権侵害がひどいこの世界に子どもたちも生きています。授業で扱わなくてもマスコミの情報を得て、子どもたちも心を痛めています。私たちがこうした問題を研究し、解決の道筋を少しでも示す授業を行うことができるのなら、子どもたちは必ず耳を傾けてくれます。

　（2）の文法研究は、「教材内容と文法・語法の統一を求め、生徒の発達に合ったわかりやすい教え方」を研究するものとして始まりました。言語の形だけにとらわれず、意味や使い方に注目してきました。また規則の暗記と練習だけでなく、深い「読み」を可能にし、思いを言語化できる自己表現を可能にする過程として考えてきました。この意味で英語史や機能文法・認知文法などとの関連も大切にしています。この中で「なぜ？どうして？」などの疑問を生かした実践研究や、『たのしい英文法』「みるみるわかる」シリーズなどのすぐれた著作も生まれました。また、形式だけでなく意味に注目するという視点からは、**CLT** や **Task-Based Language Teaching（TBLT）** あるいは **CLIL** などとの共通性を見いだすことができます。（文法については第2章14で詳述しました）

　（3）の自己表現は、子どもたちの認識や発達を促すものとして、子どもたち自身の生活体験をもとに表現をさせる、言語の本質に基づくものです。技術主義的な「英作文」とは違って、自己表現によって子どもたちは自然や社会に対する認識を深め、生徒相互また教師と生徒の間に理解と信頼を生みます。

　パターン・プラクティスや文法訳読が全盛の時代には「英語の力もないうちに間違った英語を書かせるとは…」のような批判もあったようですが、

今では「コミュニケーション」しかも「発信型」の活動として、多くの教科書が「自己表現」を取り上げるようになっています。

　自己表現は、学んだ構文を使っての自己表現、「5行詩」"Haiku" "Senryu" "My History" など、方法論としても多様な窓口を持っています。また、海外への発信をして子どもたちに英語学習の目的を体感し、楽しさを味わってもらうことも容易です。

　(4)の学力評価論は、学習指導要領や受験体制の中で歪められている子どもたちの学力の発達を、どのように保障し、どのように評価するかという視点で始まりました。詰め込み型・技能主義で創造性や批判力に欠ける受験型学力ではなく、基礎学力に基づいて創造的で活力に満ちた「考える力・生きる力」を育てることを強調したのです。

　授業の70％以上を理解している生徒が40％しかいない現状(2009, ベネッセ調査)の中で英語嫌いの生徒が大量に生まれています。しかし「遅れがちな生徒と共に」分科会では、すぐれた教材を使って、協同学習を生かし、自己表現させることによって「真の学力」は育てることができ、受験学力も向上させることができる実践研究が進んでいます。

　学力・評価の論議では、測定できる学力とできない学力を問題にすることになります。「英語力とは何か」についての学術的な研究に学ぶとともに、現場での実践に基づいた子どもたちの声を十分に研究に反映させたいものです。

　(5)の「集団・協同学習」の分科会は、名称を数回変えてきました。「集団主義をもとめる授業」「授業に生活指導の観点をどう生かすか」「集団の中で学力をどう高めるか」「生徒の自主的学習をどう組織するか」、そして現在の「仲間と学び、自ら学ぶ力をどうつけるか」です。学習リーダーを作るかどうか、規律づくりや班競争を取り入れるかどうかなどについて、見解の相違もありましたが、仲間との学びはずっと重要であると考えてきました。

　仲間との学びの重要性は実践的に明らかですが、理論的にはヴィゴツキーの「言語と思考」などから多くのことを学んできました。そのうちの一つが「発達の最近接領域」(Zone of Proximal Development：ZPD)で

す。子どもが「現在できること」と「できないこと」の間には「大人や仲間の助けがあればできること」があります。そして「大人や仲間の助けがあればできること」は、明日には「現在できること」に変化し発達が成立します。そして言語は思考と切り離せない存在ですが、言語の習得は協同的な対話の中で生まれ、この外部のコトバによって言語方略と言語知識の両方を身につけることができることは明らかです。」(Swain, 2000)[15]

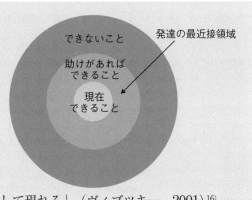

「あらゆる高次の精神機能は、子どもの発達において二回現れる。最初は集団的活動・社会的活動として、すなわち精神間機能として、二回めは個人的活動として、子どもの思考内部の方法として、すなわち精神内機能として現れる」。(ヴィゴツキー, 2001)[16]

　上の図の中心の2円に時間の次元を加えると次の図になります。いわば発達上の弁証法といえるでしょう。

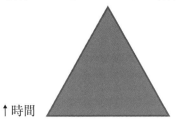

明日にはできることになる（合）＝発達

↑時間
子どもが現在できること（正）　　今はできないが大人や仲間の助けがあればできること（反）

　ヴィゴツキーが行った研究によれば、学校での教授による学業成績は、

IQではなくZPDの大きさによって決まる、といいます。また、子どもが学ぶ主体として知的発達水準や動機的なものを持っていることが前提となるとも指摘しました。佐藤学さんの協同学習（collaborative learning）に基づく「学びの共同体」もヴィゴツキーの「発達の最近接領域」が理論的基礎の一つとなっているといいます。

　集団や班を中心に置くのか、個人を中心に置くのかという点ではいくつかの考え方があります。しかし外国語教育の本質的なところに集団でのコミュニケーションによる学習があり、子ども同士の教え合い・学び合いが大切な役割を持っていることは明らかです。また、一人ひとりの成長が、集団の中でこそ自己を発見し、互いに高め合うことによってなされることも実践の中で明らかになっています。「班がないと授業についていけない」「自分と違った考えが聞けて、いろんな考えが出せる」など、子どもたちは圧倒的に班を支持しています。

　「英語の学習でわからないことがあったときにどうしますか」という問いに対して、第1位は「友だちに聞く」の61.1％です。第2位「辞書（電子辞書を含む）で調べる」の44.2％、第3位の「家族に聞く」40.2％、第4位の「先生に聞く」38.4％を大きく引き離しています。友だちは聞きやすいだけでなく、わかりやすい説明をしてくれると感じているからでしょう。

　全国の1万以上の授業を観察・指導してきた佐藤学さんの「学びの共同体」では、単に教室の中で生徒同士が協同して学ぶだけでなく、職員室において教員が授業実践を創意的に工夫し学び合う同僚性や、保護者・市民が教師と協同する参加も含まれているところに大きな意味があります。新英研の分科会も「学びの共同体」から多くのことを学んでいます。

　さて、（1）自主編成＝教材、（2）文法、（3）自己表現、（4）学力評価、（5）集団＝協同学習を概観してきましたが、（2）と（4）は外国語の授業全体に関わるものですから普段の授業づくりではあまり意識に上りません。そうすると、授業づくりの上では（1）教材、（3）自己表現、（5）協同学習が、意識的に追求したい3点ではないかと思っています。

　2012年には、私個人の研究目的で中央常任委員の8人の方にアンケートとインタビューをお願いしたところ、以下の結果を得ました。

「あなたにとって最も重要だと思う分野(分科会)を3つあげてください。」

①教材	6	⑥集団／協同	4
②読み取り	0	⑦遅れがち	4
③文法	3	⑧自己表現	6
④音声	0	⑨平和人権環境	0
⑤学力	1	⑩ALT／小学校	0

この結果から読み取れるのは、以下のとおりです。

(1) 教材・協同学習・自己表現の3つが本質的な重要性を持っていること
(2) 遅れがちな生徒を重視しすべての子どもたちを包み込むこと（この分科会は新英研にしかないようです）
(3) EFL環境での外国語学習に文法は欠かせない存在であり、どの分野にも関わること

　もちろん、この結果はより本質的な価値を持つテーマを探ろうとしたものであり、それ以外の分科会の存在意義を低めるものではありません。読み取りは、教材に対する学習者の認識や鑑賞などを扱い、音声は「話す」「聞く」を中心に英語教育を扱い、学力は誤解されがちな英語力の本質を探り、平和人権環境は教材論の中でも特に現実世界に大きく関わる内容を扱い、ALT小学校は早期教育での外国語導入を扱う、という意味で重要性を持ちます。

　最後に付け加えると、新英研の実践研究で明らかにされてきた理論は、最近注目されている内容言語統合型学習（Content and Language Integrated Learning; CLIL）とかなりの共通性を持っています。EUは平和な関係の発展のために各国の言語や文化を尊重し複言語主義を目標にしていますが、CLILはその指導方法として注目されています。その特徴の基本は内容と言語を統一して学ぶことですが、4つのCが強調されます。

Content（内容）、Cognition（思考）、Community（協同）、Communication（言語）またはCulture（文化）の4つです。これらを前述の5分科会の内容と重ねてみると、かなりの共通性を持っていることがわかると思います。

また、実践的な方法として、CLIL Japan Primaryは、次の10項目を満たすように教材を準備し、指導する、としています。

1　内容学習と語学学習の比重を等しくする。
2　オーセンティック素材（新聞、雑誌、ウェブサイトなど）の使用を奨励する。
3　文字だけでなく、音声、数字、視覚（図版や映像）による情報を与える。
4　さまざまなレベルの思考力（暗記、理解、応用、分析、評価、創造）を活用する。
5　タスクを多く与える。
6　協同学習（ペアワークやグループ活動）を重視する。
7　異文化理解や国際問題の要素を入れる。
8　内容と言語の両面での足場（学習の手助け）を用意する。
9　4技能をバランスよく統合して使う。
10　学習スキルの指導を行う。
　　（http://primary.cliljapan.org/what-is-clil/ 2019.3.8閲覧）

ここでも、新英研が行ってきた実践研究で指摘されていることと多くの点が共通しています。

8．生徒たちにつけたい学力とは

「外国語教育の四目的」や「教材論」と大きく関わりますが、私たちは生徒にどんな学力を身につけてほしいと考えているのでしょうか？新英研の中央常任委員会の学習会では、2000年前後に数年にわたって討議を続け、

一定の共通意見があることが理解できました。

少なくとも、外国語の知識や技能だけを目指しているのではなく、社会や世界の中の状況を深く理解した上で、自ら批判的に考えることができ、周囲とコミュニケーションをとって働きかけ行動することができる、そんな力をつけさせたいと考えていました。一言でいえば語学力だけでない「人間的な学力」といえるでしょう。

この学力観は、言語が単にコミュニケーションの道具であるだけでなく、思考と深く関わっているという考え方に基づいています。またこのような学力を身につけるためには、優れた教材を追求すること、協同学習で他者と対話し学び交流すること、自己表現を通じて日本や世界に発信し交流することが重要だと考えています。

こうした学力観を私なりに次のような図にまとめてみました。

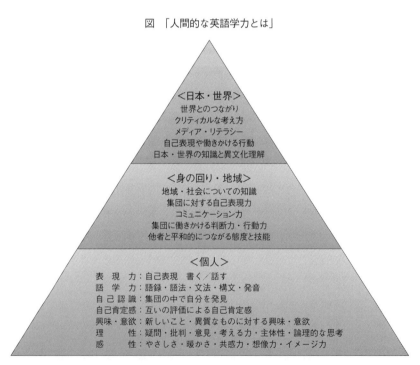

図 「人間的な英語学力とは」

それはまた、Haim Ginot が次の文で "Reading, writing, arithmetic are important only if they serve to make our children more human." と表現した「人間的な学力」とも一致していると考えます。

> Dear Teacher,
> I am a survivor of a concentration camp.
> My eyes saw what no man should witness:
> gas chambers built by learned engineers,
> children poisoned by educated physicians,
> infants killed by trained nurses,
> women and babies shot and burned by high school and college graduates.
> So I am suspicious of education.
> My request is: help your students become human.
> Your efforts must never produce learned monsters, skilled psychopaths, educated Eichmans.
> Reading, writing, arithmetic are important
> only if they serve to make our children more human.
> ― Haim Ginot (1972)
>
> 親愛なる先生へ
> 私は強制収容所を生き延びた者です。
> 私の目は人間が見てはならないものを見てしまいました。
> 学問のある技師によって作られたガス室。
> 教育を受けた医者によって毒殺された子どもたち。
> 訓練を受けた看護師によって殺された子どもたち。
> 高校・大学卒によって撃たれ焼かれた女や子どもたち。
> だから私は教育というものに疑いを持っています。
> 私のお願いです。生徒たちが人間的になるよう援助して下さい。
> 皆さんの努力が、学問のある怪物や技術のある精神病質者や教育を受けたアイヒマンを生み出してはならないのです。
> 「読み書きそろばん」は、それが子どもたちをもっと人間的にするのに役立つときにのみ、大切になるのです。(拙訳)

9. 日本にふさわしい英語教育とは

　以上のように第二言語習得論、ヴィゴツキーの外国語学習論、新英研や全国教研の目的論などを概観してきました。それらは外国語として英語を教える (EFL) ための大切な手がかりになると考えます。
　学習法という点では、この本でも、具体的な実践例を小さな活動から大きな活動までご紹介しました。しかし、私の実践は限られたものですし、一つだけで万能な指導法はないと考えています。竹内理さんは十数年の年月を費やして「外国語学習成功者が何か特別な学習法を採用しているのか」を研究したが、特別な秘術などは存在せず、当たり前の方法や活動を着実に続けていくことが大切だ、としています (竹内理, 2003)[17]。
　また、子どもの個性によってどのように学ぶのかは異なり、得意・不得意があります。同じ教材や活動がすべての子どもにとって最もふさわしいわけではありません。できるだけ多様な教材を多様な活動を通じて学ぶことができるような授業を組み立てたいものです。この点では「一人ひとりを生かす教え方 (Differentiated Instruction)」という視点も大切です。「韓国英語教師の会 (KETG)」は、ここ数年この研究に取り組んでいます。その一つの文献が C. A. Tomlinson, 2014[18] です (邦訳あり)。
　以上のように指導法・学習法については、特定のものに狭めることなく eclectic (折衷的／取捨選択的) に考えるのがよいでしょう。さまざまな指導法に学び、いろいろな教材や活動などについて引き出しを増やしておき、生徒の状況や関心に応じて使いたいものです。
　しかし、授業づくりの要点としては、これまで述べてきたように、次の3点が挙げられます。

1　目的に応じ、優れた教材を学ぶこと、
2　協同学習を通して仲間と学び合うこと、
3　自己表現を含めたコミュニケーション活動を行うこと

　こうした授業の積み重ねの中で生徒たちのやる気 (モティベーション)

が高まり、成績も向上した実践が多くあります。

　最後に、これまで述べた理論を踏まえ、現場の教育実践に根ざした研究をもとに、目指したい英語授業の全体図を以下にまとめてみました。単元ごとに、あるいは内容によっては学期ごとに、次のような視点を持って計画・実践したいと考えます。

↓インプット	教材論（生徒の興味関心に合った／すぐれた教材を多く読む・聴く） 文法指導を重視する（意味との関連性を重視して、日本語との違いを注目して） 訳読（むずかしい教材をインテンシブに学ぶ） 多読・多聴（やさしい教材をイクステンシブに学ぶ）
↓気づき	意味を重視しながら表現を学ぶ／文法を発見させる指導も大事
↓理解	「考える」ことを重視しながら「読む」「聞く」を発展させ、話すときは間違いを恐れずfluency重視で自己表現／協同学習
↓内在化	書くときはできるだけaccuracy重視で自己表現／協同学習
↓統合	多く「話す」、「書く」ことによって自動化を進める／音読 サイト・トランスレーション シャドーイング・音読・ペア音読など
↓アウトプット	実際に英語を使う活動を多く取り入れる／群読／スキット／演劇など 自己表現を協同的に行う・外国人との会話・メール交換／実際の交流

> 実　践

10. 教材が授業を決める

　授業は、「生徒」と「教師」と「教材」が一体となって機能したときにうまくいきます。この中でも中心は生徒であることは当然です。生徒が何に興味と関心を持ち、どのような英語の力を持っているかが原点です。現実には多くの場合、検定教科書を基本にすることになりますが、多くの教材を経験してきた教師が目の前の生徒たちのために作った、または選んだ教材こそ最高でしょう。この意味で、教師が教科書を選ぶ自由を保障することが大切です。中学校の教科書広域採択性は早く廃止すべきです。

　よく言われるように「教科書を教えるのでなく、教科書で／でも教える」という心構えが大切です。言い換えれば、教師は教科書をしっかり研究した上で、扱い方を自在に変えていくことが必要です。実践例では、

（1）教科書を発展させる活動
（2）教科書に追加する教材
（3）「いま」「ここ」を取り上げた教材
（4）生徒のリクエストに応えた実践

を取り上げてみました。

　私の周囲には、優れた教材を求めて数え切れないほどの自主教材、副読本、教科書教材を開発し実践している教師たちがいます。生徒たちの興味を熟知し、授業で使える教材がないかと、いつでもどこでも教材を探しています。その人たちが言うには「教材はどこにでもある」のだそうです。自分で英文教材を作ってしまう教師も少なくありません。

　では、すぐれた教材とはどんなものかということになりますが、次のようにまとめられています。

> （1）題材内容としては、
> 　①人類の課題に応える教材（戦争と平和、差別撤廃、環境保護、人権擁護など）

②「現代」を考える教材（人間、民主主義、貧困、労働など）
③今を生きる青年の課題（青春、家族、恋、愛、葛藤、生き方など）
④人類の文化遺産に関わる教材（文学、詩、歴史、文化、芸術など）
⑤新しい発見のある教材（世界・異文化を知る、科学・自然の驚異など）

(2) 題材内容だけでなく、教材の編成が適当でなくてはいけません。留意する点としては、
①生徒の現実に関連していること
②しっかりした言語の体系に基づくこと（語彙・文法・などへの配慮）
③さまざまな形式の英語を取り上げること（説明文、物語、詩、小説、会話、演説など）
④さまざまな活動につながる教材（自己表現、音声表現、討論、国際的発信など）
　　　　　　　　　　　　　　　　　　　　　　　　（戸田康, 2009) [19]

▶ **実践 4-2**

教科書の"Tobias"を発展させる活動（C高校 2001 年実践）

　高校生は知的な関心は大人に近いものを持っているので、社会現実をしっかり反映し、しかも切れ味のある切り口で書かれた教材が求められます。ところがそうなると英語もむずかしくなりがちです。しかしC高校では、英語が苦手な生徒が多いため、英文としてはやさしくしかも内容が深い教材が求められました。

　そのために学年担当の3人が話し合った結果、教科書のほか、英語通信"Mint"、自主教材、毎月の歌、文法練習問題集、学年通信などを使って、生徒たちの興味を引きつけ、学力をつけようとしました。教科書を読み解くために「毎時間プリント提出」方式を行いました。基本的には和訳のほかにＱ＆Ａと感想質問を書く形式です。Ｑ＆Ａにはなるべく自己表現も入れることにしました。ちゃんとやってあって提出すれば5点がついて次の時間には返ってきます。やることと成果が明確なので、生徒は安心して取り組み、比較的集中してくれたように思います。結局この方式が卒業まで続くことになりました。

Tobias は検定教科書 New World（三友社）[20] に掲載されていた教材です。スウェーデンの4人兄姉に続いて生まれた弟がダウン症で、障がいのある弟を家族がどう受け止めどう迎え入れたのか、人間が共に生きるとはどういうことかを描きます。原典は *Varan Tobias*（Cecilia Svedberg, 1975）で、日本では『私たちのトビアス』として翻訳されています。

　At last, we got the telephone call. It was from our mother. Our brother had been born! But her voice didn't sound happy. "Something is wrong with our new baby," she said to us. "He has a birth defect." When he heard that, we stood looking at each other. We didn't know what "birth defect" meant.

　Our new brother was named Tobias. Mother came back home but Tobias stayed in the hospital. "The doctor said Tobias will develop slower than other children," Mother said to us, shedding tears. Then Father said, "He has Down's syndrome. Everyone has chromosomes. We have 46 chromosomes. But Tobias has an extra one." But we couldn't understand.

　Mother and Father said to us, "We are thinking of taking him to a home for children with disabilities. What do you think about that?" "No!" we all said, "Tobias is our brother. We want to live with him. We will help you all we can."

　One day we went to the hospital. Feeling a little worried, we met Tobias for the first time. He was a very cute boy with fluffy red hair. We all liked him.

　Now Tobias lives with us. He laughs, mumbles, and kicks. We don't know if Tobias can be like other children.

> But it doesn't matter. He is our brother.
>   My youngest sister drew his face. This is Tobias. We love Tobias!

　とても短い教材ですが、障がいを持った子どもと一緒に暮らすのか施設に預けるのかという葛藤、それを乗り越え家族として共に生きる決意をしっかりと描いています。しかし言語材料としては、分詞構文や過去完了も含まれており、本校生徒にとって決してやさしい教材ではありません。数時間はかかりました。

　単に「かわいそう」「自分（や家族）は障がい者でなくてよかった」という感想で終わらせないために、「両親はなぜ施設に入れることも考えたのか」「兄弟たちはどんな気持ちで No! と言ったのですか」「障がいを持っている人と関わったことがありますか」などの設問を用意し、ペアの話し合いなどで、主体的な考えを引き出すようにしました。

　最後には、脚本化した英語をできるだけ感情表現をつけてグループで読む「表現読み」の活動をしました（以下はその一部）。

Father：We are thinking of taking him to a home.
Mother：A home for disabled children. What do you think?
Child 1：No! Tobias is our brother!
Child 2：We want him to live with us.
Child 3：We will help all we can.
Child 4：He is our brother.
（以下略）

　教科書教材のテーマによっては、興味を持ってくれないことも多い生徒たちでしたが、Tobias の授業にはとても熱心に取り組んでいました。そういえば、ある日3人の生徒が遅刻してきたので事情を聞くと、「妊婦さんが倒れそうになっていたので助けていたら遅刻しちゃった」というのです。これでは叱れません。とても人懐っこく、友だちや弱い者への共感力が高いのです。感動的なことがらには全身で感動することができ、いったん理解すればすぐに行動できるのがC高校生の素晴らしいところでした。

▶実践 4-3

教科書に追加した Washington Post の記事（B 高校 1996 年実践）

　ある教科書にはエイズについての課がありました。あるアメリカ人少女が「怖がって生きているわけにはいかない」と気丈に生きていくお話なのですが、教科書中の「日本のエイズ患者の感染経路」のグラフが、3 分の 2 は「性的な接触」となっていました。ところが「薬害エイズ事件」が明るみになり、その数倍もの数の血友病患者が製薬会社が作った製剤によって感染させられたことが明らかになりました。これでは、この教科書をそのまま使って終わりにすることはできない、と思いました。

　そこで当時の「パソコン通信」で相談してみたら、A 県の K 先生が、やっと実用化されてきたインターネットで見つけた Washington Post の記事を紹介してくれました。

　Despite clear warnings in the 1980s that unheated blood might carry the deadly virus, the Japanese government permitted it to be used long after the United States and other countries discontinued it. As a result, almost half of Japan's 4,500 hemophiliacs are infected with HIV, nearly 600 have AIDS, and 402 have died.

　A college student became something of a folk hero last spring by identifying himself as one of the HIV-infected hemophiliacs. Ryuhei Kawada, 20, became a highly visible public lobbyist for those suing the government.（以下、日本政府の対応などが続くが、省略）

　この記事は、きちんと事実を伝えているとともに、日本事情に詳しくない人も含めてわかりやすく解説しているため、日本のエイズの状況を総合的に俯瞰し、その背景にある政治事情にも言及していて読み応えがあると判断しました。記事の中には、ほとんど地元といってよい東京都小平市在住の川田龍平さんも登場するので、私の生徒たちにとって最高の教材になると確信しました。そこで当時教えていた B 高

校の3年生に向けて教材化することにしました。
　授業では、ややむずかしい語彙も含まれていましたが、もちろん教科書と共通のものも多く、安心して利用することができました。受験が気になっている生徒のことも考え、大学受験頻出問題との整合性も調べてみました。すると、3ページの中に20もの「頻出問題」が含まれていることがわかったので、プリントにしました。

1ページ
第1段落　agree to「〜することに賛成する」
第2段落　add to 〜　「〜を増す」
　　　　　regard A as B「AをBとみなす」
第4段落　despite ＝ in spite of「〜にも関わらず」
　　　　　as a result「その結果」
（以下略）

　試験問題は、語法や構文理解を問うものに加え、「記事を読んで、教科書の図との違いを3点以上指摘しなさい」という出題をしました。答えは一つにならないので、楽しい採点となりました。

生徒の感想

* 僕は川田くんと同じ団地に住んでいるので、よく知っているし家に帰るときたまに会う。それに一応先輩なので、今先頭に立って行動していることを誇りに思う。その反面、ミドリ十字や厚生省の責任のなすりつけ合いがとても腹立たしい。
* むずかしくて辞書をたくさん引いて疲れました。でも、今とても話題になっているエイズについて学べたので、事件のことがわかったし、とてもためになる授業だったと思います。
* ワシントンポストの記事なんて遠い話だと思っていたが、川田さんのことや日本の状況が書かれていたので、この問題は世界で考えるべきことなんだと実感した。
* いい記事を読めて良かったです。『龍平の未来』を図書館に探しに行きま

したが、人気があるのか、昨日やっと見つけました。なぜか涙がこぼれてきて…

　授業後には「先生、私看護師になりたいんですけど、今度の記事はすごく良かったです。また医療の記事や本を紹介してください」とわざわざ話しかけてくる生徒もいました。いい教材は、生徒の関心を呼び覚まし、学習意欲を育てるのだと思いました。
　この授業について大きな反響があったのは、「いま、ここに」生きている生徒たちにとって共感できる教材だったからでしょう。どんなに優れた教科書であっても、ごく最近＝「いま」の出来事は取り上げられません。教科書を作るのには、原典を探して書き換え本にまとめあげ、検定に合格し印刷出版するために数年がかかるからです。また、全国の生徒を読者対象にしているのですから「ここ」＝地元の出来事をいちいち取り上げるわけにもいきません。
　「いま、ここ」で生徒を教えられるのは、生徒の顔を知っていて、生徒の顔を思い浮かべながら授業を組み立てられる一人ひとりの教師だけなのです。ぜひこの有利な立場を生かして「自主教材」作りに取り組みたいものです。それは教師の仕事の中でも最も胸がはずむ仕事かもしれません。

▶ **実践 4-4**

教科書を離れた自主教材 ―「いま」を授業に―（C 高校 2001 年実践）
　生徒たちは一見しただけでは普段の生活とは離れている戦争のことなど考えてはいないようです。でも、教室に行くと、「先生、横田（基地）にテロがあるって本当？」などと聞いてくるように、生徒もそれなりに現在の世界を心配しているのです。C 高校は横田基地のすぐ近くにあるのです。今私たちができるそれなりの「答え」は用意してあげたいものです。
　私が生徒の英語の力を考えて取り上げたスローガンたちは、一つひとつは短くて単純ですが、全体をつなげて読むと相当いろいろと多くの日本人が知らない世界のことが読み取れます。以下は私のプリント

からです。

・・・・・・・・・・・・・・・・・・・・・

　9月11日のニューヨークへの同時多発テロは5,000人以上のアメリカ人の命を奪いました。正確にいえば、アメリカ人だけでなく世界中から来ていた50カ国以上の人々の生命をないがしろにしました。これは、どんな立場から見ても絶対に正当化できない卑劣な犯罪行為です。

　ところが、アメリカ政府は、アフガニスタンへの報復攻撃によって、テロとはまったく関係のない人々を殺し続けています。アフガニスタンの人たちみんながテロを行ったわけではないし、イスラム教の人たちみんながテロを行ったわけでもありません。むしろ実際には貧乏で、国外に脱出できない女性、子ども、老人の方が多く殺されています。

　アメリカ人の比較的多数が「報復攻撃」（しかえし）を望んだことも事実ですが、一方で反対している人たちも大勢います。そんな人たちが主張しているのは、どんなことでしょうか。次の言葉は、アメリカの首都ワシントンで、9月29日に行われた集会でのスローガンの一部です。

1　War is not the answer.　　　　　　　　25名
　　（戦争）

2　Our grief is not a cry for war.　　　　　9名
　　　　（悲しみ）　　　（叫び）

3　War will not bring our loved ones back.　18名
　　　　　　　（連れ戻す）　（愛した人たち）

4　Hey Bush, don't kill in my name.　　　　2名
　（ブッシュ大統領）　（殺す）

5　Killing terrorists will not stop terrorism.　17名
　　　　（テロリスト）

6　Violence does not solve violence.　　　　28名
　　（暴力）　　　　（解決する）

7　以下省略

Q1　上の16の中から自分の意見に近いものがあれば、3つ選びなさい。
　　　（　）（　）（　）（英文の右の数字が私の生徒の答です。）
Q2　友だちと意見を話してみよう
Q3　自分の意見を英語にしてみよう！
　日本語で：＊テロと戦争は反対！＊戦争は何も解決しない。＊戦争やテロは繰り返してはいけない過ち。＊戦争もテロだ。★「小さな世界」という歌を思い出して。＊何もしていない人たちが殺されるのは悲しい。＊テロ恐っ！★解決に必要なのは裁判だ。＊確かにテロリズムはすごくいけないことだけど、やり返しても何の意味もないし、無関係の人たちが死ぬことになる。＊罪もない人たちを巻き添えにしちゃいけないと思う。仕返しみたいなこととかしなくてもいいと思う。＊ビンラディン死刑、ブッシュ懲役3年。＊もう戦争はしないでほしい。＊アフガニスタンの人たちは自分がやったのだから、やられてもしょうがないと思う。＊私は戦争が嫌いです。＊戦争は関係ない人たちばかりが傷つけられるので早く終わってほしい。★テロで被害にあった人たちだって戦争することを望んでいるとは思わないし、戦争が終わって残るのは荒廃した町やむなしさだと思う。★戦争から得るものはないけど、失うものはたくさんある。★戦争からは何も生まれない、何もかも失っていくだけ。＊戦争はいけないと思うが、悲しみは首謀者の死がないと収まるものじゃないと思う。

・・・・・・・・・・・・・・・・・・・・・・

　以上は生徒たちの意見の一部ですが、書いてくれたことを読んで、この戦争をそのまま受け入れてはいないことがわかり嬉しく思いました。もちろん「ビンラディン死刑、ブッシュ懲役3年」といった暴力的な意見もでてきます。
　このような授業では、事実と意見を区別することを教え、事実認識が誤っている場合は正しい認識をさせる必要があります。しかし意見については、教師の意見を押し付けるのではなく、生徒の自由な意見を認めることが大切です。特に★の表現力には感心してしまいました。

> この実践をメーリングリストなどでレポートしたら、共感して授業に取り上げてくださった方が、全国の中学・高校・大学に私が知っているだけでも 30 人以上おられたのは望外の喜びでした。

▶ 実践 4-5

学生のリクエストに応える自主教材（E 大学 2016 年実践）

2016 年 4 月、ウルグアイのムヒカ大統領が来日し、「日本人は本当に幸せですか」などのスピーチが大きな話題になりました。学期初めに「取り上げてほしい教材」についてアンケートをとったら、この話題を取り上げてほしいという意見があったのでムヒカさんの発言集を作ってみました。

The World's Most Humble President
「世界で最も貧しい大統領」ホセ・ムヒカ

　　　　　　　　　　José Alberto Mujica Cordano

（1〜6省略）

7. On donating 90% of his salary to charity "I have a way of life that I don't change just because I am a president. I earn more than I need, even if it's not enough for others. For me, it is no sacrifice, it's a duty."	7　給料の 90% を慈善団体に寄付することについて ―――――――――― ――――――――――↑ 私は必要としてる以上に収入がある それが他人には十分じゃないとしても↑ 私には犠牲なんかじゃない 義務なんですよ
8. On his goals for Uruguay "My goal is to achieve a little less	8　ウルグアイの目標について 私の目標は不正が少し少なくなるのを

injustice	達成すること
in Uruguay,	ウルグアイで
to help the most vulnerable	
and to leave behind a way of looking at the future	そして未来への考え方を残すこと
that will be passed on."	将来に渡せるような↑(見方)

9. On being a president	9　大統領であることについて
"A president is a high-level official	大統領は高い位の公務員です
who is elected to carry out a function.	ある役目をするために選挙された↑
He is not a king, not a god.	王様でもないし神でもない
He is not the witch doctor of a tribe	どこかの種族のまじない師でもない
who knows everything.	すべてを知っている↑(まじない師)
He is a civil servant."	ただの公務員なのです

10. On the secret to happiness	10　幸福の秘訣について
"To live in accordance with how one thinks.	自分の考えるように生きることです
Be yourself	自分のままでいなさい
and don't try to impose your values on the rest.	自分の価値観を人に押し付けないようにしましょう
I don't expect others to live like me.	
I want to respect people's freedom,	人々の自由を尊重したいのです
but I defend my freedom."	でも自分の自由も守りますが

　2016年4月、「世界で一番貧しい大統領」こと南米ウルグアイのホセ・ムヒカ前大統領が来日しました。フルネームはホセ・アルベルト・

ムヒカ・コルダノ（Jose Alberto Mujica Cordano）。愛称は『エル・ぺぺ』（エルは定冠詞、ぺぺはホセの愛称）で、多くの国民から敬愛されています。

大統領の給与130万円のほとんどを財団に寄付し、月13万円ほどで生活していたので、「世界で最も貧しい大統領」のあだ名がつきました。実際彼の財産は、愛車のフォルクスワーゲン、自宅、農地、トラクターくらいといいます。そのポンコツ愛車を100万ドルで買いたいとアラブの富豪が申し出たときも「友人たちからもらったものだから」と断ったそうです

ムヒカ前大統領は、実は若いころ都市ゲリラとして活動をし、4回逮捕投獄され、そのうち2回は脱獄しています。「平等な社会を夢見て、私はゲリラになった。でも捕まって、14年近く投獄された。独房で眠る夜、マット1枚があるだけで私は満ち足りた。質素に生きていけるようになったのは、あの経験からだ」と語っています。

ブラジルで開催されたリオ会議では、ムヒカは経済の拡大を目指すことの問題点を演説しました。このときのスピーチが話題を集め、ノーベル平和賞の候補にもなりました。

生徒の感想

一番好きな言葉とその理由を書いてもらいました。

7．＜給料の90%寄付＞　（7名）
★素敵です。日本の政治家たちは予算がないといいながらたくさんの給料を減らすこともなくもらい、税金を私的に使ったりしているからです。私たちからすれば政治家の給料は減らしてほしいです。
★給料の90%を慈善団体に寄付すること、大統領だからしているわけではない、義務だと言っているところが素晴らしい、豊かな人間性を学ぶことができました。人間としてカッコいいです。

8．＜最も貧しい人を助けること＞　（4名）
★日本でも最も弱い人を助けるという気持ちはあるかもしれないが、法的

に救うものが少ないように思う。気持ちだけでなく仕組みとして作ってほしいと思う。
★どんな人が「弱い」のかな、と思った。貧困な人か、それともほかに対象がいるのか。でも弱い人を助けたいと思うのなら、世の中は良くなってくと思う。

9．＜大統領であること＞　（5名）
★この文章こそ大統領の定義だと思う。日本では安倍首相をはじめ父／祖父からつながっている首相が多い。ムヒカさんのように本当に国民世界の人のことを心から考えている人が国の代表になってほしい。
★自分の肩書きや権力を使って不正を行っている人が多い。そんな中単なる公務員と言って国民と向き合おうとする気持ちが伝わってくる。

10　＜幸福の秘訣＞　（11名）
★それぞれの人間の価値観を尊重しあい思いやることはとても大切で自分と同じような思想や考えを持った人がすべてだとは限らない。相手に押し付けないというのに共感しました。その広い心で相手を受け止めれば争うことも少なくなるはず。
★私も自分の意見価値観を持ちつつ、ほかの意見価値観も取り入れながら、広い視野で物事を考えていきたいと思います。

11．歌は教材の宝石箱

　この本の最初に、生徒が30〜40年も覚えていてくれた歌の授業のことを書きましたが、英語の授業にとって歌は教材の宝石箱のようなものだと考えます。というのも英語の歌には次のような多くの効用があるからです。
（1）授業の雰囲気を作ってくれる（楽しく、優しく、暖かく、柔らかくなど）
　　授業の導入には、small talk をしたりもしますが、歌で始めればそれだけで英語の音声が流れ、楽しいムードが広がります。時にはクラスに行くと、歌えるようになった生徒たちが、歌っていたりします。
（2）メッセージがあるテーマを持っている（愛、勇気、人生、友情、夢など）
　　良い歌には豊かなメッセージがあふれています。日本の歌にもいろい

ろなテーマがありますが、英語の歌のテーマは、平和・いじめ・虐待・反人種差別などシリアスなものも多くあります。
(3) くりかえしが多く文法教材に適している
詩には同じ表現の繰り返しによってリズムのよい韻律や表現が含まれることが多いものです。それに伴って同じ文法や構文が繰り返される場合もあり、文法の練習・復習に役立ちます。
(4) 語彙・表現・文法を印象的に学ぶことができる（形式と意味が統一されている）
作詞家は実に豊かな創意工夫で詩を作るものです。英語の内容が心を打つだけでなく、その意味内容にふさわしい語彙・表現・文法が使われています。
(5) 発音・リズムなどの英音法を学ぶことができる
ちゃんとした発音、リズム、リエゾンで歌わないと、英語の歌がうまく歌えません。しっかりした発声も学べます。
(6) 脚韻 (rhyme)、頭韻 (alliteration) などが印象的で心地よい
私は歌詞の穴埋め問題に rhyme のところをよく出題しています。また rhyme を考えるとさまざまな詩の秘密がわかります。
(7) メロディなど曲全体が美しい（曲想）
(8) 歌手が持っている魅力がある
(9) EFL 環境の日本でも自然に覚えてしまう機会が多くあり、記憶に残りやすい
(10) 何より楽しく英語を学ぶことができる

授業で取り上げる歌の選び方

　もちろん上記 (1) 〜 (10) をどの程度満たしてくれる歌かを基準にしますが、「生徒たちの顔を思い浮かべて」選ぶ必要があります。英語の歌は日本の生徒の英語学習のために作られるわけではありませんから、内容的にも英語的にもさまざまな歌があります。その中で、今教えているクラスで扱いたいメッセージは？文法は？話題の曲は？などと考えて選びたいものです。

文法について言えば、普段からどの歌にはどんな文法事項が含まれているのかに注目しておきたいところです。例えば、仮定法であれば、Elton John の "Your Song"、Eric Clapton の "Tears in Heaven"、クリスマスソングの "Rudolph, the Red-Nosed Reindeer" などです。できるだけその文法が印象的に使われている曲を選んでおきたいところです。こうして英語の歌を50曲も集めれば、中学校・高校で学ぶ文法事項はほとんどすべてカバーできます。

　また、スタンダードな曲と現在はやっているポップな曲を取り混ぜたいものです。私の世代は the Beatles の歌を強烈なインパクトで受け止め、メロディーと歌詞を一生忘れられないほど覚えているものもあります。長いこと教師をしていると、歌のストックは溢れかえるほどになり、選曲に苦労するほどですが、スタンダードな曲ばかりになりがちです。しかし若い人は現代に生きていますから、現在はやっているものも取り上げたいものです。そのためには授業の感想やアンケートなどで生徒のリクエストを聞くことが大事です。生徒の要望を取り上げることで、生徒は授業への参加意識を高めますし、たまには生徒が歌のプリントを作ってくれることさえあります。

　選曲に当たって私が気をつけるのは生徒が歌える歌かどうかということです。せっかく授業で扱うのですから、その歌詞の発音とリズムを身につけ、歌えるようになり、歌詞を記憶に留めて英語を体に染み込ませてほしいのです。うまく歌のリズムに乗って歌うことができれば、「話す」ときにも自然なリズムで話すことができるようになります。

第4章　日本らしい英語授業とは──外国語と母語

Rhymeの魅力と威力（3）　歌詞を予想する！

　若者に人気がある Bruno Mars に "Count on Me" という歌がある。友達の大切さを歌ったほのぼのとした歌だが、サビの部分が軽快で印象的だ。

You can count on *me*	君は僕をあてにしていいんだよ
Like 1, 2, *3*	1、2の3で
I'll be there	そこに行くからね
…………………	
I can count on you	僕も君をあてにしていいよね
Like (a) (b) (c)	(a) (b) (c) で
You'll be there	君はきてくれるよね

　学生に「(a) ～(c) にふさわしい数字を考えて入れなさい」というのが、かなり難易度が高い「ジャンプの課題」です。「できたら、Bruno Mars なみだね（彼は singer-songwriter です）」と励ますと、結構張り切って考えてくれます。

　さすがにノーヒントではむずかしいので「me と 3 = three、何か気がつくことは？」と「あっ rhyme！」の答えを引き出します。この辺から、カンのいい学生が正解に迫っていきます。そこで「近くの人と相談してください」と指示します。正解が出ない場合は「そうすると(c) はわかるよね」「one ～ ten のうちで you と rhyme するのは…」「(a) (b) (c) は、つながった数字でしょうね」「2種類あるけどどっちがいいかなあ」とヒントを出していきます。

　4、3、2が Bruno Mars の正解ですが、0、1、2でも準正解でしょう。うまく発見できたクラスでは、次のような感動が生まれます。

＊１２３の次の４３２にはとても意味があることを発見できてこの歌を学んでよかったです。何気なく聴いている音楽ですが、ほかにもこのような歌詞があるのではと、見つけたくなりました。

＊この曲を聴いてライムの面白さがわかりました。英語の歌詞は日本のよりも音を大切にしている気がしました。今日の曲のように深い歌詞や頭を使って考えるような歌詞があったら紹介してください。

COUNT ON ME
Words by Philip Martin Lawrence II, Ari Levine and Bruno Mars Music by Philip Martin Lawrence II, Ari Levine and Bruno Mars
©Copyright MUSIC FAMAMANEM LP, BMG GOLDSONGS, MARS FORCE MUSIC, NORTHSIDE INDEPENDENT MUSIC PUBLISHING LLC and WB MUSIC CORP.
All rights reserved. Used by permission.
Print rights for Japan administered by Yamaha Music Entertainment Holdings, Inc.　　　　JASRAC 出 1907133-901

授業での標準的な扱い方

　授業で歌という教材を扱う目的は、いくつもあるので、その目的に合わせた扱い方をするのがベストですが、ここでは標準的な扱い方について述べます。

（1）歌を聴く前に、歌詞の一部を穴埋めにして推測する（日本語やrhymeなどから）
（2）歌を聴く
（3）正解を確認し、歌詞を和訳・説明する
　　和訳はプリントにしておくことが多いですが、目的に応じて下線部にします。
（4）問いに答える
　　目的に応じて問いを作って答えさせることもあります。
（5）解説を読む
　　歌の背景、テーマ、歌手の解説など。
（6）歌詞を、声を出しリズムをつけて読む、必要に応じてペアで練習する
　　教師の後にリピート、生徒同士での練習を行うこともあります。
（7）みんなで歌う。あればカラオケ（YouTubeなどを利用）に挑戦する

▶ **実践 4-6**

「印象に残った歌」の年度末アンケート　（2017年実践、E大学一年生43名に3曲づつ選んでもらった）

"What a Wonderful World"（1名）心が暖かくなる名曲
"ABC Song"（6名）発音とライムの学習として
"Top of the World"（5名）リズムの心地よさが良い
"Count on Me"（9名）友情というテーマとライム
"Beauty and the Beast"（12名）映画が話題になったので人気が高い
"Don't Worry Be Happy"（3名）心底、楽天的なメッセージが心地よい
"Do-Re-Mi"（13名）後置修飾とリズムを教えるならこの曲
"Edelweiss"（1名）やさしく歌いやすい歌

"Stand by Me"（6名）友情がテーマでリズムがいい
"Over the Rainbow"（2名）オズの魔法使いのテーマ曲
"Let it Go"（7名）ディズニーの人気映画
"Beautiful"（8名）Carly Rae Jepsen, Justin Bieber は若者に人気でリクエストが多い
"Story"（10名）ディズニーの人気映画ベイマックスの歌
"Hush Little Baby"（2名）子守唄（こども学科の学生向け）
"Bad Day"（5名）Daniel Powter は若者に人気
"Puff"（5名）物語の歌
"It's a Small World"（15名）ディズニーの歌、平和を呼びかける
"Blackbird"（3名）ビートルズ、公民権運動への応援歌
"The Rose"（7名）本当の愛とは？を歌う名曲
"All I Want for Christmas Is You"（18名）クリスマスソング人気 No.1
"Rudolph the Red-Nosed Reindeer"（5名）赤鼻のトナカイ、元は絵本です
"Happy Christmas"（5名）ジョンレノンの社会派クリスマスソング
"Imagine"（5名）ジョンレノンの世界的名曲
"Mine"（5名）Taylor Swift のラヴソング

> **生徒の感想**

＊この授業を受けてから洋楽の聞き方が変わりました。日本語訳もしっかり見て英語で歌えるように練習したりもしています。確実に英語が好きになっています！！！

＊あまり洋楽や洋画に縁がなかったが、この授業で興味を持つようになりました。いまでは家でも洋楽を聞くことの方が多くなっています。音楽だったら英語を勉強できるなと思いました。

＊高校までの英語は教科書の英文を訳して文法を理解することか、話す練習をすることがメインで、楽しいと思えませんでした。しかし大学では歌を聴いて映画を観て楽しく自然に学びたい！ という気

持ちになりました。この授業に来るのが楽しかった。英語が好きになりました。

▶ 実践 4-7

児童虐待といじめをテーマにした歌（E大学 2016～18年の実践）

　教材として映画 *Forrest Gump* を使いました。この映画の主人公は軽度の知的障害を持った Forrest と、幼いころに性的虐待を受けた Jenny です。虐待の場面は詳しくは描かれていませんが、後半のストーリーに大きく影響します。そこで、毎時間行っている歌のコーナーで "Alyssa Lies" を取り上げて、虐待をテーマに取り上げることにしました。

生徒の感想

* 子どもは幸せそうに笑顔を見せてくれます。でも思いがけないほど重いものを抱えていることもあるということを歌を通して思いました。そんなことを社会に向けて発信することはとてもよいことです。私も人の気持ちを感じられる人になりたいです。
* 日本にも Alyssa Lies のような曲があればよいのにと思った。なぜ日本には虐待などが多いのに運動が少ないのか疑問に思った。
* アリッサは死んじゃうし、お父さんもあのとき話を聞いていたらと苦しむし、すごく重い内容の歌でした。友だちが嘘をつくと聞いただけで虐待だとは思いもしないから、子どもの話一つひとつを拾って話を聞くことがすごく大切なのだと思いました。自分の身近なところでも起こりうることだから忘れてはいけないと思いました。
* 最後の「アリッサは神様のところで横たわっている」という言葉は、死んでしまったという悲しさの反面、虐待が終わり今は大丈夫、天国で幸せだよ、というどちらの意味もあるのかなと思いました。
* どうして虐待を受ける子どもが嘘をつくのか？・嘘をつくことで身を守ろうとする（友だちに嫌なことをされない、親に暴力を受けないため）・親を守ろうとする・同情されたくない・自分が周りと違う

ことを認めたくない・自分のことを低く評価している、ということだろうか。

● (以下は、ある大学の学生が別の機会にこの歌を聴き、書いてくれたものです。ご参考まで)
　自分も父親に暴力を振るわれ、小学校入学ごろ、両親が離婚。そのせいで小学校でもいじめられ、家に帰れば母からもひどい言葉を浴びせられて育った。母親から「死ね。消えろ。失敗作。お前は誰からも愛されない。お前が子どもを産んだらあの父親みたいに暴力ふるいそうだね」などと毎日言われ続け、学校でもこの調子、頼れる人や場所はなかった。最近では先日の私の誕生日に「もっと男選びをちゃんとしておけば、お前もいなかったし、ママはもっと幸せになれたわ」と言われた。20○○年○月○日…私の22歳の誕生日の思い出。就活もうまくいっていないときで、このときばかりは本気で死のうと思った。だからこの曲を聴いて、こういう思いをしている子は私だけではないと思った以上に、どうにかこういう子が減らないかを考えたい。

▶ **実践 4-8**

いじめをテーマにした "Dare to be Different" (Rachael Lynn, Official Anti Bullying Music Video,) (E大学 2017〜18年実践)

　生徒の感想

＊ "Dare to be Different" の歌のPVを見て泣きそうになった。最悪の結果にならないような学校の環境を作らなくてはいけないと思った。
＊どこの国でもいじめは問題となっているんだなと思った。金子みすゞのように「みんな違ってみんないい」と皆が言えるようになればいいと思う。
＊外国ではいじめの問題を取り上げている歌があるのに驚いた。日本ではなかなかそういう歌に出あえないので外国の曲でも大切にしたい。

* 今日の歌はとても好きになりました。家に帰ってからまた聞こうと思います。
* こういう歌を日本語で曲にしようとするとカッコ悪くてできないが、英語での歌詞では違和感なくできているのでいいなと思う。
* いじめはよくないというメッセージが強く込められていた。日本語訳がわからなくても PV の映像から読み取れたが、意味がわかったことでさらによくわかった。
* わりと最近出た曲なのか気になった。金子みすゞさんの詩を手話でやれたら面白いなと思った。

12. 映画で英語を

　高校で教えていたころは、教科書の進度を考えると、あまり授業に映画を取り入れることができませんでした。しかし、映画は教材として高い利用価値があります。少し考えただけでも、
（1）映像・音声・文字を通した臨場感があるストーリー展開で、モチベーションが高まる
（2）内容・言語も含めた国際理解・異文化理解を行うことができる
（3）authentic な文脈の中で語用論（実際の場面でのさまざまな表現の使い方）が学べる
（4）映像も音声もあるのでスキーマを利用した英語理解が期待できる
（5）機器やハンドアウトを利用することによって、映像からも文字媒体からも繰り返し学べる
などの長所があります。
　大学の教養課程での授業では、学生への興味を考慮し、アンケートや感想で意見を聞きながら教材や進め方を選択しています。これまでに取り上げてきた映画は『サウンド・オブ・ミュージック』『奇跡の人』『フォレスト・ガンプ』『ペイ・フォワード』『パッチ・アダムス』『独裁者』などです。これらは、映画・演劇のジャンルでは「ヒューマン・ドラマ」「クラシック」に分類

されるようですが、現在教えている学生と私の興味や方針が一致した分野です。テーマは教育・保育・心理・哲学・障がい・虐待・医療・生き方・平和などの分野にわたりますが、英語学習にも格好の教材となっています。

映画の選定にあたっては、次の点を考えたいと思います。

（1）テーマ・内容が生徒の興味関心に合っていて、現代的課題に即したものであること。この点に関しては、教材一般の選び方と同様です（本章 10.「教材が授業を決める」）。舞台が海外であっても、ほとんどの場合日本が抱える諸課題を振り返ることができます。

（2）生徒の英語力に合わせることが大事ですが、とにかくやさしめの映画を選びます。どんなにやさしい作品でも、さまざまな台詞が含まれており、やさしすぎて勉強にならないという作品は、まずありません。見せ方の工夫で、どんな映画でも勉強になります。例えば、もし生徒の英語力が高ければ、字幕なしで多聴に役立てればいいのです。

（3）印象的な場面に教えたい文法や表現が含まれていれば、ぜひ取り上げたいものです。そうした場面では、文法や語法が必然性をもって使われているので、トータルな英語の理解に結びつくからです。もちろん、前述したような映画にはかなりの台詞があるので、1本だけで相当多くの文法事項を網羅しています。

授業では次のようなハンドアウトを用意します。

▶ **実践 4-9**

Sound of Music で学ぶ動詞（5）不定詞・動名詞・分詞

Captain: Well, you <u>can't</u> marry someone when you're in love with someone else, <u>can you</u>?	C：つまり、人は誰かと結婚できないだろう 誰かほかの人を愛しているときに↑ だよね？

Maria: Oh the Reverend Mother always says,
"When the Lord closes the door, somewhere He opens a window."

C: What else does the Reverend Mother say?

M: That you have to look for your life.

C: Is that why you came back?
And have you found it, Maria?

M: I think I have.
I know I have.

C: I love you.

M: Oh, can this be happening to me?

M: (sings "Something good")
....

C: Do you know when I first started loving you?
That night at the dinner table when you sat on that ridiculous pine cone.

M: What!
I knew the first time you blew that silly whistle.

C: Oh, my love. (sings)
For here you are standing there loving me.
Whether or not you should.

M：院長様はいつもおっしゃってます
　「神はドアを閉めるときでもどこかで窓を開けてくださる」と

C：ほかに院長様は何とおっしゃった？

M：＿＿＿＿＿＿＿＿＿＿＿＿と

C：それが戻ってきた理由？
　それで道はもう見つかったかい？

M：見つけたと思います。
　見つけたとわかっています

C：愛しているよ

M：＿＿＿＿＿＿＿＿＿＿＿＿

M：(sings "Something good")
....

C：知っているかい
　＿＿＿＿＿＿＿＿＿＿＿＿
　あの夜の夕食のときだよ
　君があの馬鹿げた松ぼっくりの上に座った↑

M：何ですって！
　私は知っていました
　あなたがあの馬鹿な笛を吹いたときから

C：愛しい人だ（歌う）
　あなたがそこに立って愛してくれるのだから
　すべきかどうかということじゃなく

第4章 日本らしい英語授業とは —— 外国語と母語

> M: So somewhere in my youth or childhood
>   **I must have done** something good.
> Together: Nothing comes from nothing.
>   Nothing ever could.
> M: So somewhere in my youth
> C: Or childhood
> M: I must have done something good
> Together: Something good.
> C: Maria?
>   Is there anyone I should go
>   **to ask** permission **to marry** you?
> M: Well, why don't we ask…
> C: …the children?

> M：だから若い子どものころどこかで
>   私は何か良いことをしたに違いない
> T：_____
>   _____
>   決して生まれない
> M：だから若いころどこかで
> C：子どものころに
> M：何か良いことをしたにちがいない
> T：何か良いことを
> C：マリア？
>   だれかがいるだろうか、私が行くべき人が
>   _____
> M：じゃあ、聞いてみましょう
> C：子どもたちにだね

授業では、以下の順序で学習します。
（1）映画（一部）を日本語字幕で見る
（2）ハンドアウトを使って、文法・語法・表現を学ぶ
（3）ハンドアウトを使って、ペアでサイト・トランスレーション
（4）映画を英語字幕で見る
（5）映画を字幕なしで見る

　この学習方法で意識しているのは、次のとおりです。
（1）本来は最初に字幕なしで見せたいところです。ある程度力があればその方が自然です。しかし多くの学生の実態を考えると、最初に日本語字幕で見せて内容をつかませ、スキーマを作ってから学ぶのがいいと

考えます。

（2）ハンドアウトを使って文字化すれば、内容や文法・語法を理解するために十分な時間をかけられます。「精読」にあたる学習です。「訳読」も行います。ここがいい加減では、「なんとなくわかる」といった、ぼんやりした理解で終わってしまいます。

（3）サイト・トランスレーションによって、日本語と比較しながら英語そのものを身につけ、できるだけ「直解」を目指します。

（4）英語字幕の助けを借りながら、視覚と音声だけで内容を理解する練習です。

（5）字幕なしで自分がどこまで理解できるのか、確認します。

　実際には、時間の都合で、いつもここまで丁寧にできるわけではありませんが、このあたりまでには内容が記憶できて、「字幕なしでわかった！」という経験をしてもらうことができます。その喜びが、「自分でもやってみよう」という自立した学習の原動力になっていきます。

> **生徒の感想**（傍線筆者）

* 最初に日本語で見て、次に自分たちのペースで英語から日本語を読み、次に英語の字幕で見てから、次に字幕なしの英語だけで見たら、最初より全然意味がスーッと入ってきて映画の内容も頭に入ってきて、面白いなと思いました。

* ヘレンケラーの映画は、何回も見ていると、だんだんわかることが増えてくるのでとても楽しいです。英語がどんどん身についていくのが実感できます。特に聞き取り。

* "Sound of Music" のセリフを英語で聞いても意味を理解できるようになってきてうれしい。丁寧に英語─日本語を繰り返すという小さな積み重ねが大切だと思った。

* 初めて見た映画を理解するのはむずかしいけど、日本語を見てその後練習して英語で見たとき、大体の内容が頭に入ってきた。ほかの映画を見るときにもこのやり方を真似して、徐々に日本語を見なくても意味がわかるようになっていきたい。

＊洋画を吹き替えでなく字幕で見るようになりました。簡単な英語だと聞き取れることもあります。また私は英語の絵本の読解もやってみたいと思います。
＊映画をいろいろ見たことで楽しく興味を持つようになりました。英語がとっても身についたと実感しました。やはり楽しく学ぶということが一番良いのだなと感じました。より英語が魅力的になりました。

13. 多読を学習に取り入れる

　以下は実践のレポートです。
週末課題としての多読　（D 高校 2005 ～ 2011 年実践）
　D 高校では、私が異動する前から「週末課題」に取り組んでいました。とにかく多量の英語を読ませて英語力をつけようという試みで私も大賛成でした。できれば生徒がそれぞれ好きな本を好きなペースで読むのが望ましいのですが、学校にはそれに応えられるだけの英語の本がなかったので、指定した本を買ってもらう方式で行いました。以下は、そのときのレポートです。

・・・・・・・・・・・・・・・・・・

I　サイドリーダーの取り組みであるが、週末に読める程度の範囲について日本語で 10 問ほどの問題を作り、生徒は英文を読んでそれに答えるというものである。毎週問題を作るのはそれなりの労力を必要としたが、生徒の反応を見ながらリアルタイムで問題を作る作業は楽しくもあった。2 年間の最初に、生徒に以下のプリントでやり方を説明した。

　生徒のみなさんへ
英語週末課題について　　　　　　　　　　　　D 高校英語科
　本校英語科では、みなさんが英語に興味を持ち、英語の力をつけられるように週末課題を課しています。英語の力をつけるには、自分なりの目標を持つこと、興味を持つこと、さまざまな学習方法を持つこ

となどが重要です。
　授業では、精読といって、英語を詳しく正確に読むことを中心に学習します。そのため、単語熟語・語法・文法・構文・発音などにわたって詳しく調べることが必要です。予習・復習が不可欠ですし、辞書・参考書なども大いに活用してください。
　週末課題では、授業とは違った学習をしてほしいと思います。多読や速読です。細かい点は追求しないで、文の意味内容をつかみ楽しむことを目的として読むのです。すべての単語を正確に調べる必要はありません。「たぶん～のような意味だろう」と推測ができれば十分です。辞書は必要なときだけ使います。そして大いに内容を楽しみ、英語に興味を持ってください。

＜週末課題のやり方＞
＊教　材　年間数冊の英書。最初は『木を植えた男』
＊読み方　①辞書を使わずに読み、大意をつかむ
　　　　　②課題プリントの問いに答える
　　　　　③答えられない場合、辞書を引いて答えを考える
＊進め方　毎週末（基本的に金曜日）に、課題の範囲と問いをプリント配布する。週末に課題を完成させ、週明けに（基本的に月曜日）クラスの英語係に提出する。返却されたら、自己採点して試験に備える。
＊英語係　週末に英語科から課題を受け取り、クラスに配る。週明けにクラスから集め、提出記録用紙の提出者に○をつけ、担当教員に提出する。
＊この課題は、週明けに友だちのを写せば、たったの数分で終わってしまうかもしれません。でもそれでは英語の力はまったくつきません。だからほとんどの先輩は自力でやって実力をつけてきました。自分のために、1行でも多く読みましょう！

> **生徒の感想**

　文がすべて英語で書かれているので、一つひとつ頭で考えながら読んだので、物語が頭に入りました。また、日本語だと最後まですぐに読めてしまうので、結末が予想できてしまうことが多いですが、英語だとパッと結末が読めないので最後の最後まで結末を知らずに読むことができた。今回この本を読んで、英語の本が読めるんだと自信がつきました。わからないところは何回も辞書を引いて調べながら読んだのですが、今度読むときはなるべく辞書を使わず読んでみたいです。そして、薄い本だけでなく、厚めの本にも挑戦したいです。

II　"The Man Who Planted Trees" を読んでの感想

　（本の内容だけでなく、読むこと自体にも触れてあったものの一部、傍線筆者）

＊<u>この本を全部読んで、「こんな1冊の英語の本が読めるんだなあ」と達成感がすごくありました。</u>地道にこつこつと努力すれば、絶対にすばらしい結果が返ってくると思いました。（4組）

＊最後の5章では人々の幸せそうな話が聞けてよかったです。このエルゼアール・ブフィエさんが人々の笑顔を作ったのだと思うと本当に神のわざのように思えます。まだちゃんと読めてないことがたくさんあると思うし、むずかしくて大変だったけど、こんないいお話と出会えてよかったです。（1組）

＊英語はものすごく苦手なので読むのには相当手こずったのですが、<u>大体のあらすじを辞書をあまり使わずに読めたのはうれしかったです。</u>（6組）

＊このような出来事が今の世の中では少なくなってきているので、私もこの本を読んだ機会に心をもっと磨こう！　人間としてひとつ大きくなろうと思わせてくれる貴重な機会になりました。そして、<u>私は生まれて初めて英語で書いてある物語を読み、物語の大意をつかむ面白さを知り、今までよりも英文に興味を持ちました。なので、最近は自主的に、英語科準備室の前の英語の新聞を持ち帰って読んでいます。大体はわかります。</u>とっても楽しいです。（7組）

Ⅲ 生徒へのアンケート（2年終了時に実施）と分析

1．あなたは毎回自分の力で範囲を読んで、課題を出しましたか？

	1組	2組	3組	4組	5組	6組	7組	計
毎回	5	5	5	6	3	7	12	43
ほぼ毎回	3	11	13	14	9	8	12	59
ときどき	12	7	11	8	15	15	11	79
たまに	8	10	7	7	7	5	4	51
全然	6	6	5	5	4	5	2	33

「毎回」〜「ときどき」を加えると、提出率は約7割である。「たまに」という生徒、ほかの生徒のを丸写しして形だけ整えた生徒も加えると、約8割であった。

2．多読で英語の力がついたと思いますか？

	1組	2組	3組	4組	5組	6組	7組	計
かなり	0	3	2	1	0	0	3	9
けっこう	1	4	7	5	1	3	4	25
まあまあ	12	13	13	17	20	17	26	94
あまり	14	12	14	13	13	15	6	87
まったく	7	6	5	4	5	5	0	11

「かなり」〜「まあまあ」を加えると、力がついたと思っている生徒は約6割である。「あまり」「まったく」の人数は、提出が「たまに」「全然」の人数とほぼ一致している。つまり、それなりに取り組んだ生徒はそれなりの手ごたえを持ったといえよう。

3．どんな力がついたと思いますか？
（1）＜スピード＞
　　読むスピードがついた。（多数）速く読めるようになった。速読の力。
（2）＜単語・熟語・推測の力＞
　　単語が覚えられた。（多数）熟語を覚えた。単語力と長文読解力。
　　単語の意味を考えその文なりに適切に読み取る力。単語がわからなくて

も読む力。
　知らない<u>単語の意味を予測する力</u>。辞書を引かないで予想して読めるようになってきた。
（3）＜内容理解＞
　英語が訳せるようになった。
　<u>大体の意味を捉える</u>のが速くなった。だいたいの内容を把握する力。
　一字一句わからなくても話の内容が理解できるようになった。
　1文1文の理解力。要点を見つけて内容をつかむ力。読解力。
（4）＜長文への慣れ＞
　<u>長文を読む力</u>がついた。長文を読む力と気力。前より長文が読めるようになった。長文を読むのに抵抗がなくなった。
（5）＜直読直解＞
　<u>やさしい文なら訳さなくても意味がわかる</u>ようになってきた。
（6）＜文法・構文＞
　<u>文法</u>（どれが<u>主語</u>になるかなどの判断）がわかってきた。
　<u>並べ替えの問題</u>ができるようになった。
　どこでどういう構文を使うかということ。
　授業で<u>文法</u>がわかるようになったので、<u>意味</u>がわかるようになってきた。
（7）＜話す力＞
　英語がスムーズに<u>話せる</u>ようになった。
（8）＜英語への意欲＞
　<u>英語を知ろうとする気持ち</u>。
（9）＜思考力＞
　<u>考える力</u>。
　（1）〜（5）については、多読の取組が目標とするところであり、多くの生徒が「単語を覚えた。読むスピードがついた。推測する力、内容を読み取る力がついた」と答えている。特に（5）「訳さなくても意味がわかる」力は、リスニングにも結びつく力である。というのは、リスニングのとき、日本語に訳しているのではスピードについていけないからである。センター入試にリスニングが導入され、その対策が行われているが、リスニン

グに必要な力はいわゆる「リスニング教材」だけで育つのではない。

（6）は、文法学習によって演繹的に正確な読み取りができるようになることと、逆に多読の経験を積み重ねることによって文法を体験的に学ぶこともできることを示している。概算ではこの10冊で6万語ほどの英文を読んだことになる。ネイティブ・スピーカーほどのインプットは望むべくもないが、多読によって帰納的な英語学習を行うことができたということだろう。

（7）は、（5）とも関連して、日本語を介さないで英語を理解し、発信することに結びつく可能性を示唆している。

（8）（9）のように、考える力、英語への興味を書いた者は多くはない。しかし、これらは重要な「学力」であり、多読がこうした力に結びつくのが理想だと考える。

4．これまでに読んだ作品のなかで、面白かったもの3つを選んで〇をつけてください

	1組	2組	3組	4組	5組	6組	7組	計
木を植えた男	8	8	5	6	10	7	10	65
Kikoの大冒険	9	12	9	11	21	8	17	87
地雷を踏んだゾウ	6	7	4	8	7	6	8	46
シャーロック・ホームズ	9	12	13	7	9	9	13	72
オー・ヘンリー	2	6	3	2	4	4	7	28
ブラックジャック	15	16	21	26	12	17	16	123
Charles Schulz スヌーピー	12	13	15	18	17	16	12	103
Feel in Okinawa 沖縄	7	5	10	9	3	8	12	54
赤毛のアン	7	11	9	10	13	14	11	75
World Heritage 世界遺産	10	9	11	9	7	8	5	59

「ブラックジャック」はテレビでやっていたこともあり、親しみやすかったのだろう。ある、英語がかなり苦手な生徒も「この話、知ってるからすげえよくわかった！」と喜んでいた。「スヌーピー」は絵が可愛くファンが

多いのかもしれない。

「オー・ヘンリー」は、読めた生徒は最後のどんでん返しが面白いと好評だったが、この時期としては英文がむずかしかったのかもしれない。

「Kiko」は冒険物語で、「英文なのにドキドキしながら読めたことに感動した」という生徒もいた。絶版になったようで残念である。

「赤毛のアン」はPenguin Booksだったので、洋書を読めた、という達成感もあるのかもしれない。

5．週末課題についての感想を自由に書いてください．（代表的なもの、★は批判や要望）

（1）＜英語の本が読めた＞
☆最初は英語で本が読めるとは思わなかったけど、読めたときは嬉しかった。
☆楽しく英語の長文を読めて、気軽にできてよかったです。

（2）＜英語の知識がついた＞
☆わかるようでむずかしい英文があって、英語の知識がついたと思う。
☆長文の練習になった。単語も繰り返し出てくるものが多かったので、少しは覚えられた。

（3）＜本の内容が重要＞
☆面白い本はどんどん読んでしまったけど、つまらないと読む気になれなくて適当にやったことが多かった。
★面白い小説やどきどきするような作品をもっと読みたかったです。
☆★物語り系は楽しかったけど、説明系はつまんなくて読む気が失せた。アン、素敵！
☆物語も面白いけど、「世界遺産」みたいな現実的なものとかニュースとかも読んでためになったと思う。最近はちゃんと自分で読むようになってきて、やっと面白く感じてきたから、新聞とかも読んでみようと思う。
☆★自分の興味がある話や面白いものは多少むずかしくても頑張って読めました。けどそうでないものは読んでもあまり内容が理解できなかったりしました。
☆★週末課題はめんどくさいことも多かったけど、やってよかったです。

本によって話が全然読めなくてチンプンカンプンだったのもあるけど、読みやすかったのは、続きが気になるくらい面白かったです。
☆日本語でも本になっている話を英語で読んでみて、また違った感じで面白かった。
（4）＜宿題としての多読＞
★人のを写して出している人がいるみたいだが、それで点がもらえるとか、そんなんならこの宿題の意味はまったくない。
★ほかの教科の宿題と重なるとけっこうつらい。

　（1）にあるような楽しさやうれしさや達成感は、英語学習への意欲につながるだろう。
　（3）本によって、生徒の反応はずいぶん異なるようだ。したがって本の選定が多読においては決定的に重要だ。その意味では、生徒が本を選べる方式にするのがベストだろうが、本の在庫、課題の出し方、必ず読ませる方法など、むずかしさもある。これらの点は今後の課題である。
　また、「説明系よりも物語系」という感想が多数派である。やはりその方がわかりやすく続きを読みたい気持ちにさせるのだろう。多様なものを読ませたい、というのが教師側の願いではあるが、当面は生徒が読みたくなるものが一番だろう。
　（4）「多読型週末課題」は、おおむね好評であり、きちんと取り組んだ生徒には相応の英語力をつけたといえるだろう。何よりも英語学習への興味や意欲を持たせるという意義が大きいと考える。しかし、（4）に書かれた感想は，そのまま私たちの課題として考える必要があるだろう。つまり①取り組まない、あるいは他人のを写すだけの生徒への指導をもっときめ細かく行う必要がある②授業や受験勉強との関連を考えて、内容や実施方法をさらに工夫していく必要がある、という点である。
　「多読」だけで意欲を育てるというのはもちろん無理な話で、カリキュラム全体を考え、リーディング、文法の教え方などを改善することは当然である。しかし、家庭での英語学習時間に楽しさを与える「多読」は、「自立した学習者」を育てる有力な方法といえる。

さいごに

酒井邦秀さんは「多読三原則」を提唱していますが、日本語の読書にも共通することで、大賛成です。

> （1）辞書は引かない
> （2）わからないところは飛ばす
> （3）つまらなくなったら止める
> 　　　　（酒井邦秀，2002『快読100万語！ペーパーバックへの道』）

英語の学習ということを考えると、私はさらに3点ほど加えたいと思います。
（1）とにかく自分が面白そうだと思う本を選ぶ
（2）自分の実力よりもやさしめの本を選ぶ
（3）読み終わったら、感想を（できたら英語で）書いたり話したりするとよい

また、好きな本を選べるようにすれば、生徒の興味に応じた楽しい読書がそれぞれのペースでできます。そのためには、本を揃えることが必要です。費用がかかりますが、①学校か図書館で位置づけ予算化してもらう、②生徒になるべく異なる英語の本を1冊づつ買ってもらって回し読みし、あとで寄贈してもらう（もちろん教師も参加可能）などの方法が考えられます。

14. 協同学習で高め合う授業に

この本で紹介した多くの実践が、ペアやグループでの協同学習を含んでいます。ここではDictoglossの実践を載せます。

▶ 実践 4-10

絵本でディクトグロス Dictogloss （E大学 2016～2019年実践）
1．実践の動機
（1）中学校の先生がよく使っているTodd Parrの絵本を使ってみたいと思った。YouTubeで調べてみたら *The Family Book* という作品があって、家族の多様性を描いている点で、子ども学科の学生が実際に

現場に出たときに、とても大切な勉強になるだろうと思ったからである。（2）そのまま読むのでは大学生にはやさしすぎるが、聞き取るのには簡単ではないレベルの教材である。協同学習にもなり、文法を意識化させるためにも、dictogloss を初めて採用してみようと考えた。dictogloss は Task-Based Language Teaching (TBLT) のひとつの手法として、注目されている。

2．活動の手順
（1）やり方を説明する（日本語で）。
 a）これから見る動画がどんな内容なのか、意味を理解することが一番大切です。
 b）もう一度聞きながらメモを取って、後で英語の文を再現してもらいます。
 c）文を前から全部書き写そうとせず、内容を覚えておくために必要な単語をメモしなさい。
（2）YouTube で *The Family Book* を内容に集中して視聴する。
 2回めは動画を見ながら、聞いた単語のメモを取る。
（3）生徒のメモを見て回り、どの程度メモが取れているか観察し、必要と判断したら、もう1回聞かせる。
（4）ペアまたはグループで、文を完成させる。このとき、「聞いた文とまったく同じでなくてかまわない、意味があっているちゃんとした文ならばよい」ことを指示する。
（5）生徒が最後まで進んだことを確認し、完成度が低いと思ったら、もう一度聞かせてもよい。
（6）原文を配布して、違いを見つけさせる。原文と違う正解がありうることを伝える。

3．学生の感想（傍線筆者）
＊ *The Family Book* は<u>文は簡単だけど、伝えたいことがページをめくればめくるほど伝わってくる。</u>素敵な絵本だった。

＊いろいろな家庭のあり方とその表現を知ることができました。step ○○というのが、まま○○という意味で、家族になるための段階を経たことを表しているように感じました。
＊この絵本も、Lady GaGa の "Born This Way" と同じように、LGBT や人種の問題を扱っていて、アメリカは日本以上にこの問題に気を使っているのかなと思います。
＊今日は始めて聞き取りながらメモする形をやってみて、とてもむずかしかった。英語を聞いてもすぐに思い浮かばなかったり、全部写そうとすると途中までしか書けなかったりした。少しずつ力をつけたい。
＊3人で協力して英文を考えていくのが楽しかったです。
＊聞き取りが思っていたよりもできなくて苦労しました。単語がわかってもスペルがすぐに出てこなかったり、わかっても途中で次に行ってしまうため大変でした。
＊簡単な文でも忘れてしまって、うまく再現できないところがあったので文法をしっかり覚えて行きたいと思いました。
＊絵本を聞きながら写すのはけっこうむずかしいのがわかりました。でも友だちと文を完成させるのは、褒めあったりして楽しかったです。

4．まとめ
（1）予想どおり、さまざまな家族のあり方に対して関心が高く、よく理解していた。特に「Some families have two moms or two dads. ってどういうこと？」という問いにも正解（性的少数者の同性婚）が出たのはよかった。また、「step ○○は家族になるための段階を経たという意味」という感性は素晴らしいと思った。
（2）協同学習としての dictogloss の意味もあった。「3人で相談して考えるのは楽しい」「うまく再現できなかったので文法を覚えたい」という感想に表れている。授業中には、same color の前には the がつくが、different colors の前にはつかないということを見つけたペアがあった。第二言語習得論の流れで生まれた手法で

あるが、EFL 環境にある日本で必要な文法教育にも使えそうだ。
（3）「むずかしい、速すぎる」については文と文の間に時間を空ける工夫をしてみたい。ただし、全文が書けるような時間があると、この活動の意味がなくなってしまうので、長い文の場合のみにしたい。
（4）リスニングや dictogloss への慣れもあると思うので、「帯活動」として少なくともしばらくは続けてみたい。

5．参考　Dictogloss って？
Wajnryb (1990)[21] による Dictogloss の手順

> a. 短くてむずかしめのテキストを普通の早さで2回ほど読み上げる。
> b. 生徒は知っている語句のメモを取る。
> c. 少人数のグループを作り、それぞれの完全ではないメモを照らし合わせ、テキストを再現するように話し合う。
> d. テキストを再現するとき各グループは、元の文とそっくり同じになることを目指すのではなく、文法的に正しく、意味のまとまりがある文を作ることを目指す。
> e. できあがった文をいくつか比較・分析し、その話し合いで考えたことをもとに、自分のグループのテキストをもう一度練り直す。
> 　　　　　　　　　　　　　　　　　　　　　　　　（拙訳）

15. 自己表現は授業を変える

　英語の学習は語彙・文法・表現など覚えるものが多く、どうしても受け身なものになりがちです。20 世紀に多く見られた文法訳読一辺倒の授業だと、教室は教師が一方的にしゃべりっぱなし、生徒は黙って板書を写すだけになってしまいます。「英作文」は、日本語を英語に翻訳する語学的な学びであり、本当に自分の思いを表現する手段ではありません。また、コミュニケーション中心の授業といっても、教科書を音読暗唱するだけの読

経のような授業では、生徒の声は聞こえるものの、そこには驚きや笑いなどを含めた生きたコミュニケーションはありません。

そんな授業をまったく変えてしまうのが自己表現です。生徒にとって単に覚えなければならない対象だった英語が、自分の思いを表現でき、友だちを理解しつながることができる手段に変わるとき、授業の雰囲気は一変します。

教室のあちこちから明るい笑い声や驚きの声が聞こえるようになります。授業に対しては「私の感じた授業の面白さは、習ったことを使って会話や文が作れるようになったときのうれしさです」「英語で自分のことをみんなに教えたり、みんなのことを知ったり仲良くなれるのが、とても楽しい」こんな感想が聞こえるようになります。

場面や働きに応じた定型表現を暗記するのではなく、本当に自分の思いや体験を表現できたとき、英語は単なる勉強の対象ではなく、自分で考え自分の身体を通して思いを伝達する手段に変わるのです。こうした自己表現の意義を、新英研自己表現分科会 (1986)[22] は次のように整理しています。

1　生徒への利点
（1）主体的な英語学習となる──受け身でない
（2）認識・思考を高める
（3）自己解放となる──間違いを恐れず書く
（4）意欲が出る──自分なりに表現できる魅力がある
（5）集団化──友人をよく理解でき、親密度が増し、集団としての質も高まる
2　教師への利点
（1）より生徒を理解できる
（2）学習のつまづきがわかる──教え方も学び方も
（3）生徒との距離が縮まる──接触が増え信頼感が増す
（4）作品を通して背後の生活や社会も理解できる
（5）作品の発表を通して生徒相互の理解が深まり生徒を集団的に組織できる

1980年代だけあって「書くこと」を中心とする記述ですが、現在は「話すこと」「聞くこと」も同じ比重で研究しています。また、優れた教材が自己表現への意欲を高めることはこれまでの実践研究から明らかで、「聞くこと」「読むこと」との結びつきも重要な観点です。言語習得の観点からも、心に響く言語表現を受け取った後、それを使って自分の思いを表現することは、習得への重要な段階となります。

　また、内容的に優れたレッスンでは、summarization や retelling に取り組ませたいものです。これらは、完全な自己表現ではありませんが、教科書の語彙や表現を使いながら自己表現に近い活動となります。教科書の感想を書かせたり、その課のテーマに関連した調べ学習を行い自分の意見を交えて発表させれば、本当の自己表現ができます。

▶ **実践 4-11**

文法・表現を定着させる自己表現
　教科書には課ごとに新しい文法や表現が出てきますが、それを定着させるためにできるだけ自己表現させることが重要です。自分で考えて作った自己表現であれば簡単に忘れることはありません。できれば次の "My Future Dreams" のように、必然的にその文法表現が使えるテーマを考えてあげたいものです。
（なお、以下の生徒作品は私の生徒たちが書いたものです。誤りも含め、書かれたままです）
< want to と would like to を使って "My Future Dreams" >
＊ I want to be a carpenter because I can make a house.
＊ I want to be a public servant because the pay is stable.
＊ I would like to be a cartoonist, because I like drawing pictures.
＊ I would like to be a nursery school teacher.

▶ **実践 4-12**

5行詩
　「名詞1つ、形容詞2つ、動詞3つ、文1つ、名詞1つ」という形を

例とともに示すと、英語が苦手な生徒でも詩が書けます。内容は完全に自由です。Five-line poems はもともと英語圏で広く行われていて cinquain とも呼ばれます。その形から Diamond poem と呼ばれることもありますが、これは7行詩の場合もあります。東京・中学校の神津毅夫さんが「自己表現ノート Creative English for You and Me」で紹介され、大きく実践が広がりました。

Friends	友だち	(SN)
Kind, very warm	優しくてとても暖かい	
Play, speak, listen	遊ぶ　しゃべる　聞く	
Friends support me when I am sad.	つらいとき　支えになってくれる	
Important treasures	大切な宝物	
Peace	平和	(MN)
A dream that this world dreams	この世界が見る夢	
And that I have in my warm bed	暖かいベッドの中で望むような	
Innocent, pure	罪がない、純粋な	
Everybody has a right to dream	夢見る権利は誰にもある	
Lesson	授業	(SK)
Sleepy, hard	眠い、つらい	
Listen, write, sleep	聞く、書く、寝る	
I was often late for lesson	遅刻が多かった	
When I was in High School	高校生活	

▶ 実践 4-13

川柳づくり

　これも内容は完全に自由です。5－7－5の川柳を作ってから英語にするのが普通です。いずれも高校生活を実感あふれる表現で描いています。

If I eat too many cakes	誕生日	(NM)
On my birthday,	ケーキ食べたら	
I am afraid I get fat.	太っちゃう	
In classes	授業中	(ST)
The last five minutes	最後の５分が	
Is too long.	超長い	
I don't understand	わからない	(TK)
I don't understand	わからないけど	
But I have to do it.	やらなくちゃ	

▶ 実践 4-14

My Summer Vacation

　学期の初めや終わりに時期に応じて書かせると生徒理解も深まります。最初の作品は英語がとても苦手な生徒のものです。はじめは私がハンドアウトに載せた例文を真似て書いていたのですが、途中から本当の自分の思いを表したくなり、間違いは多くても自分だけの力で生き生きと表現しています（原文のまま）。

I went to the trip. I want there with Yoshimi. It was sunny day and very hot. We brought our a bathing suit. I got a suntan. White sand ant shooting star. I was moved !! to see meny shooting stars. Happy!! (IN)

On August 14, the Brass band contest was held. I practiced playing trumpet hard. I did my best. We got the GOLD PRIZE!! We are happy. But we were not selected as a member of Eastern Japan Contest. I was very sad. We cried. I would like to play trumpet very hard. (NY)

> I was shocked. Why? I took food. But I was poisoned by the food. My stomach ached for a long, long time. However, I was also lucky in my summer vacation. I met a famous baseball player. I met Ichiro Suzuki in front of my house. I was surprised.（SH）

▶ 実践 4-15

My Family, School Events など

　母の日や学校行事の後など、いろいろなテーマで書いてもらうといいでしょう。自己表現した後は、いい作品を中心に英語通信に載せるなどして読み合わせて共有します。しかし時にはプライベートな内容もあって、それらは教師だけに聞いてもらいたいと思うのかもしれません。

　SH君は、何らかの感情を抑え切れずに校内の器物破損で特別指導になったことがありました。担任から精神的疾患を抱えていることは聞いていましたが、直接本人が書いた文章を読んで、親子で苦しみと闘っている姿に胸を打たれました。「困った子」は「困っている子」なのだということがよくわかりました。日本語では言えないことを外国語だから書けたのだといえるかもしれません。生徒たちは何も言わなくても、いろいろな問題を抱えながら一生懸命生きているのだと痛感した出来事でした。

★ My mother has depression. I have autism and had depression. So we are hardship. But we hope. While there is life, there is hope.（SH）　　（depression: うつ病、autism: 自閉症）

★ My mother works for a company every day. Sometimes she comes home late. And she cooks dinner and does washing. I think that she does her best. So I will make her delicious dinner on Mother's day. I want her to rest and relax to ease her tired body.（KM）

☆ There are many school events in our school. One of them I work hard is a chorus festival. We are practicing a chorus very hard now. My class sings "44 wano benisuzume." This song is very interesting, so we enjoy singing it. I want to get the gold prize!! I want to eat the BBQ!! I hope you can come and hear our chorus.（TY）

▶ 実践 4-16

自分史

　生徒たちが過去を振り返り、自分の生活を見つめ、表現する場を作ります。教師にとっては生徒を深く理解できる機会になります。

1989　I was born in Tokyo.
1996　I entered the M Elementary School.
1999　When I was nine years old, I started knitting.
2000　I knitted a scarf with wool. My cousin gave me a knitting needle and some lace yarn.
2001　I knitted a cap and potpourri pouch out of the lace yarn in summer vacation.
2002　I left the elementary school in March and I entered the N Junior High School in April. I joined the tennis club.
2003　I left the tennis club in fall.
2004　I joined the Aikido club outside school in May. In June we went to school excursion in Nara and Kyoto.
2005　I left the junior high school in March. In April, I entered the M High School.（ME さん）

> 実践 4-17

授業計画

　以下は大学の授業例で、教科書は使っていません。すべて、学生の実態や興味関心に基づき、私が組み立てたものです。しかし、教材や活動の多くは中高でもそのまま使える、または応用できるものも多く入っています。短期大学生29名のクラスです。

1.
　ここ数年の大きな方針として、以下のような授業計画で進めている。
（1）教材は、学生アンケートも参考にしながら
　①学生の興味にあったもの
　②現代の世界を反映したもの（広い意味でauthentic なもの）、
　③やさしくて深いものを選ぶ。
（2）できるだけ協同学習を取り入れる。場面に応じて一斉授業と協同学習を使い分ける。
（3）できるだけ自己表現ができるようにする。発表の時間を作る。

具体的には、
（1）毎時間、歌で始める。
（2）映画、ニュース、スピーチ、絵本などを取り上げる。
（3）Topic Conversation というコーナーで英語を話す機会を作る。
（4）前期に Show & Tell、後期に創作英会話（プレゼンテーション）を行う。
（5）必要に応じて文法を教える。
　なお、評価については、自己表現に関連する評価（40％）と期末テストによる評価（60％）に基づいて行った。

2. アンケート　事前／事後
　授業内容について、できるだけ学生の意見を取り入れるためのアンケートを始めの授業で行っている。英語が「大好き（ゼロ）」「好き」の学生よりも「嫌い」「大嫌い」の方が上回るのは残念だ。以前であれば、

中ぐらいの学力の生徒にはもっと「好き」が多かったものが、明らかに変化している。教材内容・授業内容が一方的な詰め込みになっているからだろうか。コミュニケーションの過度の重視・教材内容の浅薄化が原因だろうか。

しかし、英語を投げてしまっているような学生はおらず、少しでもわかるようになりたいという気持ちが読み取れた。また、扱ってほしい教材としては、現在流行しているものばかりではなく、子ども・教育・保育・社会などに関するものも含まれ、さすがに専門の分野には興味がある真面目な学生が多いことが指摘できる。

事後のアンケートでは、下記のように、英語の好き嫌いが大きく「好き」の方にシフトしているのが嬉しい。

3．標準的な授業の流れ
（1）英語の歌
　a. 英語の歌詞の中の（　　）に入る語を予想させる。rhyme を中心に
　b. YouTube で聞く
　c. 答え合わせと解説（日本語）
　d. もう一度聞く／歌う
（2）Topic Conversation（解説後、ペアで身近な話題を英語で話す時間）
（3）メイン教材
　a. 映画などを見る　（教材として取り上げた場面まで見る）
　b. ハンドアウトで英語の学習（日本語での解説）
　c. ペアで音読・暗記
　d. 映画の続きを見る
（4）授業によって自己表現やアクティビティなど
（5）出席カードの代わりに感想を書いてもらう

4. 年間シラバス　2018年度

前期	歌	教材1	教材2	その他活動
1	What a Wonderful World	イントロ／英語学習		Fake 自己紹介
2	ABC Song		発音―母音	会話 Food
3	Top of the World	The Family Book	発音―子音	会話 Animals
4	Count on Me	The Family Book		会話 House
5	Do Re Mi Song	Sound of Music	後置修飾	
6	My Favorite Things	Sound of Music		
7	Edelweiss	Sound of Music	現在完了	
8	Beauty and the Beast	Sound of Music		
9	Head, Shoulders, Knees and Toes	Sound of Music		
10	Wheels on the Bus	Sound of Music		
11	Show & Tell 作文			
12	Show & Tell 練習	I'm Muslim, but….		
13	Show & Tell 発表			
14	Over the Rainbow	テスト		
15	Colors of the Wind	Vacation Plan		会話 Vacation

後期	歌	教材1	教材2	その他活動
1	Beautiful	Peace Book	Greece Quizes	会話 My Vacation
2	The Climb	Peace Book		会話 Music
3	Dare to be Different	Forrest Gump	いじめ	会話 Numbers
4	Alissa Lies	Forrest Gump	虐待	
5	It's a Small World	Forrest Gump	分詞動名詞	
6	Blowing in the Wind	Forrest Gump	不定詞	
7	Don't Worry, Be Happy	Forrest Gump	過去完了	
8	The Rose	Forrest Gump	仮定法	
9		創作英会話作り		グループ
10	The Fox	創作英会話練習		グループ
11		創作英会話発表		グループ
12	All I Want for Christmas is You	Emma Watson		
13	Rudolf, the Red-nosed Reindeer	Emma Watson		
14	Fight Song	テスト		
15	You Raise Me Up	Emma Watson		

* *The Family Book* と *Peace Book* は Todd Parr の原作の絵本。YouTube で視聴できます。
* Topic Conversation は、例えば Food というテーマで行う会話です。What fruit do you like best? など与えられた質問を4つ、自分が聞きたい質問を1つ考えてやりとりをします。
* I'm Muslim, but…は YouTube で見られる動画を使います。"I'm Muslim, but I'm not a terrorist." "I'm Muslim, but I date though my parents don't like it." などと話す人物が次々登場して、イスラム教徒への理解を求めようとしています。
* Greece Quizes は、私がギリシア旅行で撮った写真を使ったクイズです。
* Emma Watson's Speech at the UN. はエマ・ワトソンが国連で行ったフェミニズムについてのスピーチです。ほとんどの学生が『ハリーポッター』にハーマイオニとして登場した彼女を知っており、この教材に興味と感心を示します。

5．授業アンケート結果（短期大学生29名 2019.1）
（1）今年学んだ教材・活動について印象に残ったもの3つ選んで感想を書いてください。

The Family Book	（5名）（感想は省略）
"Sound of Music"	（18名）
I'm Muslim, but…	（3名）
Show & Tell	（4名）
創作会話	（15名）
Forrest Gump	（15名）
Emma Watson's Speech	（10名）
Peace Book	（10名）

（2）あなたは英語が好きですか？
学年当初：
大好き（1）好き（7）どちらでもない（9）嫌い（9）大嫌い（4）
学年末：
大好き（1）好き（13）どちらでもない（6）嫌い（4）大嫌い（1）

（3）授業全体について何でも
＊毎回授業でさまざまな歌を聞いて楽しみながら英語を学ぶことができました。人権や子どもに関すること、平和についても英語を通して学びを深められて良かったです。
＊私は韓国アイドルが好きでほとんど韓国の歌しか聞かなかったけれど、授業をきっかけに英語の歌もいいなと思って聞くようになりました。You Raise Me Up は本当に感動して鳥肌が立ちました。歌詞覚えて絶対カラオケで歌います。
＊性差別や平和についてなど、世界全体の社会問題に触れられたのが良かったです。より英語というものに魅力を感じることができました。洋楽や映画、自分でも聞いたり見たりします。
＊最初の英語のイメージより今はとても良くなった。苦手意識しかなかったけど、この授業のおかげで、今は前向きに英語をやってみようと思えるようになりました。
＊英語は好きだけど文法が苦手で嫌です。海外にも興味があるので、簡単な単語や表現を覚えて視野を広げていきたいと思います。
＊毎回色々な話題を取り上げてくれるので授業に参加するのがとても楽しかったです。英語だけでなく平和や世界のさまざまな出来事について学び考えることができてとても充実していました。

Rhymeの魅力と威力（4）　デモで訴える！

　2018年3月24日、首都ワシントンで80万人、全米では少なくとも120万人が参加した巨大なデモが行われました。"March for Our Lives"「私たちの命のための行進」です。ご存じのように、アメリカのフロリダ州のM. S. ダグラス高校での銃乱射事件で17人の高校生、職員が殺されました。これをきっかけに高校生、市民たちが銃規制運動に立ち上がったのです。ひさびさにアメリカ民主主義の大きなエネルギーを感じました。

　この運動で使われたポスターを見ると、rhyme や alliteration がふんだんに使われています。韻はインパクトが強くて覚えやすいのでしょう。英語圏では生活に密着した、欠かせない存在といえるでしょう。

1　インパクトが強い alliteration（頭韻）です：
　　Killing Kids Isn't Cool!
　　（子どもを殺すなんてカッコよくないぞ！）
　　Grades, Not Graves.
　　（墓はいらない、成績がほしい）

2　rhyme が使われています：
　　School *Fund*s Not *Gun*s
　　（銃でなく、学校予算を！）

3　駄洒落 pun もあります：
　　Protect Our Future with *Ballot*s Not *Bullet*s!
　　（銃弾でなく投票で未来を守ろう！）
　　Math *Drill*s. Not Lockdown *Drill*s.
　　（緊急避難訓練じゃなく数学のドリルがやりたい）

・おじさんのイギリス留学記 ④

シェフィールド付近の自然と人

　Sheffieldはイギリスで5番目に大きな都市であるにもかかわらず、あまり観光客が訪れるような場所ではないようです。歴史的には産業革命以来の鉄鋼を中心とした工業都市ですが、現在は"big village"と地元の人が呼ぶほど、緑豊かな田園の雰囲気があります。

　地理的には、the Peak Districtのすぐ東側で丘の多い地形です。山歩きの好きな私としては理想的な場所なのです。

　秋に歩いた場所の一つが鉄道・バスで2時間ほどのHaworth村です。ここにはブロンテ博物館があり、小さいけれど当時の姉妹の暮らしぶりがよくわかる展示となっていました。そしてもっと『嵐が丘』などの雰囲気が漂うのは、彼女たちがよく散歩していたというムーア（荒野）。案内板もわずかで道がわからなくなりかけましたが、3時間ほど牧草地、小川、小さな滝の散歩を楽しみました。

エミリー・ブロンテ博物館

　Sheffieldから鉄道で30分ほどの駅 (New Mills) では、"The Railway Children"についての小さなパネルを偶然見つけました。E. Nesbitのこの作品のモデルとなったのが、もう一つ西のStrines Stationという小さな駅だったようです。今では重要な登場人物である駅員さんのいない

駅になっています。「合理化」による人員削減で無人駅が増えているのはイギリスも同じようです。現代では、あの物語のような暖かい駅員さんとの交流は生まれないだろうと思うと、寂しい気がします。

　Edale という村の Visitor centre では、1932 年の Mass Trespass（集団的不法侵入）運動のことを知りました。どこに「不法侵入」したかというと the Peak District で一番高い山域、Kinder Scout です。16 世紀から始まった enclosure（囲い込み）で、共有地が資本家によって私有地化され、人々が立ち入ることができなくなってしまったのです。もし侵入すると雇われた番人に棍棒で殴られる羽目になったようです。この体制に反対して誰でも丘や山に登って自然を楽しむことができるようにと運動したのが、Benny Rothman など the British Workers' Sports Federation の人々でした。彼らは 1932 年 4 月に Mass Trespass を決行し、Manchester 側と Sheffield 側からのグループが山の上で集会を開いたのです。平和的行動であったにもかかわらず 5 人が警察に逮捕され、世論を動かします。これが後の国立公園法につながり、イギリスの自然が皆のものとなっています。今私たちがのんびりと自然を楽しむことができるのはこの運動のおかげなのですね。

これが enclosure のために作られた石垣です

第5章

英語授業のこれから

1. 学習指導要領の特徴と課題

　2013年、首相の諮問機関である教育再生実行本部の「成長戦略に資するグローバル人材育成部会提言」[1]は「結果の平等主義から脱却しトップを伸ばす戦略的人材育成」を目指すと宣言しました。具体的には「1. 大学において、(中略) グローバルに活躍する人材を年10万人養成」としています。高校を卒業する人数は毎年約100万人ですから、「平等主義」をやめて10％の人材を育成するというわけです。

　2020年から実施される学習指導要領には、「小学校英語の早期化・教科化」「授業は英語で」「言語活動の高度化」など、ここに書かれた方針が反映されています。

（1）新しい学習指導要領の特徴と課題

　これまでの学習指導要領が主に学習内容を規定したものであったのに対して、新指導要領は大きく変化しています。それは学習内容に加えて①指導方法（アクティブラーニングなど）②評価方法（パフォーマンス評価など）を規定していることです。さらに③学校運営（カリキュラムマネジメント）を連動させて拘束力の高いものになっているといえるでしょう。

　第1章で触れたように、授業は個性のある子どもたちと個性のある教師

が教材を仲立ちとして学ぶ営みです。したがってできるだけ多様性が活かせる環境が必要ですから、拘束力が強い学習指導要領はこれに逆行しています。

アクティブラーニング（AL）は「主体的・対話的で深い学び」と表現されていますが、それ自体は「主体的」に教材を読み取ったり自己表現したり、「対話的」に協同学習を行ったり、その結果「深い」学びを目指すという意味です。これを取り入れたことは評価できると思います。しかし、いつでもどこでもALを行わなければならないとすれば、これは教育実践を拘束し一面的な学びになってしまいます。

外国語の授業の中では単語や表現を覚えたり、説明に耳を傾けたりする場面は不可欠です。これらが受動的だからといって、全面否定するようなことになれば外国語学習は成り立ちません。コミュニケーションや「授業は英語で」が一面的に強調されたときと同様に、子どもたちと教師の実態に応じた自由な授業実践を束縛するものであってはなりません。それぞれの授業の目的やねらいを考え、それにふさわしい方法を教師が自由に選択できることが大切です。

また学習指導要領では「コンピテンシー＝資質・能力」が全教科にわたって強調されています。

（1）知識・技能（何を知っているか）
（2）思考力・判断力・表現力（何ができるようになるか）
（3）学びに向かう力・人間性

の3点ですが、これらは「予測困難な時代でのPISA（学習到達度調査）型学力を追求する世界の流れを取り入れ」、これを実現するためにはALが必要だという理屈になっています。（2）は大切ですが、無理に計測・評価しないことが求められます。また（3）は心の内面に関わるもので、あまりに強調すれば現場に混乱を持ち込む可能性があります。

そうしたことが懸念されるのは、カリキュラム・マネージメント（CM）＝教育課程の運営が強調されているからです。これは「各学校には、学習指導要領等を受け止めつつ、子供たちの姿や地域の実情などを踏まえて、各学校で設定する学校教育目標を実現するために、学習指導要領等に基づ

き教育課程を編成し、それを実施・評価し改善していくこと」と説明されています。（2）や（3）がCan-Doリスト化され、数値化され、「実施・評価」されるとき、人間的でない指導や教育になってしまう危険性を見ておかなければならないと考えます。

2．外国語科の特徴と課題

・コミュニケーションの行き過ぎた重視（1990学習指導要領から）
・文法の軽視（　〃　）
・授業は英語で行うことを基本とすること（2010から、今回は中学校でも）

　2～4章で述べてきたこれらの課題は、まだ改善されていません。外国語としての英語（EFL）・英語と日本語の言語的距離の無視あるいは軽視から生まれた外国語教育政策であると考えます。

　小学校英語については次頁の3．で詳述しますが、中高では格差の拡大を招きかねない高すぎる目標が目立ちます。

　例えば中学校の語彙数は、現行1,200語に対し、新たに設定された小学校の600～700語に加え1,600～1,800語です。小学校と合計すれば2,200～2,500語となり、現行の1.8～2.1倍に増えます。さらに「授業は英語で行うことを基本」とし、文法事項として現在完了進行形、仮定法を追加し、現在2～4割である英検3級レベルの生徒を7割に増やす目標を立てています。

　高校では、「授業は英語で行うことを基本」を改めることなく、語彙数を4,000～5,000語とし、発信力強化の言語活動（発表・討論・議論・交渉など）を行うとしています。話すこと［発表］では「スピーチやプレゼンテーションなどの活動を通して、複数の資料を活用しながら、多様な語句や文を目的や場面、状況などに応じて適切に用いて、意見や主張などを、聞き手を説得できるよう、論理の構成や展開を工夫して詳しく伝えることができるようにする」という高すぎる目標を示しています。

　しかも中高ともに「即興性」（ペラペラ話す）を強調しています。多くの中高生は学んだ英語を使うことによって自動化する（時間をかけてあまり

考えずに話すことができるようになる)段階にあり、即興性を急ぐ必然性はどれほどあるのでしょうか。これでは一部を除く大多数の中高生がついていけず、格差は拡大するばかりでしょう。

　小学校・中学校・高校では、「すべての子どもたち」が基礎学力を身につけられるような目標・方法・評価を設定する必要があります。その上で、すぐれた教材を用意し、協同学習を取り入れ、自己表現を重視するような授業を目指したいものです。

3．小学校英語の早期化・教科化

　改訂学習指導要領[2)3)]は、小学校第3・4学年に「外国語活動」を、第5・6学年に教科としての外国語科を導入するとしました。文科省がこれに基づき、2018年度からの前倒し実施を各都道府県に求めた結果、現場ではさまざまな問題点が生じています。

3．1　小学校英語を考える─裏付けのない外国語の導入

　1993年の文科省調査研究協力者会議は「児童は外国語に対する新鮮な興味と率直な表現力を有し、音声面における柔軟な吸収力を持っているため、外国語の習得に極めて適している」と述べています。しかしここには児童と年長者との比較は述べられておらず、学問的な裏付けがないまま小学校への英語導入が主張されています。

　では世界の研究ではどうなっているでしょうか。英語が使われている環境ESLで学ぶのと、日本のように英語が使われていない環境EFLでは結果が異なるので区別する必要があるようです。

　まずESL環境では、「年長の方が習得が早いが、年少の方が結果的に良い」(参考まで)

> "The older the faster,
> the younger the better"

これと対照的に EFL 環境では「年長の方が習得が早く、年長の方が良い結果になるかもしれない」というのが結論です。

> "The older the faster,
> and perhaps the better"

(以上は Muñoz, 2011)[4]

もちろん日本は後者の EFL 環境ですから、「英語は早く始めるほど良い」とはいえない、というのが結論です。

また、小学校で始めても中学校で始めても数年後には差がなくなることが知られています。例えば韓国では 1997 年に小学校 3 年からの英語教育が導入されました。ヨン・ヒョンジュンさん(元 KETG 会長、2003)は、導入後の生徒が中学校を終えた時期に、生徒と先生への調査研究を行い、以下の結果を示しています。

> (1) リスニング・スピーキングでは中1で効果があるように思われたが学年が上がるとあまり変わらなくなった。
> (2) できる子できない子の両極化現象が起こった。
> (3) 塾・予備校に行く子どもが増えた。 (ヨン・ヒョンジョン, 2003)[5]

この現象には、次のような子どもの発達段階が大きく関係しているようです。12 歳ごろには形態素・統語(文法)の習得度が大きく伸びる現象があり、この時期を過ぎた方が習得は容易になると思われます。これが「子ども」と「大人」の習得の違いに反映しているようです。

EFL 環境でも相当時間をかけて英語に接すれば年少者でも成果が上がるようですが、2020 年からの小学校英語の時間数は 3・4 年が 35 コマ、5・6 年が 70 コマだけです。自然環境での時間に換算すると年間でたったの 2.5 日と 5 日だけです。ラーソン・ホールの研究(2006)[6]では、文法でも音声でも、早期学習開始グループが優位になるのは学習時間が 1,500 ～ 2,000 時間必要だったといいます。すると、2020 年から小学校で行われ

る4年間で210コマ＝157.5時間という授業では、大きな効果はほとんど望めないと思われます。

　そればかりか、教科書には600〜700語を使い、従来中学校1年生で学んできた文法事項や例えばWhat would you like? のような口語表現が含まれますが、文法は原則として教えない方針です。音声から入って慣れればよいとの意見もありますが、上記のように少ない時間で多くの表現を学ぶとこなしきれなくなります。塾に行く子どもは疑問を解消できる一方で、行かない子が取り残され、学力が二極化する危惧を持ちます。

　久保田竜子さんは、外国語環境で学習の成果をあげるためには、

> （1）総学習時間が長いこと
> （2）モチベーションが高いこと
> （3）指導の質や学習環境に恵まれること
> （4）母語の認識能力・読み書き能力が育っていること
> （5）五感を使った指導法・フォニックス・文法などの指導をすること

などが重要だと指摘しています（久保田竜子，2018）[7]。大変説得力がある指摘だと思います。

　それでは、現実の小学校への導入でこれらの条件をどれほど満足させることができるでしょうか。それぞれを考えると、
（1）全教科を教えなければならない小学校では英語に十分な時間を割くことができません。
（2）中学生以上と同様にEFL環境下で、必ずしもモティベーションが高いとはいえません。
（3）全教科を担当する小学校の教師で英語の免許を持っている方は5％ほどしかいません。
（4）小学生の母語は伸び盛りですが、中学生ほど十分育っているわけではありません。
（5）小学校の先生が他教科の指導に加え、こうした指導法を身につけるのには大変な努力が必要です。

現に小学校の先生からも「道徳の教科化もあり、とてもやりきれない」「5・6年生の担任から外してほしい、という教師が増えた」などの悲鳴にも似た声が上がっています。また、ベネッセ教育総合研究所、2017「第6回学習指導基本調査」によれば、現在の英語指導に対して76%の先生が「あまり、または、まったく自信がない」、教科としての英語指導に対して81%の先生が「あまり、または、まったく自信がない」と答えています。

瀧口優さんが全国の小学校教師に呼びかけ「外国語活動」について行った調査(2018)では、次の結果が示されています。

```
＜実施しての問題点＞
  授業準備のための時間がない    57.5%
  指導者の力量の差が大きい      47.2%
  教師が自信を持てない          32.5%
＜望ましい改善点＞
  専科教員の配置                63.2%
  教師の英語力アップ            61.8%
  教材や指導法の研究            59.9%            (瀧口優, 2018)[8]
```

以上の現実を考慮すれば、現在の環境で小学校に外国語を導入するのは無謀といえるのではないでしょうか。日本の外国語教育を全体的に考えると、むしろ中学校に予算とエネルギーを集中させた方がはるかに良い結果になるでしょう。中学校の週あたりの時間数を増やすとともに、少人数学級にして教員定数を増やし持ち時間数を軽減することにより、より充実した授業が可能になるはずです。

3.2　課題を乗り越えるために

とはいえ、2020年度からの小学校の外国語導入が目前に迫っています。どうしても行わなくてはならないとすれば、次のような措置が必要でしょう。
(1) 制度的には
①時間をかけて教師を養成する（専科教員を配置するとともに、担任には

十分な研修が必要です)
②予算をつけて小学生にふさわしい外国語の授業内容を研究する(国際理解・英語以外の外国語を含めて考えるなど)
③早くても「9歳の壁」を過ぎた5・6年生から始めることにすべきでしょう。本来中学生のように抽象的な概念・科学的な概念を使って学ぶ方が望ましいと考えます。

(2) 実践的には
　これまでの中高での実践を踏まえ、小学校の特徴を生かして
①内容・テーマを重視する(子どもたちの興味関心を踏まえた教材を)
②協同学習を取り入れる(協同学習は、学びそのものや言語の本質に基づく)
③「考える」過程を大切にする(「聞く」「話す」「読む」「書く」は「考える」が基礎)
④自己表現することを大切に(自尊感情やコミュニケーション力を育てる)
　これらについては、第4章　外国語と母語、特に「新英研で学んだこと」で詳述しました。しかし小学校では現在中高で行っているような授業を目指す必要はないと思います。小学校の先生は、すべての教科を教え、子どもの学びや発達を全体に見る専門家です。新教材の *We Can!* や *Let's Try!* にこだわらないで、小学生やそれぞれの先生の実態に合った授業を行う中で、こうした観点が活かせれば良いのではないでしょうか。
　具体的には、以下のようなことが考えられます。

<中学年「外国語活動」では>
①多様な言語・多様な文化に触れる機会にする—遊びを含めて
②外国人講師との初歩的なコミュニケーションを楽しむ
③英語のリズムを楽しむ—歌
④「自己表現」の活動を豊かに(絵と音と体と)
(阿原成光, 2013)[9]

＜高学年「外国語」では＞
①小学校の先生の強みを生かして全人（ホリスティック）教育を生かす教育内容にする。例えば、他教科でやった内容を英語で行う。また、国際理解教育・テーマ別教育を中心に進める、など。
②日本語と英語の共通点や違いに注目し、気づきを大切にする。（このことは学習指導要領にも記載されています。例えば教科書に出てくる外来語を調べ、基本的な文法にも触れるなどの活動は効果的でしょう）
③基礎を大切に（文字・音声などのしくみなど）
（瀧口優・町田淳子，2010）[10]

4．大学入試の民間試験導入とは

2020年度から始まる大学入試共通テストで、「英語の4技能を測るため」に民間試験を導入することが決められました。2024年度からは民間試験に一元化するといいます。英語の4技能をすべて測るため、特に「スピーキング」を一斉に測る試験は、機会や面接担当者を確保するのがむずかしいという理由で、民間試験を採用するとしています。

＜問題だらけの民間試験導入＞
8種類の民間試験が指定され、原則として高3の4～12月の間に2回まで受験することになっています。GTEC（6,700円から）、英検（新型、5,800円から）、は日本の学生向けではあるものの、学習指導要領とは整合性がありません。TOEICはビジネス向けの試験であり、TOEFL（235米ドル）、IELTS（25,380円）は、それぞれ北米、英豪の海外留学に向けて作られた試験です。そのほかの試験もそれぞれの目的と内容はすべて異なります。これらももちろん学習指導要領と整合性がありません。

そこで欧州評議会のCEFR（セファール）のA1からC2の6段階を国際基準として、そこに各民間試験の結果を対照させるといいます。しかしCEFRは欧州の平和的交流を目指して「複言語主義」「複文化主義」を大目標としていますが、民間試験は英語しか視野に入れようとしません。またCEFRの6段階に対照させても、CEFRの段階はおおらかな目安に過

ぎず、ほとんどの受験生はA1に入ってしまい、一部の生徒がA2、ごくわずかな生徒がB2に入るでしょうから、3段階に分けることにしかなりません。欧州評議会はその後CEFRの増補版を出し、もう少しレベルを細分化しました。しかし、これを追いかけて具体化したところで、1点差で合否が決まる大学入試にふさわしい基準とはなりえません。

　私は留学のためにTOEFLのイギリス版と言ってもよいIELTS（アイエルツ）を1度だけ受験しました。IELTSの点数がイギリスの大学院受験の資格要件だったからです。試験では4技能のすべてで、留学生活に必要な、かなり高いレベルの英語力が試されます。英語圏での大学生活に必要な内容なのですから難易度が高いのは当然です。

　日本の高校生に受験させても、少数の例外を除き、手も足も出ないでしょう。ほとんどの大学生でも苦労するはずです。いわば小学生に田中将大選手の投球を打てというようなものです。まぐれ当たりはありうるとしても、高3生の実力を測るのにふさわしい難易度だとは思えません。

　また、毎回のように出題されるタイプの問題があって、一定の受験対策が可能です。これは毎回の試験のレベルを一定に維持するために必要な措置なのでしょう。私も何度も受験したくないと思い、参考書を買って対策問題に取り組みました。そうした問題に対しては「学習効果」がありますし、受験回数が増えれば増えるほど、多くの場合点数が伸びるはずです。この点は、ほかの民間試験でも同様なことがいえるようです。こうした学習は、英語本来の勉強とは異質な学習です。

　入試に使えるテストは2回だけですが、何度も受ければ点数が伸びやすいので、練習として何度も受けた方が有利です。しかし、お金が問題です。IELTS受験には約2万6千円かかりました（IELTSのスピーキングは、ネイティブと話すのですが、TOEFLはPCを相手に「話す」ので少し安いらしい）。民間試験の日程や会場はさまざまですが、試験会場はほとんどが都市部です。地方の受験生にとっては、交通費も宿泊費も加わるでしょう。受験には協力してやりたい、でも何回分も受験料を出してやれない…と悩む親の顔が目に浮かびます。ますます経済格差が学力格差を生むことになるでしょう。

また、スピーキングの力を公平に測るには多くの困難性があります。民間試験によってPCと「話す」ものと人間と話すものがあります。何の反応も示さない機械に声を吹き込むのと、人間的なやりとりができるテストでは結果が異なって当然です。逆に、人間を相手にするのは、あがってしまったり人見知りする生徒は不利でしょう。吃音、緘黙の傾向がある生徒は、それぞれの試験でどう評価されるのでしょうか。当意即妙な応答は苦手でも、じっくり考え深い内容を語ることができる生徒のスピーキング力は、どう評価するのでしょうか。

　民間試験の結果の公平性にも疑問の声が上がっています。例えば、ある試験では「地域をきれいにするためにできることは何だと思うか、1つ取り上げて理由を書きなさい」という英作文の問題で、ある解答は"I think to inportant,"（ママ）だったそうです。この、題意に沿っておらず文法もつづりも誤っている答えに対し、業者からのスコアは160点中の41点だったそうです。(NHK News Web, 2019.5.16 https://www3.nhk.or.jp/news/html/20190516/k10011918481000.html 2019.5.24閲覧) この答案に41点も与えるのかというのが第一印象ですが、では何点がふさわしいかと考えると採点基準によって変わってくるでしょう。この業者の採点は、アジアなど海外の業者に委託しているといいます。その結果、採点基準は業者によってまちまちです。「スピーキング」の採点はもっと複雑になるはずですから、入試に必要不可欠な公平性は担保されません。

＜避けられない高校教育への"backwash effect"＞

　「大学入試改革」への民間試験導入は、間違いなく高校の授業に影響します。Backwash（波及）とは、Oxford Advanced Learner's Dictionaryによると、原義は「波が海岸に打ち寄せた後に海に戻っていく水の動き」です。しかし多く使われる意味として"the unpleasant result of an event"が最初に書かれており、「不愉快な、不快な」というマイナスのイメージがあります。

　民間試験はそれぞれ試験内容も異なりますが、書店やネット上には「〜受験の対策・コツ・攻略法・テクニック」などの本やHPが溢れています。例えば「本文を全部読まないでも答えられる問題は…」「設問文と同じ語句

が入っている選択肢は選ばない」などの「知恵」が満載です。民間試験が大きい位置を占めるようになれば、backwash effect によって、進学者が多い学校では、こうした「対策・コツ・攻略法・テクニック」が教えられることになるでしょう。進路指導に熱心な教師だけでなく、生徒からも受験対策の要望が出てくることでしょう。これでは本来の英語の力を育むのではなく、小手先の点数をあげる方法を教えることになってしまいそうです。unpleasant どころではなく、destructive な影響が授業に及ぶことが心配です。

　年間50万人以上の受験生が大学受験に取り組みます。受験対策のために、本番の前に練習として何度も受験したり、「話す」英語の塾に通ったり、対策本を購入したりするでしょうから、巨大な利権が絡んできます。その市場を獲得するために、業者はさまざまな戦略を実行することでしょうが、受験生がそうした動きに左右されてしまうことがとても心配です。

　以上のように、大学入試への民間試験導入は問題だらけで入試の一部としては機能しないし、高校教育や中学校教育に悪影響を及ぼします。ぜひ見直してほしいものです。

　4技能をトータルに測る試験にしたいという方向性は賛同しますが、高校の外国語学習の成果をどう公平に測るのかを研究開発することなく、民間試験に委ねてしまうのはあまりにも安易すぎます。現在のセンター試験は、公平性や厳密性という意味では丁寧な配慮があります。これまでの試験づくりのノウハウを生かしてスピーキングの試験も加えていくべきですが、それは簡単なことではありません。そのため、研究開発・実施に相当の時間と経費がかかるでしょうから、政府・文科省は民間試験に丸投げするのではなく、自らの責任で十分な予算をかけて取り組むべきだと思います。

5．グローバル教育と Active Learning

5.1　Global Education から学んだこと

　私たちは、1990年代から浅川和也さんなどが中心になって、「グローバル教育 Global Education」を研究してきました。'95 〜 '97にかけては、日本でのワークショップやカナダ・セミナーを行って、David Selby 氏[11]ほかから多くのものを学びました。グローバル教育は、それまでの国際理解教育や異文化理解教育をもう一歩発展させて、国家を超えた地球規模の課題を取り上げようとするものです。グローバル化には資本の支配が国境を超え、貧富の差を拡大し、環境と固有文化を破壊するという側面があります。そこでグローバル教育では、人権、開発、環境、平和などの諸課題を取り上げ、既存の学問の枠を超えて複合的な性格を持つ地球的な規模の問題をよりよい方向に解決していくことを内容としています。さまざまな問題を相互関連性をもって捉えるためには、空間的次元・時間的次元・問題の次元・(個人の)内面の次元の4つで捉えることが強調されました。

　さらに、教育内容は適切な教育方法をもって具現化されなければなりません。例えば「民主主義」を教えるのに、生徒に考える余地なく押しつけるのであれば、権威への服従を教えていることにしかなりません。マクルーハンの "The medium is the message."（メディア＝方法はメッセージである）がこの視点を端的に表現しています。グローバル教育では、さまざまな活動やタスクを使って結論にいたるプロセスで考えること、また活動の後には必ず振り返りを行い交流をすることを重視しています。

　グローバル教育のこうした特徴は新英研にとって必ずしも未知なものというわけではなく、「聞く」「話す」「読む」「書く」の4技能の前提になるのは「考える」力だと考えてきました。また世界の諸課題をより良い方向に変革していく点では、大会スローガンで「すべての子どもたちに外国語を学ぶ喜びと平和な未来をひらく力を」を掲げてきたことと見事に一致していると言えます。しかし、グローバル教育の、学習者自らが探求し仲間と協同で知識・技能・態度を合わせて身につける学習スタイルには大いに刺激を受けました。Rights Balloon Game や Future Timeline (p.223)

など、具体的な活動を授業に取り入れたものがいくつもあります。

　今回の学習指導要領で強調されているアクティブ・ラーニング（「主体的・対話的で深い学び」）は、グローバル教育と通底していますし、歓迎すべきものです。また、これまであまり授業に取り入れてない場合は、ぜひ取り入れてみる価値があると思います。グローバル教育には、試してみる価値のある活動が多くあります。

　ただし一面的にアクティブ・ラーニングを強調してしまうと、その基礎となる知識を軽視してしまう傾向が生まれる可能性もあります。学びには知識も欠かせません。外国語の授業では、教材内容にある一つひとつの知識や、語彙や文法の習得など受動的・一方的で浅く思える学びも含まれます。授業の中にこの両面がうまく組み込まれるよう、全体的な視野が重要です。

5.2　グローバル教育を授業に組み込む

▶実践 5-1

「総合的なコミュニケーションを目指して」（B高校 1997 年実践）
はじめに

　"I get up at four-thirty." と、1年生のUさんが笑顔で言う。聞けば、本校からかなり離れたF市から通っているという。学区が広がったためにF市あたりからも生徒が入学するようになったのです。今年最初の授業に出席するために、彼女はそんなに早起きしてきたといいます。まだそういう年齢でもないのに生徒の名前を忘れがちな私でも、一度で彼女の名前を覚えました。

最初の授業で

　そんな「会話」ができたのは People Hunting という活動の中でした。Find someone who plays a musical instrument. や Find someone who gets up earlier than you. のような指示をプリントに 10 数個載せておきます。ビンゴにしておいてもよいでしょう。生徒は "Do you play any musical instrument?" のように質問し、"Yes." であればその人の名前を書きます。さらに "What instrument do you play?"と聞いてその返事を記入します。すべて違う人にinterviewしなければなりませんから、かなり多くの人と話すことになります。

はじめはおずおずとしていましたが、やがて教室は騒然となり、あちこちから笑いやら驚きの声やらが聞こえてきます。かなり日本語も聞こえますが、全面禁止はせず「少なくとも質問は英語ですること」「答えるときも、英語でなんて言ったらいいか少なくとも3秒は考えて、わからなかったら日本語でもよい」と指示をしました。最後の10分ぐらいで私とALTが生徒にどんな答えをもらったのか聞き出していって、全体のまとめとしました。

現状をどう変えるか

OC (Oral Communication) の授業には多くの問題点があります。①クラスサイズの問題。ペアワーク、グループワークなどの工夫は当然するとしても、JTE/ALTの指導が十分行き届くとはいえません。②大学入試の問題。センター試験も改善されているとはいえ、Would you like…?を「知って」いれば得点できるので、文法の授業で教えればよいことになります。③「英会話」中心の教科書の問題。多くはfunction, situation 中心のシラバスになっています。その有用性を否定するものではありませんが、これでは定型表現の暗記に終わりがちになります。もっと生徒が自分の思いを自己表現でき、英語Ⅰ・Ⅱの内容にもつながるような豊かな「会話」を目指す教材が望まれます。

そのような現状から、私の授業では教科書を離れ、OC の A, B, C にもこだわらないで、総合的なコミュニケーションを目指しています。幸い3年選択英会話では募集定員を20人にして少人数の授業を行うことができました。以下の年間計画は、これまでのOCやⅡAの授業で行った実践をもとに週2時間の前提で立ててみたものです。

＜1学期　音の世界に慣れ親しむ・集団を作る＞

月	テーマ	目標	活動
4月	People Hunting	集団づくり・自己表現	インタビューactivity

月	テーマ	目標	活動
5月	"Tom's Diner"	発音とリズム	歌を歌う
	Findings Things in Common	集団づくり・自己表現	インタビュー activity
	The Rhythm of Our Body, Sesame Street	オノマトペ	ビデオ聴き取り
	My Fair Lady	英語の多様性	映画聴き取り
6月	Globingo	国際化・集団づくり	インタビュー activity
	At a Bakery, Sesame Street	ライム	ビデオ聞き取り
	"True Colors"	Self-esteem	聴き取り
	You…	Self-esteem	英文づくり
7月	Ecology Message Match	環境	文合わせ activity
	Green People Hunting	環境	インタビュー activity

＜2学期　世界に視野を広げる＞

月	テーマ	目標	活動
9月	Children's Peace Statue	平和（アメリカ交流）	ビデオと聴き取り
	Folding Paper Cranes	平和	折り紙 activity
10月	Speech on Peace	平和スピーチ	自己表現スピーチ
	"We Are the World"	貧困・飢餓	歌と Q&A
	The Rights Balloon Game	権利の熱気球	ランキング activity

11月	Rights for High School Students	高校生の権利を考える	英文づくり
	Ranking & Discussion	権利	ディスカッション
12月	Self-Expression Conversation	自己表現英会話	スピーチ準備

＜3学期　考え自己表現する＞

月	テーマ	目標	活動
1月	Presentation	自己表現英会話	スピーチ発表
2月	My Past and Future	過去と未来	絵と英語で発表
	Finding Your Job	職業とは	職業当てゲームなど
3月	My Future Plan	自分の将来	ディスカッション

1学期　音の世界に慣れ親しむ・集団をつくる

　1学期の授業では、音を楽しむことから始めます。音声は言語の基礎であり、英語の音やリズムが面白くて英語が好きになる生徒もいるからです。Suzanne Vega の "Tom's Diner" という曲は、ポップスには珍しいアカペラの曲で、歌を使って発音とリズムを教えるのに格好の曲です。ALT や私も歌う中で生徒も声を出して歌ってくれました。アカペラなので発音がよく聞こえ、一連ずつ教師と生徒が繰り返す形で音楽の授業のように歌っていきました。

　映画では、ロンドンの下町言葉が出てくる *My Fair Lady* を使って英語の多様性を学びました。"The rain in Spain stays mainly in the plain." と歌われるシーンを使って、Cockney と Queen's English の違いを理解させ、両方で読ませます。次に "Just you wait, Henry Higgins." を聞かせて、何を歌っているか考えさせます。

　1学期はまた、生徒同士が知り合い集団をつくる時期でもあります。

そのために自己表現し仲間を知る活動が大切です。一方的な知識の詰め込みではなく外国語を「使い」、コミュニケーション本来の意味を体験させたいものです。例えばGlobingoはGlobal Bingoの意味で、話題は国際化ですが、いろいろな人と話してその人の国際化経験を聞きだしながら、ビンゴを楽しむように作ってあります。

　協同学習を成立させるためには、自分を尊重（self-esteem）し仲間を尊重できなければなりません。"You…"の活動では、仲間のいいところを書かせました。Cyndi Lauperの"True Colors"を聴かせて、次に例文を見せた後で自己表現。はじめに自己評価を書き、次にほかの生徒にその人のことを書いてもらうことにしました。

> I am T. Nagai. I am cool-headed.
> You are very smart. (T) You are cool-headed. (K) You are unique. You are energetic. (T) You have your own opinion. (N) (（　）内は生徒の名前、以下略)

2学期　世界に視野を拡げる

　生徒は、かなり英語が苦手な子であっても、苦労して学ぶからこそ自分の興味に合い、人間的価値観を揺さぶるような内容の教材を求めているのではないでしょうか。英語Ⅰ・Ⅱには平和・環境・人権・南北問題などが結構取り上げられています。こうした深い内容の英語は表現がむずかしくなりがちですが、高校生の知的な関心は十分それを補うことができます。

　権利については、Global Educationで学んだRights Balloon Gameを使うことができます。

　　The right to my own bedroom
　　The right to clean air and water
　　The right to love and affection (以下略)

など10の権利が熱気球に積まれています。気球が落ちそうになり、一つずつ捨てなければならないときに、どれから諦めるか、という設定です。権利についてのランキング活動といえるでしょう。もちろん、

「正解」はないので、それぞれの権利についての価値観を考え話し合うことが目的です。

　このゲームだけでは、やや抽象的になりがちなので、次に「子どもの権利条約」を読んだ後、「あったらいいなと思う高校生の権利」を作らせてみました。

　The right to move freely from one chair to another.
　Students can choose teachers of any classes and their own homeroom classes.
　Students can use a special discount for whatever they buy and use.

　など、彼らはユニークな権利を考えました。

　平和については、広島の「平和の子の像」の姉妹像（Children's Peace Statue）をアメリカの子どもたちが作ったことを取り上げました。この運動については新英研をはじめ多くの日本人教師が応援し、私自身もアメリカのサンタフェで行われた除幕式に参加しました。そのときのスピーチや歌のビデオは、生徒が知っている人間（私）も登場することもあり、最高の教材となったと思います。生徒には平和についてのスピーチとディスカッションをやってもらいました。

＊ What is peace?
　Peace is when competition is gone from the world.
　Peace is to respect everyone's rights for life.
　Peace is not to forget smiles and laughter at any time.
　Peace is always being surrounded by friends and families.
　Peace is when foods taste delicious.（Yuki）

＊ What is paece?
　I think peace is no more wars, no violencs, no poverty and a clean world. We must change our mind and change existing wrong governments. The thing we need now is not weapons, but to understand each other. If we want peace, we should talk each other and love each other. And I be-

lieve peace will come in the near future.（Atsushi）

など、素晴らしい自己表現が生まれたので、みんなの前で発表することにしました。

この発表のとき、ALT のマイケルさんが急に「教員もやろう」と言うので、私たちは即興で話すことにしました。私は「政府などではなくて民間の人々が交流し合うこと」を、ALT は「自分とは異なる人を尊重すること」などを話しました。すると驚いたことに生徒の3人が、歌を歌いたいと言って、"We Are the World" を歌ってくれたのです。生徒が自主的に歌を歌ってくれるという授業は初めてでした。途中からマイケルや私も一緒に歌い、大きな拍手でこの授業が終わりました。

環境については、Ecology Message Match をやってみました。ネイティブアメリカンの語った自然観や環境問題についてのメッセージの意味を味わいながら、2つの文の組み合わせを考えさせます。

The earth doesn't belong to man. Man belongs to the earth.
Think globally. Act locally.

などの文を印刷してハサミで切り分けます。生徒に一片ずつ配り、生徒はうまく意味がつながる相手を探して完成させる活動です。最後は全体で英語を味わい共有します。

3学期　自己表現する

過去を振り返るだけでなく、未来を考える活動につなげたいものです。しかも未来を個人の未来（personal future）と社会の未来（societal future）に分け、個人と社会のつながりも意識づけようという Future Time Line という活動があります。

1学期から自己表現は行なっていますが、仕上げともいうべき「自己表現英会話（創作英会話）」を行わせます。

この年私は担当クラスが多く 320 人もの生徒を教えていました。生徒が自分を表現できそれぞれの個性を十分に発揮できる、こうした活動のおかげで、なんとか名前が覚えられたのだと思います。

第5章 英語授業のこれから

作品紹介

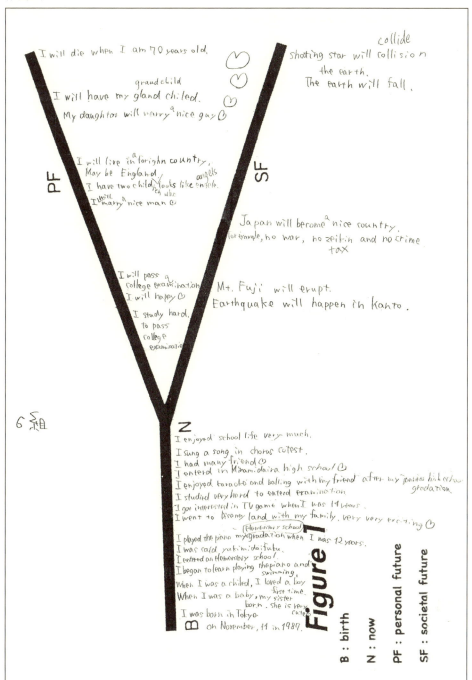

Figure 1

6．機械翻訳と Creative Conversation

　ここ数年、機械翻訳の能力が飛躍的に伸びています。音声入力すればたちどころに世界の数十カ国語に翻訳してくれる、ドラえもんの「ほんやくコンニャク」のような機械も手に入るようになりました。これは2016年のニューラル機械翻訳（Neural Machine Translation）という人工知能による翻訳が実用化したことによるといいます。

　手近に利用できる Google 翻訳をあれこれ試してみると、その能力のほどがわかります。例えば、日常よくある会話を試してみます。

　「袋をご利用ですか」「はいお願いします」は
　"Do you use a bag?" "Yes, please."
と英訳してくれます。ドンピシャです。しかし「お客様、年齢がわかるものをお持ちですか。」だと

　Do you have something that tells you your age?
で、お客に対してお客の年齢を教えるものという訳文になってしまいます。もう少し調べてみましたが、日常会話については、ピッタリなものと意味不明なものとの差が大きいようです。

　次に、基本文法をどの程度踏まえているのかと考え、5文型を想定して以下の文を翻訳させてみました。

・風が吹く。
・風は豊かだ。
・私は風が好きだ。
・風は私にエネルギーをくれる。
・風は私を幸せにしてくれる。

　Google 翻訳は次のように訳しました。

・The wind is blowing.
・The wind is rich.
・I like the wind.
・Wind gives me energy.
・Wind makes me happy.

なぜ現在形を進行形にするのか、また定冠詞 the があったりなかったりするのは謎ですが、語順はしっかりしています。

「Google 先生」現わる！

学生にスピーチの原稿を書かせていたら、「Google 先生に頼っちゃいました」と言います。思わずそんな先生いたっけ？と思ってしまいましたが、もちろんスマホの翻訳機能のことでした。「ちゃんと考えながら参考に使うんだよ」「最後は自分で判断してね」とアドバイスしました。提出されたものはミスの少ない、なかなかの翻訳でした。

AI がもう少し能力を高めたら、おそらく初学者では太刀打ちができない「英語力」を持つかもしれません。来日する外国人との会話や海外旅行での会話は、英語以外も含め、かなり機械翻訳で行うことができそうです。そうすると、一部のプロフェッショナルは除くとして、一般の生徒に外国語（英語）教育は必要がなくなるのでしょうか？

この大きな問いに対する本格的な答えは、技術的な発展も考慮しながら今後の研究に譲らざるを得ませんが、とりあえずは「そうではない。外国語教育は AI にはできない考える力・コミュニケーション力の養成や人格形成に役立つ」と考えます。

▶ **実践 5-2**

Creative Conversation の授業から（E 大学 2017 年実践）

ずっと以前から、自己表現を協同学習で行う、Creative Conversation（創作英会話）を実践しています。2〜3名1組で、自分たちで自由な会話を創作し、クラスの前で発表させる取り組みです。学生たちには、一人でクラスの前に立つよりもプレッシャーが少ないので、Show & Tell よりも好まれています。

（1）日程
1時間目　ペア編成・テーマ決定・会話文作成
　（その後提出して教師が添削）

2時間目　返却・暗記・練習
（原稿を見ないでみんなを見て発表できるよう練習）
3時間目　発表
（2）活動の手順
　簡単に手順を説明します。「ペアか3人グループで、会話を作って発表しましょう。テーマは何でもよいですが、少しは深みのあるものにしましょう。ユーモアがあるのもいいですね。何か小道具などを使うとわかりやすくなります。ひとりにつき10文以上セリフがあること」
　過去の作品例を使って見本を示し、原稿用紙（左半分に英語、右半分に日本語）に自分たちの作品を書いてもらっています。
　辞書（電子辞書も、最近はスマホの辞書も多義語や用例が豊富になっていて、使いごたえがあるので使用可にしています）を使って英文を正確なものにさせます。
（3）作品例　"Onigiri girl"

K : Now many foreigners respect riceballs, but I haven't eaten them recently.

Y : Why?

K : Because it's not fashionable that girls eat riceballs. I want to eat egg benedict instead.

Y : Oh, wait! Are you really Japanese? Nothing is more beautiful than girls having a riceball.

K : Oh my God! Now I know I was wrong! I will become "an onigiri girl"!

　（以下省略）

（4）添削とアドバイス
　すべての自己表現に添削が必要なわけではありません。しかしこの実践では生徒に暗記させ発表させるので、英文の添削が必要でしょう。
　発表にあたっては、「暗記した英語と違ってもかまわない。話し方、表情、ジェスチャーなど工夫して、みんなに『伝える』ことが一番大切」であることを強調したいものです。

(5) 評価の仕方
　私は1枚の用紙に、発表者名と①発表内容8点、②わかりやすさ4点、③英語・暗記4点の3つの基準で評価させています。アンコールしたいものには○をつけさせます。多くの生徒に選ばれたものを時間の最後にアンコールでやってもらいます。
(6) 学生の感想
＊<u>クイズ式にしたりジェスチャーを入れたりして、わかやすく伝えられている</u>発表がよかった。自分たちも強弱だとか動作を入れて体全体で表現できたらいいなと思った。海外でも生かせそうなことを学べたような気がする。
＊各グループとても個性があってとても面白かった。自分で会話の形で発表してみて、うまくコトバにすることはむずかしいと改めて感じた。でもスムーズにできれば楽しいだろうということも同時に感じたので、英語に対してもっと興味を持って取り組んで行きたい。
＊暗記することも大事ですが、そのこと以上に相手に伝えるということが大切だと学びました。聞いている人に質問するということを取り入れて、<u>スピーチは一方的でなくやりとりが大切</u>だとわかりました。<u>子どもと話すときにも生かしていきたいです。</u>
＊みんな面白くかつ内容がわかりやすく楽しめました。発表は恥ずかしいけどやっていくうちに慣れていくし、このような発表の場があってよかったです。英語の楽しさを改めて知ることができました！！！

　この授業では、学生たちが何もない状態から会話内容を考えていきます。自分たちが表現したい内容を2、3人で話し合って創作します。まさに翻訳機械にはない「考える力」が試される場面です。
　その表現内容を英語にする際に機械翻訳を頼ることがあってもよいでしょう。ただし、①その前に自分（たち）で考えること、②機械翻訳の英語をもう一度自分（たち）がチェックして、言いたいことを表しているかを確認し、訂正すること、は義務づけたいと思います（できた英文を日本語

訳することも含める)。

　学生の感想にあるように、コミュニケーションは単に翻訳・暗記することではなく、その表現内容に応じた抑揚やストレス、さらに表情やジェスチャー、問いかけややりとりも含む総合的で人間的な営みです。これは翻訳機械には決してできないことです。

　機械翻訳は、電子辞書と同様に、学習段階によっては教育的な意味で利用させないほうがいい場合もあるでしょう。同時に、その能力の発展を確認しながら、効果的だと判断できる場合には利用すればよいと考えていいと思います。

・おじさんのイギリス留学記 ⑤

イギリスの生活あれこれ

　学寮のすぐ前には小さな道があって、Caxton Road という標識が立っている。道の奥には学校があり、道の両脇には緑豊かな駐車場と2軒の家の庭がある。道の長さはわずか 30m ほどなのに、こんなしっかりした名前が付けられている。イギリスに来る前から、道に名前がついていることは承知していたが、なぜこんな小さな道にまで名前がついているのだろうか？この道の名前を口にする人は1年に何人いるのだろうか？

　その理由は、銀行の口座を開いたり、オンラインで本の注文をしているうちにふと思い当たった。ごく単純なことだった。それは住所の一部なのだ。これがなければ郵便物もデリバリーも届かないということになる。多くの方にとっては当然のことだろうが、私には大発見であった。

30m しかない Caxton Road

鉄道料金

　イギリスの鉄道は、オンライン予約するとかなり安くなる。予約番号を駅の販売機で入力すると切符を手に入れることができる仕組みである。ところが、この切符の値段がかなり複雑で同じ区間で高かったり安かったりする。イギリス人も「よくわからない」と言っていた。あるウェブサイトには、安い切符を手に入れる方法が書かれているが、「往復切符よりも片道2

• おじさんのイギリス留学記 ⑤

枚を」とか「長距離で乗り換えがあったら分割して買う」とか、おおよそ常識では考えられないことが書いてあった。どうやら混んでいる列車は高く、空いている列車は安いということらしいが、分割民営化もあって、かなり複雑でかなり面白い（?）ことになっているようだ。

予約不能？

空港で家族を出迎えるため、オンラインで鉄道の予約をしようとした。12月26日の列車をNational Rail Enquiriesで予約しようとしたのだが、以下のような画面が出てどうしてもこの日の予約ができない。"Some of your outbound journey starts on a different day to the one selected."いままで何回か予約してきたが、こんなことは初めてだった。かなり焦って隣室のイギリス人に聞き、電話で問い合わせてもらいやっと原因がわかった。ChristmasとBoxing Dayのために列車の数が削られ、予約できないということだった。（なんとわかりにくい説明！）バスは走っていることがわかり、そちらを予約することになった。結局私に必要なのは、Christmasが一年でも最も重要な行事で、そのため鉄道も会社も店もレストランもお休みという常識だったのだ。

Sheffield行きの電車

第6章

英語教師はどう成長するのか

1. 終わりがない旅

　いうまでもありませんが、私たちは英語ができるだけでは教えることはできません。人間への理解や教育一般・外国語教育に対する知識や技能が必要です。そして、語学力と同様に教師としての成長にも「終わり」というものがありません。Underhill (1992)[1]は次のようにわかりやすく表現しています。

> ・Teacher development is the process of becoming the best teacher you can be.
> ・Teacher development is a continuous process of transforming human potential into human performance, a process that is never finished.

　以前、生徒が教師に何を期待しているのか知りたくて「先生に望むこと」というアンケートをとったことがあります。

▶ 実践 6-1

（1）先生に望むこと　◎○を記入　都立 B 高校
（1995.アンケート実施◎を2ポイント、○を1ポイントとして計算した）

	1年	2年	3年	合計
a. 授業がわかりやすい先生	71	62	72	205
b. 授業が面白い先生	55	48	55	158
c. 生徒の質問や意見をよく聞いてくれる先生	54	36	43	133
d. 専門的力量が高い先生	34	27	41	102
e. 実験やグループ活動など工夫がある先生	43	23	24	90
f. 個人的な相談に乗ってくれる先生	26	16	21	63
g. 話したり眠ったりするのを見逃してくれる先生	25	18	12	55
h. 小テストをこまめにやり面倒見のいい先生	7	7	12	26
i. テスト結果・授業態度などを厳しく指導してくれる先生	7	5	8	20
j. クラブ活動に熱心な先生	22	26	17	65
k. 厳しく暖かく生活指導をしてくれる先生	17	12	16	45
l. 学校行事を熱心に指導してくれる先生	25	28	23	76

（2）その他　自由記述から

m. 生徒はそれぞれ異なることを理解して接してくれる先生

n. 生徒のプライバシーを守ってほしい

o. 教科書だけを教えないで何かを教えてくれる先生

p. 自分の昔話をしてほしい

q. できる限り生徒の自主性を重んじてほしい

r. ほったらかしにせず、かまい過ぎない先生

・生徒たちを愛する先生

・遅刻しても許す先生

・楽な感じの授業がいい

・授業はゆっくり進めてほしい

・テスト前は自習にしてほしい

・いじめをなくす

・自分で勝手に進まないで

- 笑える先生がいい
- 進路指導を熱心にやる
- チャイムと同時に出席を取り始めないで
- ほかの教科にも理解のある先生
- クラスのこと授業のことを研修してほしい
- 先生によって授業の好き嫌いが決まるので、楽しい授業を
- 偏見のない先生
- 理論的な教え方をしてくれる先生

　このアンケートで、すべての生徒がどのような教師を望んでいるか、わかるわけではありませんが、この高校生たちの声から学ぶことは多くあると思います。
　第1に、圧倒的多数の生徒が「わかりやすく、楽しい」授業を望んでいることです。わかっても面白くない、または面白そうだけどわからないのでは身につかないので、この2つは不可分の関係にありそうです (a. b.)。
　第2に、生徒の立場になって授業を組み立てる人間性を求めています (c. f.)。単に知識を一方的に教わるのではなく、それぞれの個性を持った生徒が、対話的に語りかけてほしいと望んでいるのだと思います。
　第3に、英語についての専門的力量とその内容を伝えるための創意工夫を望んでいます (d. e.)。教材研究による深い内容と、その内容を学ぶのにふさわしい活動やアクティビティを考えてほしいということでしょう。
　第4にHR・学校行事や部活動での指導を期待する生徒も多くいます (j. k. l.)。授業で知識や技能を身につけるだけではなく、人間として充実した生活につながるような高校生活にしたいという気持ちが感じられます。
　自由記述からも、生徒たちの生き生きした感覚が伝わってきます。
　m. n. では、自分らしさを理解してほしいという願いとともに、周りに広げてほしくないという成長期らしい気持ちが読み取れます。
　o. p. からは、教科書にある知識だけでなく、それに関係する人間の生き様や経験を物語（ナラティブ）として知りたいという要求を感じます。
　q. r. は、自分の未熟さを意識しつつも、自立した人間として行動したい

という青年期らしい要望です。教師としても、「ほったらかしにせず、かまい過ぎない（これは名言ですね！）」で「遊びを持って」生徒に接するのは大事な心構えだと思います。

しかし、こうした生徒の声に十分応えるのは、個人としても学校全体としても容易ではなく、教育は確かに「終わりのない旅」のようなものです。

2．教師の成長と同僚性

「最後の宮大工」と呼ばれた西岡常一さんは次のように書いています。

> （法隆寺の建築物は）一本一本が木の個性に合わせて仕上げられてますから、一つとして同じものはありません。強い木は強く、弱い木は弱いなりにうまく木の性質を見抜き、それぞれを使えるところに使っています。いまのようになんでも規格に合わせて、同じようにしてしまうのは、決していいことではないですな。（中略）法隆寺のことでは、いつも学者と言い合いしていました。学者はこういうものを木の命だとか、木のクセとかで見ませんのや。形や寸法だとかばかり見てます。それでは、わかりません。けれども、学者はわれわれの言うことは聞きません。（西岡常一，2003『木に学べ』[2] pp.92-96)
>
> わたしは一度言うてやったことあります。「飛鳥時代には学者はおりません。大工がみんなやったんやないか。その大工の伝統をわれわれがふまえているのだから、われわれのやってることは間違いないとおもってください。」（同上書，p.213）

何という毅然とした態度でしょうか。西岡さんは、はるかに高い賃金の貰える仕事を断って法隆寺や薬師寺などの補修・建築に自信と誇りを持って携わったといいます。これらの仕事に携わるうちに、一本一本異なった木の個性を生かしながら千年以上も建っている建築物の仕事の素晴らしさを見抜いたのです。建築学者と意見が異なっても一歩も譲りません。

この大工と学者の関係は、教師と研究者の関係によく似ています。実践

(practice)と理論(theory)の関係と言ってもいいでしょう。教師は、教室内外で実践に取り組み、あれこれ悩みながら失敗と成功を通して自分なりの経験則を築いていきます。「教師の信念(Teachers' beliefs)」は、生徒・教師としての個性、生徒だったときの学習経験、言語・心理・教育についての考え方などに加え、教師として教えたときの実際の経験に基づいて形成されるものだと思います。

誰でも、意識しなければ、いつの間にか自分が生徒だったときに教えられたやり方で教えている自分に気がつくことがあります。それが真似するにふさわしい素晴らしい授業であれば問題はないのですが、そうでない場合は意識的に改善する必要があります。そのあたりを鋭く表現したのが、英語は「教わったように教えるな」(若林俊輔, 2016)[3]という言葉でしょう。どんな授業にも改善の余地はありますから、常に自省が必要です。

「教師の信念」は、実践知と言ってもいいかもしれません。西岡さんのような「最後の宮大工」の実践知であれば、下手な学者の理論よりもはるかに役立つことでしょう。しかし、教育というのは、なかなか結果が見えにくいこともあり、なかなか西岡さんほどの確信は持ちにくいものです。

しかし、一人の「信念」で不十分であれば、これを教師間の「協同学習」にすればいいのです。そこに研修会や研究会に参加する意味があります。教師集団で、実践をレポートしあったり、批評しあったりすることで、より確実な「信念」にしていくことができます。生徒やクラスの個性を踏まえ、それぞれの違いがあっても共通な方向性はないのかを検討して行きます。こうなると、出てきた結果は「信念」を超えて「理論」と言ってよいものに高められていくのです。

佐藤学さんが中心となって進めている「学びの共同体」は、全国で3,000校以上もの学校で取り組まれるようになり、韓国・中国などアジアにも広がっています。そこでは授業で協同学習を進めるだけでなく、教師が学校ぐるみで授業研究を行うことに大きな特徴があります。生徒の実態から出発して教師が協同して学ぶことで大きなエネルギーを生み出し、授業だけでなく学校全体が発展し変革するのです。「学びの共同体」に学校ぐるみで取り組み大きな成果をあげたことが『英語授業・全校での協同学習のす

すめ』(根岸恒雄, 2019　高文研)[4]に詳しく報告されています。
　私は、同僚性について以下のように書きました。

> **教師の同僚性を高めるために**
> はじめに
> 　2006年6月、東京都新宿区立小学校に勤務していた女性教諭（当時23歳）がわずか新採用2ヶ月で自殺したニュースは、多くの教師にショックを与えたと思います。その後わかってきたことは、(1)新任でいきなり2年生の担任を持たされ、単学級のため学年で相談する相手もいなかった。(2)前年度10人いた教員のうち5人（担任6人のうち4人異動）が校長の経営方針への反対などから異動していた。(3)授業、学級運営、学校行事、初任者研修報告、公開授業指導案、年間授業計画作りなど、多忙な勤務のため朝6時半に家を出て、帰宅時も仕事を持ち帰っていた。(4)「結婚や子育てもしていないので経験が乏しいのではないか」など保護者から執拗な苦情が重なった、などでした。
> 　このような環境を考えると、前年の経験の引き継ぎも不十分なまま、彼女が困ったときに相談したり、頼ったりできる同僚がおらず、さまざまな課題を一人で抱え込んでしまい、「抑うつ状態」に陥り自殺に至った経過が理解できるような気がします。
> 　幸い今年の3月、公務災害に認定されましたが、父親は「信頼し合える同僚との関係があれば、こんな悲劇は起きなかった。若い先生を支えるシステムをつくってほしい」とおっしゃっています。そして「また両親は女性教諭の同僚から聞いた話として、かつて職員室にあったテーブルのことを話してくれた。教員たちは暇を見つけてはテーブルを囲み、悩みを語らっていたのだという。ところが、テーブルが撤去されたのをきっかけに和やかな空気は薄れていった。」(読売新聞, 2010年2月18日)の話は、教育現場における同僚性の大切さを、象徴的に物語っているように思います。

仲の良さと同僚性の高さ

　私はこれまでに4つの職場を経験してきましたが、学校というのは本当にさまざまです。一般的に言えば「困難校」2つと「中堅校」2つということになりますが、生徒の学力と生活状態、地域環境、学校の規模、学校の伝統、進路・部活動・生活指導に対する考え、教師の子ども観や実践、同僚との関係など実に多様でした。私の狭い経験でさえそうですから、全国の学校の状況はまさに千差万別だと思います。

　同僚ということで言えば、私はかなり職場に恵まれたように思います。全体として教員どうしの仲はよく、職員室にはかなり自由に語り合える雰囲気がありました。もちろん教育観や生徒指導の仕方などは人それぞれで、中にはまったく話が噛み合わない場合もありました。時には教員のグループができ、それらのグループが対立的だった状況もありました。

　それでも、どの職場にも「親睦会」があり、歓迎会、忘年会、かつては職員旅行（最近はほとんど聞きません）などがありました。もっと小さな単位で、飲み会、旅行、登山、碁会、展覧会、料理の会などもやりました。いずれも楽しみの場でもあり、仲間づくり（同僚性を高める）の場をつくるために、誰かが呼びかけてみんなで盛り上げたものです。

　特に若いころ、そうした場で交わされる会話が、経験不足の私にとって貴重な学びの場になったように思います。それまで知らなかった生徒の話、生徒指導の話、授業の進め方など、世間話の中で多くのことを学びました。その意味では同僚間の仲の良さからさまざまなアイディアや実践が生まれることが多いことを実感します。

　浦野東洋一さん（2007）[5]は同僚性という言葉を「相談する・相談される、教える・教えられる、助ける・助けられる、励ます・励まされる、褒める・褒められる、癒す・癒されるという職場の人間関係」というふうに定義しておられます。「同僚性」という表現は、ストンと胸に落ちない面もありますが、この定義は素晴らしいと思います。

「困難校」と「進学校」

　一般に「困難校」のほうが職員間の仲が良いということがあります。「困難校」ではその名の通り、生徒は問題行動を良く起こし、指導に手がかかります。ひとつの「事件」のたびに事情聴取、生徒部学年会議、職員会議、家庭連絡、指導申し渡し、家庭訪問、生徒部学年会議などなどが続きます。何人もの生徒が絡んだ複雑な「事件」が起これば、事情聴取だけでも何時間もかかります。授業もこちらの思い通りに進められることは少なく、ひとりひとりに丁寧に対応すればするほど授業計画は狂っていきます。心身ともにクタクタになります。

　そんなときには、同僚と話すことほど癒されることはありません。ある先生がふと「俺なんか、少なくとも一日に3回は生徒にグサッと来ることを言われるよ。教員なんかやってられんという気持ちになるね」と愚痴をこぼしたことがあります。「自分だけではないんだ。もう少し頑張ってみよう」と、救われたような気持ちになれました。

　また「授業はそうそう思い通りにはいかないよ。『やった！生徒もノッてたぞ。』と思えるような授業は1年に何回もないものだ。」と励ましてくれた先輩もいました。この先輩にしてそうなのだから…と救われたものです。

　こうした同僚間の励まし、癒し、慰めがなければやっていられないのが学校、とりわけ「困難校」です。授業内容も相当工夫しなければ生徒が聞いてくれません。「進学校」であれば、とりあえず授業は聞いてもらえる、特別指導も少ないために余裕を持って、自分なりの指導が通用します。しかしながら、指導が不統一だと生徒に与える影響力も限られたものになりがちです。より質の高い教育を目指そうとすれば、同僚間で高いコミュニケーションが必要になります。この意味では、「進学校」でこそ、生徒の成長をさらに援助するための仲間づくりや研修会が期待されていると言えるでしょう。

「生徒をまるごと理解」し、教師間の行き違いを埋める学校行事

　「えっ、あの子がこんな活躍をするんだ！」といつも感心するのが文

化祭、合唱祭、体育祭などの学校行事です。例えば、演劇が盛んだったA校やB校では、問題行動をしょっちゅう起こしていた生徒が主役として大きな声で迫真の演技をしたり、英語の授業ではいつも下を向いていてまるで存在感のない生徒が、オリジナルの脚本を書いたり、素晴らしい舞台装置を作ったりしました。

　こうした場面を目にすると、生徒をすべての面でまるごと捉えることの重要性を痛感します。同時に、そうした生徒の良さを引き出していない自分の授業を反省する材料となります。特に高校の授業は、一方的な講義形式になりがちですが、さまざまな活動を取り入れて、多様な生徒が活躍できる場面を作らなくてはいけないと思います。協同学習、表現読み（書いた人になりきって読む）、イラストつきの自己表現、クイズ、創作英会話など、多様なアクティビティが求められます。

　また、学校行事では他教科の同僚と協同し交流する場面が多くなりますが、そこからも学ぶことが多くあります。ひとりひとりが「万能」という訳にはいかないのだから、私たちの仕事はまさに「協働」ということになります。専門教科の知識や技術は当然として、演劇指導や合唱指導がうまい先生、モノづくりが得意な先生、メカに強い先生、写真やビデオ撮影に長けている先生、運動系に強い先生などなど、素晴らしい先生がいて多くのことを教わります。特に学級担任をしていると、学校行事を通じて生徒に接する場面が多くなり、いろいろな先生に教えてもらったことが生きてきます。

　他教科の授業の様子を聞いて、自分が知らなかった生徒の一面に驚くこともよくあります。そして、あまり相性が良くない生徒でも、「○○先生に聞いたけど、理科の実験すごい頑張ってるんだって？」などという会話からコミュニケーションができるようになることもあります。

より良い授業を目指して

　かつて先輩教師に「It is ～ that…. の形式主語構文の that は省略できるんですか？」と尋ねたら「確かありますよ。」との返事でした。翌日には「ほらね。」とご自分で収集した例文集を見せていただきまし

た。まだコンピューターが普及していない時代の話です。そんな例文集を自前で作られているのを見て本当に感心しました。

またある先生に「教科書にパブロ・カザルスが出てくるんですが、よく知らなくて。」と話しかけたら、数日後には彼の伝記とビデオを貸してくれました。英語圏でない国の音楽家のことまで研究している人は、なかなかいないものです。

所属している「新英語教育研究会（新英研）」からは、例えば「できない生徒は、必ず単語が読めなくて困っている」ということを学び、さっそく音読をやらせたものです。もちろん、多くのレポートや著作から教育論や教材論なども学び、教えてもらった教材も山ほどあります。

このように多くの同僚や研究仲間に助けられて、私も少しずつましな授業ができるようになったと思います。そこでは他教科の先生方と同様に、英語科にもさまざまな個性があり、それに応じて独自の研究・研修をしていることが前提となっています。

佐藤学さんは、「教師としての成長において何が有効だったか」という調査を行った結果、
　（1）自分の授業の反省
　（2）同じ学年教科の研修
　（3）校内研修
　（4）地域の研究サークル
　（5）教育委員会／組合の研修・研究会
　（6）大学教授の講演
の順だったとしています。同僚から学ぶものがいかに大きいかを示す結果です。

「生徒のために」が基本

特に大規模校では、共通進度で共通試験を行っているところもあります。同学年を担当する教師の意見が合えば、互いに創意工夫を交流し、プリントなども共通に使うこともできます。反面、それぞれにとっては、個性的な教材を使ったり、新しく思いついたアイディアを実行

しにくいという側面もあります。同じ教材を使っても、教える生徒も違えば、授業の力点も違うこともあります。

　意見が違ったときは、「生徒のために」が基準になると思います。とはいえ、どちらが「生徒のために」なるのか見極めがつかない場合もあります。なかなか結果が見えにくいのが教育ですから、長い目で判断するしかありません。

　ある先生は、「目標を共有し、方法は強制しない。」と表現していますが、言い換えれば、大まかな目標はよく相談して決定し、やり方はそれぞれの個性が活かせるような実践を進めるということが基本となるのでしょう。

　また、生徒も一様ではありません。家庭環境もさまざまで、最近では片親の家庭や経済的に苦しい家庭も増えています。進路も有名大学進学を目指している生徒もいれば、専門学校や就職希望の生徒もいます。教科書選択から投げ込み教材選び、学習形態にいたるまで、それぞれの生徒の特徴や興味をできるだけ活かした授業にしたいものです。

さいごに―教育行政と教師文化と授業研究―

　最近 PISA で日本の成績が落ちたと批判されたりしていますが、それでもかなりの上位にいるのですから日本の教育の質は高いのです。いっぽう国が教育に投入する予算はというと、OECD 諸国の中で最下位です。つまり経済効率から言えば、日本の教師はものすごい成果を上げているのです。それは、教師たちの個々の授業研究とともに、教職員集団の同僚性の高さに支えられていると言えるのではないでしょうか。

　ところが教員評価のシステムは、同僚性を崩す結果になっています。同僚性に支えられて、役割は違っても協同して成果を上げているのに、評価は個人で、しかも実質的に相対的評価になっています。これでは縁の下の力持ち役の教師、弱点はあっても成長しようとしている若い教師は評価されません。冒頭に書いた新採教師などは、真っ先に「指導力不足」のレッテルを貼られてしまいそうです。

希望を持って教職に就いたのに、数年で辞めていく、また、定年を待たずに辞めていく先生が増えています。2007年度に病気休職した小中高校などの教職員は 8,069 人、うち、精神疾患の休職は 4,005 人で 62％を占め、ともに過去最多だったといいます。いかに現代の教師がやりがいのなさ、生きづらさの中で教職生活を送っているかがよくわかる数字です。

　日本の教育に大きな役割を果たしてきた同僚性と教師による実践研究という文化が維持発展されることを願ってやみません。
（佐藤学，2009「教師花伝書」小学館）[6]

（拙文．2010. 12 月号『英語教育』大修館）[7]

3．教師の研修と研究会

3.1　検定試験は研修の目標となるか

　ある先生から驚くべき話を聞きました。職員会議で校長が「英語科の先生方は英検準1級以上を受けてください。本県の準1級以上の取得者の順位は全国で〇〇位ですから」と発言した、というのです。

　その校長の見識のなさには呆れるばかりですが、もとはといえば、「グローバル化に対応した英語教育改革実施計画（2013 年）」に始まります。「外部検定試験を活用し、県等ごとの教員の英語力の達成状況を定期的に検証 ※すべての英語科教員について、英検準1級、TOEFL iBT 80 点程度等以上の英語力を確保」としました。

　これに基づき都道府県別の英検準1級以上の取得率がマスコミにも取り上げられるようになりました。新聞によっては「英検準1級以上の英語力がある英語教師の割合」というタイトルで数字が並んでいます。ということは、私も含め英検を受けたことがない、あるいは申告していない教師たちは、「英検準1級に満たない英語力」であると、見なされているのです。（笑いと怒り）

　英語教育に関心を持つ人の中には、こうした発表に基づき教員の英語力

と生徒の英語力の散布図を作った人までいました。そこにはC県では「教員はビリなのに生徒は全国2位」とした上で、教師と生徒の「英語力」を比べ、「結果は驚きの相関なし（$R^2=0.06$）」と書いていました（統計学では、相関係数の絶対値の大きさが0.7〜1.0だと強い相関、0.4〜0.7だとやや相関あり、0.2〜0.4だと弱い相関あり、0〜0.2だとほとんど相関なしといいます）。しかしこんなことは驚くことでもなんでもありません。

　この人も前述の校長も、数字だけに踊らされて、明らかに認識不足なのです。

(1) そもそもこの調査は実態を正確に反映していません。生徒の「取得者」数は、実際受験して級を取得した生徒数と、受験していなくても英語教員が授業の様子やテスト結果から「それ以上の力がある」と判断した数を加えたものです。また教員の取得率は、そもそも受験したことのない教員を含めた全教員中の取得率ですから、それを平均的英語力と考えるのなら、まったく見当はずれです。

(2) 英検は「英語力」の一部しか計れません。「英語力」の定義もむずかしいのですが、例えば「使える英語」を目指して「コミュニケーションする力」と考えた場合、話す内容、態度、人間関係を築く力など、外部試験では測ることができない力が含まれます。だから、例えばスコアが高い人が商談がまとまらない」一方で「流暢とは言えない英語をしゃべる人が、なぜか海外で成功する」などというようなことがあるのは、むしろ当然です。

(3) まして、教員の「英語力」と教育力は別物です。世界についての常識や教養を踏まえた「本物の英語力」であればある程度の関連はあるでしょうが、外部試験で測る「英語力」は、教育力とはかなり異なります。教育は、人間についての洞察や共感に基づかなければ生徒を育むことができません。1級を持っていても良い授業ができるとは限らないし、「0級（外部試験を受けていない）」でも優れた教員が多くいるゆえんです。

　もちろん、教師個人個人が、英語力を高めようとして検定試験を目標にすることが間違っているわけではありません。そういう勉強のスタイルが

好きな人もいますし、一定の時期に挑戦するのもいいと思います。教育行政はそれを応援するために、国連英検やオックスフォード英語検定などに対象を広げた上で、受験料を援助するなどしてもいいでしょう。

しかしそれをすべての教師の目標として強制するというのは話が別です。英語力も教育力も含めた教師の研修は多岐にわたるので、教師一人ひとり、あるいは時期によって目標が異なってしかるべきです。勉強の仕方もさまざまです。

外国語というものは、いくら勉強しても「これでマスターした」と満足できるところまではいかないものです。確かに「基本的な文章は訳さなくても意味が理解できる」「英字新聞の概要がつかめる」「日常会話ならほぼ困らない」「大抵のことはメールでやりとりできる」「映画の会話がだいたい聞き取れる」のような目安はあります。言ってみればCEFRのCan Doに通じる目安です。こうしたことを目安にして研修したいものです。

また、一定の英語の力がついても、生徒の心をつかんだ授業ができるかどうかは別の話です。今までの生徒には通用したのに新しい学校や新しい学年にはうまくいかないこともしばしばです。だからほとんどの外国語教師がなんとかしてもっと研修したいと願っています。

しかし教師が抱える問題意識や課題は、個々の生徒や地域によってさまざまで、少し研修を受けたから解決するというものではありません。むしろ、同僚と話したり、研究団体で世間話をしたりしているときにヒントが得られたりするものです。

研修が自主的なものでなくてはならないというのは、こうした教師の研修の性質によるのです。無理にテーマを設定し一方的に方針を伝達する研修は、残念ながら時間と費用の浪費になりがちです。

生徒が教師に求めるものは「授業が面白い」「わかりやすい」「専門的力量がある」などが多いのですが、教師といってもさまざまです。いつも暖かい微笑みで見守ってくれる先生。友だちみたいに気軽に話せる先生。厳しいけど本気に生徒のことを考えてくれる先生。いろんな個性で生徒を育てているのが学校という空間です。しかも結果はすぐにはわかりません。在学中は煙たがられていたが、卒業して懐かしく思われている先生もいます。

教師も「ひとつだけの花」なのです。一律の物差しで測ろうとする方が間違っています。それぞれの個性にしたがって、哲学、文学、政治、科学、芸術を学び、授業や生き様で表現している教師の授業は味わい深く彩りがあるものです。それが授業の面白さを生み出します。そして同じ時代を生きる、人生の先輩として現在と未来を語ることができれば生徒は耳を傾けてくれます。

3.2 個人の研修

　外国語の教師の研修は、語彙・語法・文法・発音・発声など「4技能」につながるような研修はもちろんのこと、学ぶべきことが果てしなくあります。日本はEFL環境にあるため、外国語に接するためには意識的な行動が必要です。多くの方が取り組んでいるように、関係書籍はもちろん、映画、音楽、テレビ、インターネットなど、最近では音声や画像を含んだ研修が充実してきています。特に自分が興味のある分野の内容だと時間のたつのを忘れてしまうほどです。

　もっと積極的な研修としては、教室以外で外国人との交流をすることで生きた研修になります。直接体験による外国語学習をすれば、本やメディアから得る知識とはまるで違う印象が残ります。学校外で在日外国人との交流を行ったり、ボランティアの翻訳や通訳に参加することは、素晴らしい研修になるどころか、大きな価値があります。そうした活動は、異文化交流・平和・環境・人権のために行われており、それ自体が外国語学習の目的といえるでしょう。

　また、海外の個人や団体との交流は、外国語教師冥利につきる自己研修になります。現代ではインターネットの普及によって、自宅でもこうした活動に参加できます。

　最後に、外国語教師としては英語以外の言語を、とりわけアジアの言語を学びたいものだと思います。外国語は「世界が見える窓」ですが、その窓から見える世界が英語圏だけというのでは十分な視野とはいえません。最も身近なアジアを含めもっと広い世界が見えてくるような多くの窓がほしいと思います。在日外国人の出身地を考えれば、圧倒的に多いのは非英

語圏のアジア出身者です。そうしてアメリカ従属、欧米崇拝に陥らず、世界を公平に客観的に見る見識を持ちたいと思います。

　私も少しだけ韓国語の初歩を学んでいますが、英語の苦手な生徒の気持ちがよくわかります。発音がむずかしかったり、動詞変化が覚えきれなかったり、つい生徒が覚えても当たり前と思うようなところを自分がつまづいてしまいます。自分が苦しんでいると生徒のわからなさに共感を持って望むことができるのです。

3.3　海外研修

　「ユネスコ勧告」は、次のように教師の研修として旅行が重要であることを述べています。

> 36. Authorities should encourage and, as far as possible, assist teachers to travel in their own country and abroad, either in groups or individually, with a visit to their future education.[8]

　ここでは教師一般が将来の教育のために国内外の旅行をすることを勧めていますが、外国語教師ならなおさらのこと、海外研修の機会が広く保障されるべきでしょう。最近一部の都道府県が海外研修制度を作ったのは、遅きに失したとはいえ、本当によかったと思います。「県から○人」などではなく、多くの教師が自由意志に基づいた海外研修ができるよう、「誰でも5年間に一度半年の研修、または10年に一度の1年研修を認める」という制度が望ましいでしょう。外国語教師を1割増やすだけで実現可能なのです。行政が「コミュニケーション重視」「授業は英語で」というのなら、それに見合った研修制度を用意すべきでしょう。

　観光旅行や語学研修でも、現地の人々と触れ合う中で大いに研修になりますが、さまざまな目的を持った旅行や交流に参加すれば、より深い内容の研修ができます。世界のあちこちに交流する相手を持ち、歴史・文化・

経済の違いなどを越えた交流をし、授業でも子どもたちに紹介し、機会があれば教室に招待する―このように外国語を生かした「生きざま」をしている教師からは、生徒はきっと多くのものを学び取るものだと思います。

3.4　個人研修とグループ研修

　私たちが研修したい内容も多様ですが、その方法も多様にあります。外国語教師の研修方法として、以下をあげる研究者もいます。

> ＊授業とその反省
> ＊専門的な協同（同僚と研究する／同職種のグループで研究する）
> ＊研究会に参加する（レポートを書く、発表する）
> ＊ほかの教師の学びを援助する（ワークショップや講習会を開く）
> ＊コースに参加（大学院や研究会議など）
> ＊自己研修
> ＊語学学習
> (Roberts, 1998)[9]

　7つのうち4つは、グループでの学び（協同学習）となっています。もちろん、私たちが英語教師として研修したいと思うのは、授業をもっとよくしたいという願いからですから、自分の授業の振り返りが最も基本的な研修です。しかし一人では浮かんでこない視野を広げるにはやはり協同学習―研修会が必要です。それでは、どのような研修会が望ましいのでしょうか。

　ある論文は、教師研修会について、伝達（Transmission）型と交流（Transaction）型があると述べています。伝達型は "one-size-fits-all"（画一的）に押し付けることが多く、3つの理由で現場の教員に合わないとしています。（1）伝えられる情報が理論的すぎるか、あるいは現場教師の日々の実践と結びつきにくい、（2）理論的な情報が、主に量的な研究に基づくもので、それぞれのクラスの複雑で多様な独自性にそぐわない、（3）新人も含め教師は、教育と学習について一定の信念を持っているために受け入れられにくい、ということです。このような理由で、彼女は伝達型の

研修をやめて、交流型の研修を推進すべきだと主張をしています。(Bachman, 2012)[10]。

　日本で行われている官制研修は、ほとんどが伝達型です。特に学習指導要領の「伝達」講習会や悉皆研修には、このタイプが目立ちます。中には主催者側が自ら「カスケード (cascade: 滝) 研修」と呼ぶものがあると聞きますが、滝は上から下に落ちる一方で、決して下から上に上がることはないのです。現場の意見は決して聞かないとでもいうのでしょうか。せっかく学習指導要領では生徒の「自主的・対話的で深い学び」を強調しているのですから、教員の研修にはもっとこの点を意識してほしいと思います。私は交流型の官制研修会に出会ったことは一度もありませんでしたが、最近はそういう研修会も出てきたと聞きます。ぜひ大きく広げていただきたいものです。

3.5　研修会のあり方

　研修は「受け身で、画一的な」ものではなく「能動的で、自主的」なものにして行くべきです。それは教師が消費者 (consumer) から創造者 (creator) になるということです。

　研修会については、「ユネスコ勧告」が次のように述べています。

> 32. Authorities, in consultation with teachers' organizations, should promote the establishment of a wide system of in-service education, available free to all teachers. Such a system should provide a variety of arrangements and should involve the participation of teacher-preparation institutions, scientific and cultural institutions, and teachers' organizations.
> (「教員の地位に関する勧告」1966 傍線筆者)

　つまり研修が自主的なものでなければならないことから、一方的にプログラムを押し付けるのではなく、十分に教員養成大学や科学・文化的研究機関や教職員団体が参加した上で、教員が前向きに取り組める現職研修体

制を推進するべきだというのです。

自主的に参加したくなるためには、1つの教育法や教育方針に縛られることなく、さまざまな個性を持つ生徒や学校の実態にふさわしい、自由で創意工夫のある研修ができることが必要です。

私が所属している新英研も含め、日本には「日本外国語教育改善協議会（改善協）」や「民間教育団体連絡会（民教連）」に集まっている団体など、多くの自主的な教育研究団体があります。その研究の目的や歴史はさまざまですが、こうした現場の実態に基づく研究で多くの成果を上げています。

教育行政が教師の研修を活発にしようというのなら、教員がすでに自主的に行っているこうした研究団体の活動を奨励するところから始めるのが自然ではないでしょうか。具体的には、各団体の活動を長期休業中の研修として位置づける、活動時間の保障をする、必要に応じて研究費を補助することなどをぜひ進めてほしいものです。

3.6　研修ができる条件づくりを

ところが、「研修はしたいのだけど、毎日忙しく疲れ果てて研修どころではない」というのが現場では圧倒的多数の声です。

「HATO・教員の魅力プロジェクト」の調査（2015年）によると、仕事の悩みとして「授業の準備をする時間が足りない」と答えた教員は、小学校94.5%、中学校84.4%、高校77.8%もいました。

また、ベネッセ教育研究所の「学習指導基本調査」（2016年）によると、新聞や書籍を読む時間（平日の1日平均）は、小学校教員が1998年33.4分、2016年24.7分、中学校教員が1998年33.8分、2016年23.1分、高校教員が2010年40.2分、2016年33.6分でした。いかにゆとりのない毎日を過ごしているか、しかも多忙化が進行しているかがわかります。

教師が「ブラック勤務」を強いられていることは、広く世間に知られる状態になっており、行政も「働き方改革」を打ち出しました。しかし、中教審が2019年1月に出した答申では、「文科省が取り組むべき施策」として「部活動指導員の配置支援」「スクール・サポート・スタッフなどの配置」などを列挙するのみで、教職員定数そのものの抜本的な改善については一切触

れていません。また、「1年単位の変形労働時間制」の導入を提案していますが、これは給特法 (*公立学校教育職員の給与等に関する特別措置法, 1971) に手をつけずに日常の時間外勤務を認めるものとなっています。

　教師の「ブラック勤務」を軽減するためには、小手先の解決策では役に立ちません。本質的には、業務を縮減するか、教職員定数を改善するか、この2つの方法しかありません。生徒の教育に寄与しないような業務はできるだけ縮小すべきです。何よりも減らし続けている教育予算を増やし、教職員の数を大幅に増やして一人ひとりの負担を減らすことです。このことを広く知らせ、改善を求めたいと思います。

　私が知る限り、全国の英語の教師は真面目すぎるほど真面目で一生懸命です。教師がゆとりを持って仕事ができれば、研修にも授業研究にもエネルギーを注ぐことができます。そしてより良い授業ができれば、子どもたちの顔が上がりしっかり中身のある英語力もつくはずです。そんな英語教育になることを願ってやみません。

Rhymeの魅力と威力（5）　ライムは記憶を助ける

　Rhyme は、そのリズムの良さから記憶を助けるもののようです。

　私たちはコロンブスのアメリカ大陸発見の1492年を、「意欲に燃えたコロンブス」とか「いよー、国見つけた」とかダジャレで覚えようとしました。英語圏でも年号を覚えるのは大変なので、rhyme を使っているようです。

In fourteen-hundred ninety-*two*, Columbus sailed the ocean *blue*.

歌のようなリズムで繰り返すと、覚えられそうです。

　次に南北戦争の終わった年は1865年ですが、

When the union did *survive*, 'twas eighteen hundred sixty-*five*.

と覚えるそうです。もちろん the union は「北軍」のことです。

　月の日数を覚えるために日本語では「西向く侍（二四六九士）」と言いますが、英語では：

Thirty days hath *September*,

April, June, and *November*;

All the rest have *thirty-one*

Excepting February *alone*:

Which has twenty-eight, that's *fine*,

Till leap year gives it *twenty-nine*.

　昔から農業には観天望気が不可欠ですが、「夕焼けの翌日は晴れ、朝焼けの翌日は雨」は次のことわざで覚えます。

Red sky at *night*

Shepherd's *delight*

Red sky in the *morning*

Shepherd's *warning*

・おじさんのイギリス留学記 ６

大学院での研究生活

　大学院の講義やセミナーの内容を理解するためには、いくつもの論文を読んでおく必要があり、常に論文を読んでいる生活でした。「〜を専攻している」のイギリス英語が "be reading in 〜" だというのも身をもって納得できました。(笑)

　授業内容についての情報を得るためにも、ハードな研究を支え合うためにも仲間は重要です。この コースには在籍が82名のうち、中国人が50名以上おり、ほかがイギリス、アメリカ、トルコ、中東、日本、韓国などでした。

いつの間にか、よくいっしょに勉強する仲間として、中国人2名、台湾人1名、韓国人2名、日本人2名のグループができました。この仲間たちとはよく図書館の「グループ学習室」でいっしょに勉強しました。この学習室は、試験やプレゼンの前には、予約でいっぱいになりますが、とても便利でした。

　また、研究ばかりでは息が詰まってしまうので、学内では Walking Club と Japan Society に入りました。Sheffield は Peak District National Park の近くにあるので、頑張れば大学から山に向かって walking を楽しむことができます。Walking Club はイギリス人が多く、地元の話を多く聞くことができました。

　Japan Society は、日本人どうしの交流の場かと思ったらそうではなく、日本をテーマにしてイギリス人ほか外国人と日本人が文化研究・交流活動をしています。

　こうした若い友人たちとの交流には、Facebook などでの情報交換が欠かせません。それで PC で Facebook を始め、出会った人た

ちと「友達」になっていきました。けっこうコメントを書き込んでくれる人もいて、いまだに交流があります。Facebookは個人情報が流出しやすい欠点もありますが、写真やお気に入り情報や日々の身近な情報が手軽に伝わって、楽しく便利です。

　またスマートフォンも買いました。中国製のファーウェイです。日台中韓のグループではSNSのLINEも使っていましたが、私は文字入力が遅いのでたいてい会話のスピードについていけません。しかたなくemoji（絵文字）を送ったりしました（笑）。帰国してからは「ガラケー」に戻しましたが、その便利さを思い出し、またスマホにしました。

Walking Club

Sheffield 大学の友人たち

・おじさんのイギリス留学記 ⑦

Walking Club に入る

大学外の walking club である "Ramblers" にも加えてもらって、イギリスでの自然保護や、enclosure で立ち入り禁止になっていた山域を一般に解放する運動の歴史も学びました。

この運動から国立公園法やナショナルトラストなどが生まれており、大変意義深いものです。また、風光明媚な山々が私有されるのを認めるのか、「歩く権利」など公的な意味を認めるのかという問いは、資本主義と社会主義の根本問題にも絡んでいるように思われます。政治的にも、この運動は、保守党と労働党の勢力争いに深く関わってきたようです。加えて、シェフィールドやマンチェスターは産業革命時の工場地帯だけあって、労働運動や社会主義運動の歴史的伝統がさまざまな形で存在します。

公民館のようなパブ

もうひとつ、大学外で Sheffield Go Club にも入りました。シェフィールドにも 10 人前後の囲碁愛好者がおり、毎週集って碁を楽しんでいます。その会場が何と The Hillsborough Hotel という名のパブなのです。

テーブルに碁盤を広げ、ビールは申し訳程度に 1 杯だけ注文して、のんびりと対戦します。このパブはほかに音楽クラブやフォークダンスクラブが利用しており、地元の人たちに親しまれています。

パブは、本当に小さな集落や町外れにもあって、それぞれの特徴がある real ale（地元のビール）を飲むことができます。日本の居酒屋のように多

様な食べ物はありませんが、地元の人の社交場であり、プール（ビリヤードのような競技）やクイズ・ナイトがあったり、walkingの後には多くの人が立ち寄るところです。言ってみれば公民館のような性格も持っているように思えます。

　地元の人たちはとても親切で、さまざまに交流ができたことは幸いでしたが、言葉の問題は小さくありません。イギリスは国土の広さに比べて日本よりも方言が多く存在する気がします。シェフィールドはロンドンから列車でわずか2時間半ほど北のサウス・ヨークシャーに位置しますが、方言だけで話されると半分も理解できませんでした。語彙も発音も違いがあって、言葉が聞き取れないのだと思います。多様な発音に慣れる必要を感じました。

　ビールは本当に美味しいのですが、イギリスの食べ物はあまり評判が良くないようです。確かに「イギリス料理」というと fish and chips や roast beef など、シンプルな料理が多いようですが、クリスマスのパーティーなどで食べた料理は、かなり美味しいものでした。ただ、日本に比べて食材の種類が限られていて、バラエティーが少ないかなとは思います（特に魚介類）。

　私は大学寮で自炊生活をしたので、イギリス人にも聞きながら、いろいろな食材やレシピを試してみました。スーパーも利用しましたが、近所の八百屋さんや肉屋さんとも顔なじみになりました。写真は Toad in the hole という、伝統的ソーセージ料理を作ってみたときのものです。

付録1　授業づくりの10のポイント

　大学生に教育実践について教えるようになって数年になりますが、「教育実習では1時間1時間の授業をどう作ればいいのか」と聞かれます。思いついたままですが、以下の10にまとめて話しています。

(1) 生徒を知り、知り合う

・生徒が（1）何に興味関心があり、何を知っていて何を知らないか、（2）どんな人間でどんな行動をとるのか…それに応じて（1）教える内容や説明の仕方を変えます、（2）教え方も変わります。生徒の興味関心に合わない教材は、場合によっては変えることが必要です。また生徒が「わかる」ためには、今まで持っている知識やものの見方が手掛かりとなります。教師はそれを知っておいてヒントを見つけてあげる必要があります。

・「緊張するのが心配です」という人が多くいます。初めての人に会うときは、誰でも緊張します。人間の正常な本能です。緊張しなくなるためには…相手をなるべく早く知れば良いのです。だから自己紹介は大事です。また生徒が自分の個性を表現できるような授業をすることも大事です。

(2) 生徒の顔を思い浮かべて準備する

・魅力ある授業をする先生が口をそろえて言うのがこの言葉。どこからか借りてきただけの方針、どこかの教授法、教師の勝手なプランが生徒の実態より先にあるのではうまくいかない。もちろん新しいことを学んで取り入れるのは大事ですが、生徒の顔を思い浮かべて柔軟に応用・修正できなくてはいけません。

・生徒の個性や傾向や学力などを理解して、それに応じた授業計画を立てるのが最も大事です。同じことをやってもクラスによって違いが出るのは当然です。

- もちろん、名前を覚えたり、性格や生活環境を理解するのはとても大事です。

(3) 授業の導入を工夫しよう

- 導入とは生徒の心を教材に導き入れることです。つまり、interest-catcher、お笑いで言う「ツカミ」です。生徒に「あ、なんか面白そうなことが始まりそう！」と思わせたら、その授業はきっとうまくいきます。だから教師の創意工夫がもっとも試されるポイントの一つでしょう。数時間かけて行う単元の最初の時間についても、導入の工夫が重要です。
- 例えば、実物・写真・演技・新聞・雑誌・ゲーム・行事・歌・映画・人・日本や世界のニュース・YouTube・ポスターなど、ありとあらゆる工夫を試すことです。できたら本物を使いましょう。また、対話的なやり取りの中で生徒の知識や経験を引き出すことも大切なことです。

(4) ポイントを絞る

- 大事なところとそうでないところがわからないような授業をダラダラとやらないようにしましょう。
- 授業前には、どんな質問が来ても答えられるぐらい、教材を結果的に暗記してしまうぐらい十分に教材研究をしましょう。
- 授業では、ポイントはできるだけ絞って簡潔に伝え、全員がわかるように工夫しましょう。
- 新しい文法項目なら1つだけ、応用・発展・例外があっても2、3にしましょう。
  内容についても、大事なポイントは少なめに絞りましょう。

(5) むずかしいことをやさしく

- 「誰のために授業をしているの？」と言いたくなるような独りよがりな話し方をしないようにしましょう。
- 文法を教えることは重要ですが、文法用語は厳選して、やさしく説明してわからせたいものです。

・漢語より和語を使うこと。漢字の音読みでなく、訓読みを使ってみること。生徒が馴染んでいない横文字を使わないこと。
・井上ひさしさんの言葉：「むずかしいことをやさしく、やさしいことをふかく、ふかいことをおもしろく、おもしろいことをまじめに、まじめなことをゆかいに、そしてゆかいなことはあくまでゆかいに」

（6）楽しい授業をつくる
・「楽しさ」は「英語力」を育てる！　心に響く深い楽しさを味合わせたいものです。
・授業の何が楽しいの？（生徒へのアンケートから）
　1　安心して参加できる楽しさ（友だちがいる、質問しやすい。協力しあえる）
　2　わかる楽しさ（授業がわかる、点数が上がる）
　3　英語が使える楽しさ（会話ができる、聞き取れる）
　4　言語文化的な楽しさ（語源・文化・歴史の違いなど）
　5　教科書以外の楽しさ（旅行談、新聞、本、歌など）
　6　多様な学びの楽しさ（ビンゴ、パソコン、メール）
　7　英語を使ってコミュニケーションする楽しさ（自己表現、交流）
　8　深みのある学び（生き方や人生にとって視野が広がる楽しさ）
　　　　　　　　　　　　　　　参考：『新英語教育』2011．5月号

（7）　講義・説明でなく、対話・インタラクションを！
・「さて今日は、現在完了形の学習をしますが、これは古語の『ぬ』を例外とすれば、日本語には同様なものはないと言って良いのですが、まず形式は have ＋ 過去分詞…」　→こんな一方的な説明では生徒は寝るか騒ぐかでしょう。
・「みんなおはよう。元気？」「そうかー。今日はげ、ん、ざ、い、か、ん、りょう、けいっていう勉強をします。」「聞いたことある人？」「そうか、初めてだよね」　→これなら眠たくなりません。
・一般的に言えば、大、高、中、小と年齢が下がるほどこの対話が大事で

す。でも実は、大学の授業評価結果をよく読むと、大学生も対話のある授業を高く評価しているのがわかります。
・もちろん、生徒からいろいろな答を引き出すことによって授業が生き生きとしてきます。

(8) 英語だけでなく人間形成も

教材が優れたものであれば、英語だけでなく人間形成に関わる授業にもなります。その両方に関わる授業ができたらいいですね。また、これは授業だけでなく、学校生活全体に関わることです。
・中学で教える英語の方がやさしい。だが、中学生の根本的な疑問に答えるのには、やはり相当な英語の力が必要です。
・中学の授業では予想外の問題も起きる。しかし人間的に大きく成長する手伝いをすることができる。
・高校で教える英語の方がむずかしい。したがって高度な英語の知識や技能が必要です。
・高校生はそれなりの人間形成ができています。手間はかからないことも多いが授業や生活指導を通じて生活自体を変えるのは、なかなかむずかしい。

(9) 意味を中心に文法や文章を

・日本語でも英語でも、意味と形式は切り離せません。心とコトバは切り離せません。意味がわかれば、興味を持てるし記憶にも残ります。
・時々、生徒が英文の意味を理解していないのに音読させる授業を見かけます。効率が悪い練習です。単語、文法、構文がよくわかってから、心を込めて読ませたいものです。
・「大きなかわいいぞうさん」を小さく速く憎たらしく発音したら人間が読んでいるとは思えません。心を込めて読めば記憶に残ります。歌が記憶に残りやすいのは意味やリズムが心に響くからです。

(10) 生徒から質問されて、わからなかったら？
1 「自分で考えなさい」と切り返す。
→それなら教師は要りません！（単語の意味とかは別）
2 「そんなこと考えるより、暗記しなさい」と答える。
→（妥当な場合もあるが）説明する努力が足りません。また、「なぜ」は有力な記憶法です。
3 とりあえず何かそれなりに答えておく。
→確実な範囲で言うのならいいが、ハッタリは厳禁です。
4 「わかりません。次の授業までに調べてくるね」
→これが正解でしょう！「君も調べて見て」というのもいいですね。

付録2　高校生と対話する

長文を読みこなす！（1）

W君：うわー、俺の模試、E判定ばっかじゃん。もうギブアップ寸前。だいたい、この長文ってのは手がつけられないよ。

Kさん：まあまあ。Never give up! でいこうよ。でも私も長文は苦手。知らない単語が出てくるとあせっちゃう。そうだ！　I先生のとこに行って相談してみようよ。

I先生：どうした、ふたりして。長文の読み方だって？うーん、一言じゃ答えられないなあ。英語の力もそれぞれだし。例えば、これを読んでみて。（過去のセンター試験問題を見せる）屋久島ツアーの案内だ。

第4問B：
　　The climate along the coastal area of the island is subtropical, but the mountain area can be quite cool.

W：あ climate は「気候」だっけ？ coastal って何？「海岸？海岸地域のあアイスランド」。さっぱりわからん。

K：island は「アイランド」って読むの。「滑川アイランド」のアイランド、「島」だよ。

W：じゃあ「気候は海岸地域の島で」いや、「島の海岸地域で」かな、えーと subtropical って？

K：「島の海岸地域での気候は」でしょ。主語の climate と動詞の is の間は、全部 climate にかかるの。

I：Kさん、よくできました。W君は文法の力をつけないと長文を読みこなすところまでいかないな。The climate (along the coastal area) (of the island) is…. のように、(　) と ← をつける練習をしたほうがいいね。

W：長文を読むには、まず文法かあ。そういえば文法の時間は寝てたし…。

K：でも、subtropical は私も知らない。この文の結論がわからないんじゃ意味がわかったなんて言えないし。文法だけじゃなくて単語も勉強しなくちゃ。

＜考える、推測する＞
I：まあ、あわてないで。この文に続いて、but the mountain area can be quite cool. とあるね。これが大事なヒントになるんだ。
W：えーと、「しかし、山の地域は涼しい…」か。「海岸は subtropical だけど、山は涼しい。」あっ、そうすると subtropical は「暖かい」みたいな意味なんじゃないの。
I：そう、かなりいい線だ。正確には「亜熱帯の」という意味だから、温暖な気候だというんだね。そうやって「考える」「推測する」ことが、長文を読むときとても大事なんだ。
W：「考える」「推測する」かあ。「単語を知らないからって、あきらめるな！」ってことかあ。なんか、ちょっと安心！　でも、さっきの文、知らない単語が3つもあって、さっぱりわからなかった。

＜単語を覚えるには＞
K：そうだよね。1つの文に3つもあると推測も無理だよ。やっぱりある程度の単語は覚えなくちゃね。先生、単語をうまく覚える方法ってありませんか？
I：これも一言じゃ答えられない。人間には個性ってものがあるから、いろいろやってみて自分に最適なやり方を探すしかない。例えば、さっきの subtropical を覚えてみようか。
W：よーし、まかせてよ。サブトロピカル＝亜熱帯の。サブトロピカル＝亜熱帯の。サブトロピカル＝亜熱帯の。ふう、疲れた。やっぱり英語は疲れるよ。
I：ちょっと待って。そうやっていきなり丸暗記しようとするから疲れるんだ。まず「なぜだろう」「何かと関係がないか」と考えることが大事なんだ。じゃあ sub- と tropical に分けてみよう。これで何か気がつ

くことない？
K：トロピカルなら、日本語になってるよ。私の好きなトロピカル・ドリンク。マンゴー・バナナいろいろ入って美味しいよ。もちろん、「熱帯の」という意味。
I：そう。せっかく日本でも使われている単語を見逃す手はないね。つまり外来語を利用すれば、すぐに覚えられる単語がいっぱいあるよ。
K：sub- の方は「亜」という意味ですか？
I：そのとおり。それでは「サブリーダー」「サブタイトル」って？
K：「副リーダー」「副題」ですか？
I：そう。広い意味で「下の」という意味なのです。では「サブマリン（submarine）」ってどういう意味でしょう？
W：ピッチャー渡辺は「サブマリン」投法。下手投げの「潜水艦」だ！
I：お、よくできました！　submarine はもともと「海（marine）の下を」行く、という意味なんですね。こういうふうに単語を分解して言葉の成り立った起源を語源といいます。漢字でいえば、遍（へん）や旁（つくり）のようなものですね。これらがわかると、単語が覚えやすくなり、たまには知らない単語の意味がわかってしまうこともあります。特にむずかしい単語ほど、語源がはっきりしているので、レベルが高くなるほどお薦めの学習法なのです。

単語を増やす！辞書を引く！（2）

＜音に注目！＞

Kさん：前回、単語の覚え方で「外来語を利用する」と「語源を調べる」を教えてもらいましたが、ほかにはありませんか？
I先生：次は音に注意してみましょう。例えば whisper（ウィスパー）という単語を「ささやく」ように何回か続けて発音してみてください。どうですか。「ヒソヒソ」なんかと似ていると思いませんか？そう、これは擬声音でできた単語なのですね。
K：うーん、そう言われればそんな気もします。

I：それでは、slip（滑る）、slope（坂）、slide（ずれる）slender（ほっそりした）の共通点は何でしょう。

W君：エスエルがつく、じゃスペルか、音だよね。えーと sl- は「スル、スルッ」これだ。なんか、滑るみたいな意味？ それじゃ、slender だって「すらっとした」だ。

I：素晴らしい。君は天才かもしれない。

W：いやそれほどのものでも…ありますよ。

I：あまり調子に乗らないように。ほかにも drop（一滴、落下）と drip（一滴、しずく）、cat（猫）と kitten（子猫）の違いも面白い。「ア」「オ」は大きなイメージを持つのに対して「イ」は弱くて小さいイメージがあるということ。音と意味には面白いつながりがあるんですね。

＜辞書を引く＞

K：話がむずかしくなってきたけど、実際にどう勉強すればいいんですか。

I：例えば外来語だけど、意味がわからないのは、どんどん調べましょう。新聞とか、国語や理科などの教科書を調べるのもいいですね。まずは日本語の辞書を引きます。例えばアコースティック・ギターを引くと意味（アンプを使わない生のギター）が載っています。英語のスペル acoustic guitar も載っています。それを英和辞書で引きます。このとき発音もチェックしてください。すると本当は「アクースティック・ギター」だとわかります。

W：辞書を2回も引くのは面倒だなあ。

I：2回引くだけで1つの単語を覚えられれば上々と考えたらどうですか。3回調べたって忘れてしまう単語もありますからね。次に「エネルギー」を調べてみましょう。

W：あっ、これドイツ語だって。

I：そうです。外来語といっても英語とは限りませんからこれも注意しましょう。英語では energy（エナジー）です。

＜紙の辞書と電子辞書＞

K：この勉強には電子辞書があったら便利だよね。辞書を2冊も用意するのは大変だもの。

I：確かに何回も引く必要があるときは電子辞書がいいですね。英作文で日本語を英語にするときも和英→英和と、2回引いて、例文を探すことが大事です。それでは、I <u>regard</u> him <u>as</u> my friend. の as の意味を調べてください。

W：じゃ俺は電子辞書で as にひとっ飛び！　えーと、なんかいっぱいありすぎ。もっと後ろの方か。スクロールして、接続詞1から10、例文はここを押して、なんか違うなあ、もどってから、次に行って副詞、次に行って関係代名詞1から3…ふう、もうだめだ。

K：私は紙の辞書だから開くのが大変。やっと as のページ。あら、でも全部の意味が2ページに入っているから探しやすい。違う意味を比べて見られるし。例文も一緒にあるから、けっこう早くわかる。Steinbeck is regarded as one of America's greatest authors.「～とみなす」という意味ね。

I：この勝負は紙の辞書の勝ちだったようですね。このほかにも、①紙の辞書を引くときにはスペルを考えながら引くので、覚えやすい。②目が疲れにくい。③書き込みができるなど、いい点があります。だからある程度の力がつくまでは紙の辞書の方を勧める先生も多いですね。

＜英英辞典＞

W：先生、話は変わるけど、この前友だちが英英辞典は面白いって言ってたんですが。

I：確かに、日本語に直すとわかりにくいものがわかりやすくなることがあるね。例えば、make, let, have はみんな「～させる」と訳しますが、英英で引くとこうです。**make** = to **force** someone to do something, **let** = to **allow** someone to do something, **have** = to **persuade or order** someone to do something。つまり make は「強制して～させる」、let は「許して～させる」、have は「説得、命令

して〜させる」ということになります。
W：同じ「させる」でも、違いがはっきりしますね。
I：だけど、この英語の定義が読めないと余計にわからなくなるので、だいたい 2,000 語以上の単語を知っている人向けの勉強なのです。高 2 くらいから使うのがいいでしょう。

前から、訳さず、いっぱい読む！（3）

＜訳さずわかる？＞
I 先生：今日は、ある 14 歳の女の子が書いた文を読んでみよう。できたら日本語に訳さないでわかるといいんだけど。
W 君：そんなことできっこないじゃん。英語苦手なの、知ってるでしょ？
I ：まあ、ものは試し。My name is Maya. はどう？
W：あ、わかっちゃった。
I ：だと思った。訳さなくてもわかるって誰でもできることなんだよ。でもむずかしい英文はやっぱり訳さないとわからないのも確かだ。結局、訳さなくてもわかる英語を少しずつ増やそう！　ってことだね。では次、

I was born 14 years ago in a poor peasant family.

W：これは訳さないとわからん。「私が生まれた 14 年前、貧しい、peasant 家族の中」
K さん：peasant は確か「小作農」だから、「私は 14 年前、貧しい小作農家庭――ああ、農家でいいか――に生まれた」
W：何で「私は」の次に「14 年前」に行くわけ？「生まれた」は最後になるし。後ろに行ったり前に行ったり、だから、英語って訳わかんないよ。
I ：W 君、君は確かに英語が苦手のようだけど、いいこと言うねえ。この文は、I was born（私は生まれた）14 years ago（14 年前に）in a poor peasant family（ある貧しい農家で）と考えればいいんだ。それで何を言っているのか正確にわかるのなら、十分。日本語に訳す必要はない。「英語を読む」ことと「英語を訳す」ことは違うということだね。

266

＜前から区切って読む＞

W：そうか、そういうふうにやれば、前からそのまま読めるんだ！

K：先生、今、3つに区切っていきましたよね。どこで区切ればいいんですか？

I：それも大事なポイントだね。始めは短めに、だんだん長めにしていきましょう。

W：と言われても、どこかわからないよ。何か目印はないの？

I：あるある！　ここは文法を知っていると、おトクだよ。「主語＋動詞」「前置詞＋名詞」「不定詞＋その続き」「動名詞＋その続き」「分詞＋その続き」あたりだね。よくわからないのもあるだろうから、実際の英語でやっていこう！　さて次は、

There were already many children, so when I was born no one was happy.

W：よし前から区切ってやる！　There were ／切っていいかなあ。already many children, ／これは簡単！　カンマがあるし。so when I was born ／ここだよね？　no one was happy. で完成！

I：おっ、いい調子。それじゃ大体の意味はどうかな？

＜何を言いたいのか考える＞

W：「There＝彼らは」えっ？ちがう？「〜がいた」か。「もう多くの子どもたちがいた」「so when＝そう、いつ？」

K：「そこで〜時」だよ。

W：そうか、「そこで私が生まれたとき、」「ないひとが幸福だった」

K：訳わかんない。それじゃ意味がヘンだから、no one は「誰も〜ない」だから「誰も幸福じゃなかった」

I：そう、素晴らしい。いくら異国人でも、訳わかんないことを考えるはずがない。常識を使って「この人は何を言おうとしているのか」と考えることがとても大切だね。今までの文脈をもっと考えると、「貧しい家で子どもが多かったから、自分が生まれたのに、誰も喜んでくれなかった」ということだろうね。

さて、次にいこう！
When I was still very little, I learned to help my mother and elder sisters with the domestic chores.

K：「私がまだとても小さかったとき、」後は…区切ってみるか。I learned／私は勉強した、to help my mother and elder sisters／母とお姉さんたちを助けるため、with the domestic chores. 家事で。これでいいかなあ。

I：もう少し！ learn to は study と違って、広い意味の学び、例えば泳ぎとか自転車に乗ることとかも含め「できるようになる」ことだ。それから「help 人 with 用事」の形で「〜が…するのを手伝う」という意味。結局「私は母やお姉さんが家事をするのを手伝えるようになった」ということ。さてこの次の文は、どんなことが書いてあると思う？

W：そんなこと言われたってわかりっこないよ。

K：待って！ きっとどんな家事をしたのか言いたいんじゃないかな。

I：そのとおり！ そうやって自分なりに<u>次を予想する</u>こともとっても大切なんだよ。ほら、これだ！

I swept floors, washed clothes, and carried water and firewood.

I：知らない単語もあるかもしれないけど、家事を3つ書いてるだけだ。「床のお掃除をして、洗濯して、水や薪（たきぎ）を運んだ、ってことだね。こんな調子で、<u>できるだけ考えながらいっぱい英語を読む</u>と力がつきますよ。

(4)

＜世界を見る、世界を変える！＞

I先生：さて、今日はこの前読んだ文を全部読んでみようか。

W君：こんな長文読めっこないよ。

I：全部で233語だから長文とはいえないけど、挑文（？）してみよう！

Kさん：それって、ギャグ？ま、文に挑戦ってことですね。大体わかれば

いい、って気持ちで行きましょう！

To Be Born a Girl

My name is Maya. I was born 14 years ago in a poor peasant family. There were already many children, so when I was born no one was happy.

When I was still very little, I learned to help my mother and elder sisters with the domestic chores. I swept floors, washed clothes, and carried water and fire-wood. Some of my friends played outside, but I could not join them.

I was very happy when I was allowed to go to school. I made new friends there. I learned to read and write. But when I reached the fourth grade, my parents stopped my education. My father said there was no money to pay the fees. Also, I was needed at home to help my mother and the others.

If I were a boy, my parents would have let me complete school. My elder brother finished school and now works in an office in the capital. Two of my younger brothers go to school. Maybe they, too, will finish.

I know I shall have to spend long hours working either at home or in the field. And then I'll be married. I have seen my mother working from early dawn to late at night. My life will not be much different.

If I were given the choice of being born again, I would prefer to be a boy.

注：
be allowed to：～するのを許される　grade：学年　education：教育　pay the fee：学費を払う　let：…に～させる　complete：完了する（次の文の finish と同じ）　capital：首都　spend（時間）

> 〜ing：〜するのに（時間）を使う　either A or B：AかBのどちらか　see O 〜 ing：…が〜しているのを見る　dawn：夜明け　choice：選択（の機会）　prefer to：〜したい（するほうを選ぶ）

W：ふう、下の注がなかったらお手上げだった。日本語訳も見ちゃお。
I：わからない文があったら見てもいいよ。でも、「なぜこの英語がこんな意味になるのだろう？」って、よく考えるんだよ。
W：マヤって、どこの国の子だろう？書いてないようだけど。
I：名前からすると、たぶんインドですね。インドにはすごいお金持ちもいる一方、非常に貧しい人もたくさんいます。
W：これって学費が払えないので、小学校をやめさせられたという話か。
I：世界には、小学校を卒業できない子どもが半分以上という国が10数カ国もあります。アジア、アフリカ、中東に多いですね。
K：日本でも、さすがに小学校じゃないけど、友だちで大学あきらめた人がいるよ。けっこう勉強できるのに。
W：格差社会ハンターイ！　だな。
K：この子、男の兄弟は卒業させてもらったのに女の子だからやめさせられたんだ。ひどーい！　女性差別だ！
I：世界では、中途退学する子どもの約3分の2が女の子だそうです。
K：この文章は、センター試験じゃないですね。
I：うん、実はユニセフ（unicef）のホームページに載っていた文です。世界の子どもたちの声が英語で載っています。英語は世界が見渡せる窓のようなものですね。
K：最後の If I <u>were given</u> the choice of being born again, I <u>would prefer</u> to be a boy. という文は、仮定法ですね。
I：そうです。自分はこの人生を送るしかないという現実を離れ「もし生まれ変わることができたら…」と仮定しているのですね。
W：うーん、この現実は何とかしなくちゃ、って気になる。
I：なぜ貧困や戦争や差別があるのか、どうしたら解決していけるのか、世界の多くの人が発言しています。それを直接理解できるためにも英

語を含めた外国語が大事です。いっぱい勉強してください。

＜女の子に生まれて＞
　私の名前はマヤ。14年前貧しい農家に生まれた。もう子どもがたくさんいたので、生まれたとき、誰も喜ばなかった。まだ小さかったころ、お母さんやお姉さんが家事をするのを手伝えるようになった。床を掃除し、洗濯をし、水や薪を運んだ。友だちは外で遊んでたけど、私は一緒に遊べなかった。
　学校に行くのを許されてすごくうれしかった。新しい友だちができた。読んだり書いたりできるようになった。でも4年生になったとき、両親に学校に行くのをやめさせられた。学費が払えないとお父さんが言った。それに家でお母さんたちを手伝わなくてはいけなかったから。
　もし私が男の子だったら、両親は学校を卒業させてくれただろう。お兄ちゃんは学校を出て、今は首都の会社で働いている。2人の弟も学校に行っている。たぶん卒業させてもらえるだろう。私は家か畑で長時間働かなければならない。それから結婚する。お母さんが夜明けから夜更けまでずっと働きづめだったのを見てきた。私の人生もきっと大きな違いはないだろう。もし生まれ変われるのなら、絶対男の子になりたい。

付録3 韓国との交流(1)
KETGとの出会いと韓国の旅

1．はじめに

　新英研は、これまでヨーロッパやアメリカへの旅行でさまざまな交流をしてきました。単なる英語の研修や観光・視察だけでなく、オットー・フランクやコレッタ・キングさんなど現地の人や団体との交流を重視してきたのはなぜでしょう。

　外国語を学ぶことは、その言語が表現する内容を学ぶことです。そしてその民族と交流するのはお互いの歴史や文化を交流することです。歴史や文化を知らないまま国際社会に接触すれば、たとえどんなに外国語に堪能であっても、真の国際交流をすることはできません。外国語を習得することは、その言語を使う歴史や文化への常識を身につけてこそ意味あるものになるのです。

　ダグラス・ラミスさんはこう書いています。

> 「大東亜共栄圏はアジア人の利益になったとか、朝鮮は進んで日本の植民地になったとか、従軍慰安婦はみんな自らすすんでそうなったとか（略）、そんな風に思い込んでいる日本人は、英語やそのほかどんな外国語も学ばないほうがいい。そんな人が外国語をできるようになれば、それは人々をさらに傷つけ、侮辱する手段にしかならないからだ」
> （『新英語教育』2001. 9月号）

　私たちは単語や文法やおきまりの会話を覚えることに終始する授業ではなくて、真の国際理解に役立つような英語教育を目指してきました。生徒が考え自己表現し、教室を飛び出してピース・メッセージを海外に送るような実践も豊富です。したがって、新英研の旅行はそれ自体が国際交流で

あり、それを生徒に還元するための教材取集にも役立つ企画として行ってきたのです。

これまでの旅行も、キング牧師、子どもの平和の子の像、アンネ・フランク、杉原千畝などをテーマにし、大きな成果を上げてきました。近年は最も身近なアジアへの旅行も視野に入れています。今回初めて取り組んだ韓国ツアーは、歴史文化を学ぶとともに、大田での外国語協議会との交流、そして韓国英語教師の会（Korean English Teachers Group ＝ 以下KETG）との出会いを実現しました。

2．教科書問題で韓国でのアンケート

現地の方との交流先を探していたら、同僚が大田（テジョン）のキム・ハットンさんを紹介してくれました。彼は日本語学院の学院長で日本への留学経験もある方です。私が3月に韓国を訪れていらい「つくる会」教科書が検定に合格した問題が浮上したために、この問題についてのやりとりが増えました。そこで現地でのアンケートをお願いしたら本格的に取り組んでくれました。

こうして「日韓関係および歴史歪曲教科書に関するアンケート」が2001年5月に行われ、学生・市民の206名の声を集約しました。ここではそのうちの一つの意見だけを紹介します。

「歴史の中で素晴らしい部分を教えて、未来を背負っていく子どもに自国に対する自信を持ってほしいと思うのはどこの国でも同じです。でも過去の過ちを美化して教えることは犯罪だと思います。（中略）歴史を歪曲して得るものは、結局国際社会からの非難や東アジアとの断絶です。やっとの事で、いろいろな分野での両国の交流を通じて和解ムードができつつある現在、この歴史歪曲教科書のために台無しにならないようにしてほしいです。真実を教えて世界に貢献できる人間を育てることが大人の義務ではないでしょうか」

3．KETG との出会い

　ソウルでの KETG との出会いは、この旅行で最も意義深いものでした。大東文化大学の尾花清さんに紹介いただいてから、メールでやりとりをして準備を進めました。当日は会長のホン・ワンキさんがホテルまで迎えに来てくれて私たち 14 名を事務所まで案内してくれました。

　私のたどたどしいハングル語でのあいさつなどの後、お互いの活動内容などの紹介を英語で行いました。メールである程度はわかっていたものの、新英研と KETG との共通点の多さに驚きました。こんなに似た組織が、すぐお隣の韓国にあったとは！　思わず "We are twins!" と叫んでしまいましたが、KETG の役員たちも同じように驚き感動していました。説明を聞けば聞くほど、「同じ東アジアで、英語一辺倒の状況、教育条件が不十分な環境で、最も生徒に近いところで外国語を教える現場教師同士の、考えることや取るべき道筋は同じなんだ！」と感動し、勇気づけられました。

　2 つの組織の組織や研究をまとめれば、次のようになります。

韓国英語教師の会 KETG	新英語教育研究会
1988 年創立	1959 年創立
＜支部別による研究分野＞	＜分科会による研究分野＞
読むことの指導	教材／読み取り
聞くことの指導	音声（歌・映画を含む）
書くこと話すことの指導	自己表現
文法の指導	文法
テストと評価	学力と評価
教科書の改定の研究	教科書／自主教材
協同学習	仲間と学ぶ（協同学習・集団づくり）
歌を通しての指導	
映画を通しての指導	
論争となっている問題研究	
	遅れがちな生徒の指導
	平和・環境・人権
	ネイティブ・スピーカーとの授業
	障がいを持った生徒の指導（特別）

KETGは、全国教職員労働組合（全教組）創立の２年前（1988年）に創立しましたが、全教組と同様に政府の激しい弾圧を受けて免職・投獄・減給などの処分を受けてきました。合法化されたのは1999年と、私たちが出会った年のわずか２年前なのです。

　会の結成は組合員数人で教科書や文教政策の批判をしたところから出発し、その後外国語教育政策や教育条件の改善を求めてきたといいます。例えば教育部（日本の文科省にあたる）による「英会話万能主義」「英語で英語を教える」「小学校への英語導入」などへの批判を現場の視点から適切に行い、「教科書の教材内容を重視する」などの点は、日本とよく似ています。そうした情勢のもと、バラバラにされていた教師たちが結集し、強い仲間意識と教育の専門家としての自尊心を回復していったと言います。KETGについてのある研究論文には次のような現場教師の声が紹介されています。

　「（KETGの研修会に参加して）この雰囲気には驚きました。どの先生も研究に熱心で、授業の問題を真剣に考えているんです。教育問題についてほかの先生方と話せたのは初めてです。自分は一人じゃないって感じました。新しい教え方を学ぶことができただけではなく連帯意識を感じてとても嬉しいです」

　数年前までの弾圧の歴史にもかかわらず、2000年には教育部がKETGに教科書編集について協力を求め、第７次教育課程の12種類ある教科書の一つを完成させました。また、KETGの研修は単位として認められ、文科省からの補助金も支出されているそうです。ほかの問題でも教育部や教育委員会にアドバイスを求められることもあるそうです。

　いずれにせよ、このような共通基盤を持つ組織と今後いっそう交流していくことは、お互いの組織にとって非常に有益なものになると思います。また韓国に共通の目的を持って活動している団体があることはとても勇気づけられます。今回の交流は２つの組織の本格的な交流のスタートとなる歴史的なものとなりました。今後、交流集会を持つ、お互いの大会に参加する、共通教材を作るなど、具体的な交流方法を検討していきましょう！

4．KETGとの交流の意義

　日本と韓国の外国語教師が交流する意義は、次のような共通点があるからです。
（1）外国語として英語を学んでいる（EFL）
（2）社会がアメリカの強い影響下にあり、「英語帝国主義」の影響下にある
（3）日本語と韓国語の文法は非常に似ており、英語との言語的距離がほぼ同じである
（4）歴史と文化にも共通点が多い
　それだからこそ、文科省が設置する委員会の答申などにも韓国との比較が多く登場するわけでしょう。私たちもこの交流から大いに学ばない手はありません。

5．追記

　2001年いらい、新英研とKETGは夏の全国大会に毎年参加し、交流を続けています。また、教科書や副教材などの交換、月刊誌でのお互いの研究報告・紹介を継続しています。九州ブロックは釜山支部（PETG）との交流を数回にわたって行いました。2018年からは『新英語教育』に棚谷孝子さんの翻訳・まとめによる「韓国の英語教育」が連載されています。またKETG機関誌「ともに行う英語教育」には「新英語教育」の「教材のチカラ」が翻訳・紹介されています。

付録4 韓国との交流（2）
韓国の小学校における英語教育

はじめに

　日本の英語教育を語るとき、韓国の英語教育が、さまざまな場面で引き合いに出されます。特にここ最近では、「TOEFLの平均点で韓国に抜かれた。だから小学校に英語を導入すべきだ」のような論調が目立ちます。ところが韓国のほうでも「国際的な英語力認証試験 IELTS（アイエルツ）で、韓国人は20カ国中19位、日本人は16位だった。韓国は、事実上世界の最下位といえるものだ」などと、これまた日本を引き合いにして英語教育が批判されています。[1]

　日韓の英語教育政策が比較されるのは、両者が世界で最も近似的な状況にあるからでしょう。第一に、日本語に最も近い外国語は韓国語ですし、英語とそれぞれの母語との言語的距離も近いといえます。アメリカ国務省の外交官養成所が発表した「外国語スピーキング絶対能力の伸び率」は、英語を母国語とするアメリカ人が学習するのに容易な言語（グループ1）からむずかしい言語（グループ4）までを分類しています。[2]

> <グループ1>
> デンマーク語、オランダ語、フランス語、ドイツ語、スワヒリ語など
> <グループ2>
> ブルガリア語、ギリシャ語、ヒンズー語、インドネシア語、マレー語など
> <グループ3>
> ビルマ語、フィンランド語、ハンガリー語、タイ語、ベトナム語など
> <グループ4>
> 日本語、韓国語、中国語、アラビア語

それぞれの言語を母語とする者が英語を学ぶ難易度も、これとほぼ同様だと考えられます。

第二に、英語は EFL（English as a Foreign Language、外国語としての英語）である点です。韓国では、英語は最もよく学習されている外国語ですが、日常的に使われる状況にはなく、英語が使われる機会は日本と大差ありません。

第三に、アメリカや国際社会との政治的・経済的関係も日本と近い状況にあります。したがって外交面でも企業の取引の面でも英語を使う機会は増えており、大企業や外資系企業からの英語教育への要請が強まっています。

以上のことから、韓国の外国語教育がどのように行われているかは、日本の外国語教育を考える上で最も参考になると思います。しかし、一部の現象を取り上げて「はじめに結論ありき」の結論を導くための根拠にするのではなく、お互いの教育状況について長所短所を含め偏見なく学び合いたいものです。

1．小学校英語導入の経過

第14代大統領金泳三（キム・ヨンサム、1993〜1998）は「新韓国21世紀へのビジョン」の中で「今後の知識社会、情報産業社会における諸外国との実力差を早急に解決するために創造力に満ちた科学技術者の養成が教育の最優先課題である」と述べました。さらに1993年のAPECに出席する中で韓国の世界化（国際化）の必要性、その共通言語が英語であるということを認識したと言われています。[3]

これに合わせて1995年に「世界化推進委員会」が外国語教育強化プランを提出し、初等学校における英語教育を具体化し、同年に韓国教育人的資源部（日本の文科省にあたる、以下教育部）が「初等学校における英語教科新設のための教育課程改善計画」を提出しました。[4]

1995年に韓国教育開発院が行なった保護者へのアンケートでは、「英語が、大手企業などへの就職のためには必要不可欠であり、国際化の社会に生き

るためには必要だから」などの理由で80%が導入に賛成したといいます。
　こうして1997年から小学校の必修科目として導入され、小学校3年から週2時間が割り当てられることになりました。（学年進行で）なお、2001年からは、3、4学年が週1時間、5、6学年が週2時間となりました。
　しかしながら、韓国の状況を一面的に見ることはできません。私たちが2001年から交流を続けている韓国「Korean English Teachers Group（以下 KETG）＝英語教師の会」のホン・ワンキ理事長は次のように述べています。「なぜこのような状況が起きたのか？一番目には、これまでの学校英語教育に対する批判、すなわち、10年学んでも英会話ひとつできないという社会的批判がその要因である。90年代初めからマスコミを通して盛んに行われたこの批判は、正確に英語がどの程度必要かという調査もなく、漠然と全国民が英語会話能力を駆使しなくてはならないという意識を全国民に強要し、一種の集団的催眠を引き起こした」。そして韓国での英語がEFLであることは常識なのだが、公には認めながらも実際として認めないことから「10年学んでも英会話ひとつできない」という批判が生まれている、としています。

2．小学校英語教育の現状

　小学校に導入した成果として、教育部は「リスニングやスピーキング能力が高まった」「受動的であった教室の雰囲気が変わり、児童が積極的に活動するようになった」としています。また、ベネッセの「GTEC調査」によれば、2003年度の高校1年生（小学校英語導入以前）と2004年（導入初年度）の高校1年生を比べると、トータルのスコアが408.6から448.6に上がったとしています。[5]　しかし同じ資料で、日本の高校生のスコアも2003年の高校1年生と1年後を比べると400.1から440.7に伸びているという結果もあり、学校教育全体として単純に「成果があった」という結論を導くわけにはいかないでしょう。

2.1　龍賢政（ヨン・ヒョンジョン）元 KETG 会長の論文から[6]

　2003 年、KETG のヨン・ヒョンジョンさんは「小学校英語教育が中学校英語教育に与えた影響についての研究」を行いました。1997 年から始まった小学校英語教育の第 1 期生が中学校 3 年生になった時期の研究であり、小学校英語教育の結果がどうであったのかを検証する最も適切な時期の重要な研究だといえましょう。アンケートはソウル地域の中学校教師 122 名、中学生 473 名を対象に行われました。以下、要旨をご紹介します。

＜一時的でしかない効果＞

　始めに、一般論としては「小学校英語教育が必要だ」と考える教師が 50％いることがわかった。しかしながら、現行の小学校英語教育は必ずしも効果的ではないと多くの教師は考えている。1 年生の場合 55.5％が「生徒の実力が例年よりも高い」と答えたが、学年が上がるにつれ肯定的回答が少なくなり、3 年生では「例年よりも高い」という肯定的回答（38.1％）より、否定的回答が 45.3％と多かった。

　学習に対する興味もやはりこれと同じで、学年が上がるにつれて低くなり、3 年生では「例年より学習活動に参加せず発話しようとしていない」という否定的な回答が 59.5％に達した。

＜リスニングや発音以外では効果はない＞

　分野別に見ると、小学校英語教育の効果として生徒たちの発音はずっとよくなった。しかし Listening・Speaking・語彙については、学年が上がるにつれ、肯定的な回答が少なくなっている。そして、Reading・Writing・文法・作文・読解は、例年よりできていない結果となっている。

　これは、英国で小学校外国語教育を実施し、当時の小学生たちが高等学校を終える 10 年後にその結果を評価した Nuffield Project において、「Listening 能力以外に特に効果をあげなかった」という結果と一致する。

＜広がる両極化現象＞

　教師たちの授業進行はずっとむずかしくなった。授業における最もむず

かしい点として、91.5％が「生徒間の実力差が大きい」と答えた。教師たちは、「1学級で平均25％の生徒たちが基礎不振だ」と考え、1年生の21.9％、2年生27.2％、3年生28.4％と、学年があがるにつれ、だんだんに多くなっている。このような現状は、小学校の4年間ですでに英語に興味を失い、基礎学習能力が不足している生徒の数が多いことを示している。

　実際に2・3年生の定期試験の成績分布を調査してみると、学年が上がるにつれ、生徒たちの実力差が広がっていることが読みとれる。上位では90点以上が20.13％、80点～90点が25.24％いるのに対し、下位では40点～49点が7.03％、40点以下が10.54％いて、両極化している。

＜英語導入は私教育（塾や予備校）を過熱させる＞

　小学校英語教育導入以後、約80％もの児童たちが私教育（学校外の塾・予備校・家庭教師など）で英語を学習するようになった。小学校の初期英語教育導入が私教育の過熱の原因となっているのだ。小学校3学年以前に私教育を始めた児童達は24.9％、小学校英語教育が始まる3学年のときに、私教育を始めた児童は42.8％にも及んでいる。児童たちは英語教育のストレスで疲弊し、児童の保護者たちは経済的困難さをなめ、教師達は急激に開いていく児童の水準の差により困難を経験しているのだ。

3．韓国・テジョン市での「英語幼稚園」見学から

　私が2002年に大田（テジョン）市で見学したR幼稚園では、ネイティブ・スピーカー数人が常勤で、英語を毎日1時間教えています。コンピュータも十分な数があり、そのほかの設備も豪華でした。学費は月5万円（普通は1～2万円）と、韓国の物価を考えると非常に高い学費で、富裕層でなければ通わせられないだろうと思います。

　韓国では教育部がコンピュータと英語教育を強調していることから、とりわけ早期英語教育の実施が目立った特徴となっています。小学校に英語が導入され、それに乗り遅れまいと小学生や幼稚園児を対象にした英語塾、家庭教師、学習教材が過熱しています。「英語幼稚園」だけでなく一般の

幼稚園の「課外」でも英語が行われていると聞きました。

海外留学も増加し、小学生のうちはひとりで行かせるわけにもいかず母親が一緒について行きます。父親は家から海外に渡り鳥のように会いに行くだけの「逆単身赴任」となり、「キロギ・オッパ」(雁の父さん)という名前までつけられています。

このような状況下で、もともと教育に熱心な韓国の親たちは高い教育費の負担を強いられ、親の仕事や子どもの塾の時間が増加し、家庭での対話が減っているといいます。また、一部には母語が十分形成されないうちの英語教育によって、精神障害を起こしている子どもたちもいて、問題となったようです。[7]

おわりに

英語教育を主に担う小学校教諭の事前研修については、韓国では120時間(深化研修でさらに120時間)行いました。日本ではわずか30時間程度ということを考えると、韓国以上の問題が起きるだろうと予想されます。もちろん子どもをよく把握している担任が中心となるメリットもあるでしょうし、中には高い教育力や英語力を持った方がいるのも事実ですが、全体としては相当な混乱が生じるのではないかと心配します。また、英語が好きな子どもと嫌いな子どもに別れてしまうこと、塾に行く子どもが増え、行けない子どもたちとの教育格差が大きくなることも十分予想されます。

外国語については「英語を選ぶのが当然」「できるだけ早期に始めるほうがよい」「英語は英語で学ぶほうがいい」「ネイティブから学ぶのが一番」などの根拠のない俗説が広くあります。これらを批判し乗り越えるための広範な議論が必要だと確信しています。

主要参考・引用文献

第1章
1) 林野滋樹 (1991)『英文法の研究』三友社
2) 文部省 (1947)『学習指導要領 (試案)』
3) Zimmerman, Christakis & Meltzoff, (2007) Associations between media viewing and language development in children under age 2 years

第2章
1) 文部科学省 (1989)『中学校学習指導要領』
2) 上原重一 (1995)『英文法の授業11のアプローチ』三友社
3) 斉田智里 (2010)「項目応答理論を用いた事後的 等化法による英語学力の経年変化に関する研究」名古屋大学大学院発達研究科提出博士論文
4) 文部科学省 (2010)『高校学習指導要領解説』
5) Holliday, A (1994) *Appropriate Methodology and Social Context* Cambridge University Press
6) Bax, S (2003) The End of CLT: a context approach to language teaching, *ELT Journal*, 57
7) 大津由紀雄 (2012)「学習英文法を考えるヒント」『学習英文法を見直したい』研究社
8) Krashen, S. (1982) *Principles and Practice in second language acquisition*. Oxford, UK: Pergamon
9) JACET SLA 研究会 (2013)『第二言語習得と英語科教育法』開拓社
10) 江利川春雄 (2011)『受験英語と日本人』研究社
11) ヴィゴツキー 柴田義松訳 (2001)『思考と言語』明治図書
12) 千野栄一 (1986)『外国語上達法』岩波新書
13) 大津由紀雄 (2017)「次期学習指導要領から見た英語教育の今後の課題」https://www.jstage.jst.go.jp/article/tits/22/11/22_11_101/_pdf/-char/ja 2019.3.15 閲覧
14) 日本学術会議言語文学委員会文化の邂逅と言語分科会 (2016)『ことばに対する能動的態度を育てる取り組み──初等中等教育における英語教育の 発展のために──』
15) 田中茂範 (1990)『会話に生かす受験英語』アルク
16) 遠藤堂太 (1993)「語る中身を持つことの大切さ」川人博編『国際交流のための英語』大月書店
17) ロンブ・カトー (2000)『わたしの外国語学習法』ちくま学芸文庫
18) 棚谷孝子 (2015)「読めるようにするにはどうしたらよいですか」新英語教育研究会編『新英研ハンドブック』
19) 林野滋樹 (1975, 2011改訂)『たのしい英文法』三友社
20) 大村はま (1995)『日本の教師に伝えたいこと』筑摩書房
21) 八木孝夫 (1987)『程度表現と比較構造』大修館
22) *Dictionary of Jokes* edited by Fred Metcalf, (1995), The Penguin Paperback
23) 今井むつみ (2016)『学びとは何か』岩波新書

第3章
1) 文科省 (2010)『高等学校学習指導要領解説』
2) 江利川春雄 (2016) 3月号特集座談会『新英語教育』三友社
3) 鳥飼玖美子 (2018)『英語教育の危機』ちくま新書
4) 江利川研究室ブログ, 2010.8.22.「希望の英語教育へ」https://blogs.yahoo.co.jp/gibson_erich_man/MYBLOG/yblog.html?m=lc&p=197 2019.3.30 閲覧
5) Phillipson, R. (1992) *Linguistic Imperialism* Oxford University Press
6) Canagarajah, A. (1999). *Resisting linguistic imperialism in English teaching.* Hong Kong: Oxford University

7) Deller, S., & Rinvolucri, M. (2002). *Using the mother tongue: Making the most of the learner's language*. Kiel, WI: Delta Publishing
8) ガイ・クック (2012) 齋藤兆史・北和丈訳『英語教育と「訳」の効用』研究社
9) 久保田竜子 (2014)「オリンピックと英語教育」『週刊金曜日』1月17日号
10) 鳥飼玖美子 (2017)「複言語主義とCEFR、そしてCan Do」鳥飼他『英語だけの外国語教育は失敗する』ひつじ書房
11) 平田雅博 (2016)『英語の帝国』講談社
12) 今井むつみ (2013)『ことばの発達の謎を解く』ちくまプリマー新書
13) 川原繁人 (2015)『音とことばの不思議な世界』岩波書店
14) 長谷川清 (1988)『英語教育で何を教えるのか』高文研
15) Nation, Paul (2005) Teaching Vocabulary in *Asian EFL Journal*
16) Nation, Paul (2013) *What Should Every EFL Teacher Know?*
17) 江利川春雄 (2012)「学習英文法の歴史的意義と今日的課題」大津由紀雄編『学習英文法を見直したい』研究社
18) 林野滋樹, 新英研関西ブロック編 (1968)『新しい英語教育の研究』三友社
19) Tobias (2001) 検定教科書 *World* 三友社
20) 小山美樹子 (2009)「多様な生徒と豊かな英語の授業」『新英語教育』7月号三友社
21) Swain, M. et al. (2015) *Sociocultural Theory in Second Language Education-An Introduction through Narratives, 2nd edition*. MM Textbooks

第4章
1) 久保田竜子 (2018)『英語教育幻想』ちくま新書
2) Phillipson, R. (1992) *Linguistic Imperialism* Oxford University Press
3) 大津由紀雄 (2007)『英語学習7つの誤解』NHK出版
4) 佐藤学, 内田伸子, 大津由紀雄 (2011)『ことばの学び、英語の学び』ラボ教育センター
5) Long, M. H. (1981). Input, interaction and second-language acquisition. In H. Winitz (Ed.), *Native language and foreign language acquisition: Vol. 379*. Annals of the New York Academy of Sciences 259-278
6) Swain, M. (1985). Communicative Competence: Some roles of Comprehensible Input and Comprehensible Output in its Development. In S. Gass & C. Madden (Eds.), *Input in second language acquisition* 235-253
7) Barry, C. & Paul, M. (2004) Linguistic Distance: A Quantitative Measure of the Distance Between English and Other Languages
8) 松尾義之 (2015)『日本語の科学が世界を変える』筑摩選書
9) 寺沢拓敬 (2015)『「日本人と英語」の社会学—なぜ英語教育論は誤解だらけなのか』研究社
10) 正慶岩雄 (2009)『人間を育てる英語教育—新英研のあゆみ』三友社
11) 柳沢民雄 (2012)「1960年代の日本における外国語教育運動と外国語教育の四目的」
12) ユネスコ・IBE国際公教育会議 (1965)「中等学校の外国語教育に関する各国文部省への勧告59号」
13) ゾルタン・ドルニェイ (2005)『動機づけを高める英語指導ストラテジー35』大修館書店
14) 新英語教育研究会 (2009)『人間を育てる英語教育』三友社
15) Swain, M. (2000) The output hypothesis and beyond: Mediating acquisition through collaborative dialogue in J. P. Lantolf (Ed) *Sociocultural Theory and Second Language Learning,* Oxford University Press, 97-114
16) ヴィゴツキー (2001) 前掲書
17) 竹内理 (2003)『より良い外国語学習法を求めて—外国語学習成功者の研究』松柏社
18) Tomlinson, C. A. (2014) *Differentiated Classroom: Responding to the Needs of All Learners*

19) 戸田康，新英語教育研究会編 (2009)『新しい英語教育の創造』三友社
20) 瀧口優他 (2007) Tobias in *New World English Course* II 三友社
21) Wajnryb, R. (1990). *Grammar dictation*. Oxford: Oxford University Press
22) 新英語教育研究会 (1986)『新英研ハンドブック』三友社

第5章
1) 教育再生実行本部 (2013)「成長戦略に資するグローバル人材育成部会提言」https://www.jimin.jp/policy/policy_topics/pdf/pdf112_1.pdf 2019.4.19 閲覧
2) 文部科学省 (2017)『中学校学習指導要領』
3) 文部科学省 (2018)『高等学校学習指導要領』
4) Muñoz, C. (2011) Input and long-term effects of starting agein foreign language learning. In International Review of Applied Linguistics in Language Teaching, 49
5) ヨン・ヒョンジョン (2003)「小学校英語教育が中学校英語教育に与えた影響についての研究」(修士論文)
6) Larson-Hall, J. (2006) What Does More Time Buy You? Another look at the Effects of Long-Term Residence on Production Accuracy of English of /r/ and /l/ by Japanese speakers Language and Speech Vol.49-4 521-548, SAGE Publications
7) 久保田竜子 (2018)『英語教育幻想』ちくま新書
8) 瀧口優 (2018)「小学校英語活動6年目の現状と課題」『白梅学園大学研究センター研究年報』
9) 阿原成光 (2013)『たったこれだけでニガテが消える！小学英語3つのポイント』フォーラムA
10) 瀧口優・町田淳子 (2010)『小学校テーマで学ぶ英語活動 BOOK 1、2』三友社
11) Selby, D. (1988) *Global Teacher, Global Learner* Hodder & Stoughton

第6章
1) Underhill, A. (1992) The role of groups in developing teacher self-awareness. *ELT Journal*, 46 (1), 71-80
2) 西岡常一 (2003)『木に学べ』小学館文庫
3) 若林俊輔 (2016)『英語は「教わったように教えるな」』研究社
4) 根岸恒雄 (2019)『英語授業・全校での協同学習のすすめ』高文研
5) 浦野東洋一ほか (2007)「開かれた学校づくりと学校評価　学事出版
6) 佐藤学 (2009)『教師花伝書―専門家として成長するために―』小学館
7) 池田真澄 (2010)「教師の同僚性を高めるために『英語教育』12月号大修館
8) UNESCO (1966) Recommendation concerning the Status of Teachers
9) Roberts, J. (1998) *Language Teacher Education*. London:Arnold
10) Bachmann, C. (2012) Teacher study groups as collaborative professional learning communities. *Touch the World*, 133.

付録4
1)「メッキがはがれた韓国人の英語力」(朝鮮日報、2008.6.4)
2) Expected Levels of Absolute Speaking Proficiency in Languages Taught at the Foreign Service Institute, (「FSIにおける外国語スピーキング絶対能力の伸び率」1973年)
3) 河合忠仁「韓国の英語教育政策」(2004、関西大学出版部)
4) 中央教育審議会参考資料「韓国における小学校英語教育の現状と課題」(2006.11)
5) http://gtec.for-students.jp/gtecmag/contents/vol15_1.htm
6) ヨン・ヒョンジョン「韓国の小学校英語」(新英語教育、2004、11・12月号)
7) コウ・キルヒ「韓国の第7次教育課程における笑等英語教育」(日韓教育フォーラム2002.1)

あとがき

「現場発！　人間らしい英語の授業を求めて」というタイトルでもおわかりのように、この本は40年以上の現場経験に基づいて、人間らしい、そして日本らしい英語の授業とは何かを描こうとしました。

多くの教師は自分なりの理想を求めて教職につくわけですが、私も含め教育現場ではなかなか思うようにいきません。授業以外にも、部活動指導、校務分掌の仕事、事務仕事、会議などによる多忙な教師生活の中で「落ち着いてものを考える暇がない」「新聞や本を読む時間もない」などの声もよく聞きます。また「コミュニケーション重視」「授業は英語で」「授業スタンダード」「共通進度・共通試験」などによる制約で、「自分らしい授業を行う時間がない」という悩みもよく聞くようになってきました。

そうした制約を改善するためには、本格的なクラスサイズの縮小や定数改善、労働環境の改善などが必要ですが、それとともに、常に「自分らしく」「創造する主体として」授業そのほかの仕事を創っていくための実践研究を行う必要があります。

「人間らしい授業」というのは、ambiguous（多義的）な表現ではありますが、狭い意味での英語力だけでなく全人格的な成長を育む外国語教育を目指したいという意味を込めています。また、英語を教える方法も一つのやり方に縛られず多様な手法を駆使したいという意味でもあります。私たちの教師としての仕事も、子どもたちの学力も含めた発達も、「今、ここ」という環境の中での営みであると同時に、常に全面的で丸ごと考えてこそ、真実が見えてくるのだと思います。

理論については、研究会で数多くの実践研究に基づいたものを中心軸にしており、確信をもって語ることができます。またイギリスの大学院での研究は、それをさらに高めてくれましたが、まだ理解が十分でない部分があるかもしれません。もしご指摘くだされればありがたいと思います。

本文の大半はこの本のために書きましたが、最近の実践は大学生対象ですので、高校生向けの実践は過去のものを集めました。しかし理論・実践ともに、きっと小中学校の先生方の参考にもしていただけると思います。

そうした実践は、自己表現作品をはじめ、今までに教えた生徒・学生たちの協力がなければできなかったものであり、すべての教え子たちに感謝します。また同僚の教師たちからは現実を共有する中で多くのことを学ばせていただきましたし、新英語教育研究会の先輩や会員の皆さんからは多くの理論と実践を学ばせていただきました。また全国の教育現場・研究会・集会・教研などで勉強の機会を与えてくださった皆さん、とりわけ柳沢民雄さん、瀧口優さんに感謝します。

　本の完成には予想以上の手数がかかりました。編集・発行の労をとっていただいた修学舎の森田晴義さん、高文研の飯塚直さん、構想についてアドバイスをいただいた根岸恒雄さんに感謝します。また転載を快くご了承いただいた大修館書店、推薦文を書いてくださった江利川春雄さん、佐藤学さんにお礼を申し上げます。最後にこの場を借りて、かけがえのない支えとなってくれた妻と3人の子どもに感謝します。

【著者紹介】

池田　真澄（いけだ・ますみ）

1952年	静岡県生まれ
1975年	東京教育大学文学部　英語学英文学専攻卒業 都立高校4校で英語科教諭として勤務
2014年	英国シェフィールド大学大学院 MA in Applied Linguistic with TESOL 修士課程修了
現　在	白梅学園大学、法政大学、武蔵大学兼任講師 新英語教育研究会会長 全国教研「教育のつどい」共同研究者 日本外国語教育改善協議会世話人
著　書	「笑顔がいっぱい──人間らしさを大切にする英語の授業」（共著）　三友社　1998 「人間を育てる英語教育」（共著）　三友社　2009 「新しい英語教育の創造」（共著）　三友社　2009
論　文	総合的なコミュニケーションを目指して「英語教育」大修館　1997 教師の同僚性を高めるために「英語教育」大修館　2010 A Study of Grassroots Teacher Development Group: A Case Study on The New English Teachers Association（修士論文）2013 その他

現場発！　人間的な英語の授業を求めて

2019年8月10日発行

著　者	池田 真澄
発行所	株式会社 高文研 〒101-0064　東京都千代田区神田猿楽町2-1-8　三恵ビル http//:www.koubunken.co.jp
電　話	(03)3295-3415　　FAX (03)3295-3417
振替口座	00160-6-18956
印刷所	中央精版印刷 株式会社
装　幀	山口 敦
組　版	修学舎

乱丁・落丁の場合はお取り替えいたします。
Printed in Japan　　　　　　　　　日本音楽著作権協会（出）許諾第1907133-901号